JN232606

MINERVA
人文・社会科学叢書
83

近代イラン金融史研究
——利権／銀行／英露の角逐——

水田正史著

ミネルヴァ書房

はしがき

　本書は，「西暦」（以下「西暦」を省略）1830年代から第一次世界大戦までのイランの金融の実態を解明することを目的とするものである。そして，もしこの目的が十分に達成されれば，世界経済に占めていたイランの位置が浮き彫りになるであろうと考える。その理由を簡単に記すことにしよう。

　イランは1830年代に〈西洋の衝撃〉を受け，1870年頃からは，ヨーロッパ人への利権供与などを通じて，ヨーロッパの「帝国主義的進出」を被った。この〈西洋の衝撃〉にしても「帝国主義的進出」にしても，金融を基軸として展開した。〈西洋の衝撃〉は，イギリス綿製品の流入として直接的かつ基本的には把握することができるものであるが，それは金融と不可分に結びついていた。また，イランの場合は，「帝国主義的進出」は，イギリスとロシア（以下，本書ではイギリスとロシアを並列する場合，「英露」と表記することとする）がそれぞれ設立した銀行をその主要構成要素とするものであった。これらの銀行は，借款供与などによってイランを「自国」に従属させるため道具としての性格を有していた。そして，このようにしてイランと外部との関係が拡大・強化していったことを背景として，イランに在来企業家層が育ち，それが20世紀初頭の立憲革命（憲法制定と国民議会設立）へとつながっていく。

　革命期，外国資本でないイラン自身の銀行をつくろうという気運が盛り上がり，実現に向けてかなりの段階にまで達したが，英露が妨害したことや設立推進者たち（在来企業家層）が私欲に走ったことなどによって，この試みは失敗に終わった。19世紀末から深刻化していた財政問題は革命後も解決されないままであった。したがって，借款に頼らざるをえないという構造にも何ら変わりはなく，この時期以後も借款問題はイランをめぐる英露の角逐の基軸でありつづけた。1907年の英露協商は，イランのみならずアジア大陸西部における英露の勢力圏を定めたものであり，英露の角逐の一大転換点をなすものであった。

そして，この戦略的枠組みが，この時期以後のイランの借款問題をも大きく規定していく。1910年頃からシティー金融商会が対イラン貸付に関心を示しはじめるが，英露協商の枠組みを堅持しようとするイギリス外相の介入によって実現せず，シティー金融商会は今度はロシアと結びつくという新たな展開が現出することとなる。イランにおける石油開発や鉄道建設のプロジェクトも英露協商の枠組みのなかで進められ，そしてここでも，英露の銀行が大きく関与していた。第一次世界大戦が始まる頃には，イギリスはイランに，借款供与の対価として領土を渡すよう要求するに及んだ。

このように，イラン史の画期をなす立憲革命をはじめ，直接的には政治過程の問題として捉えられることが多い諸事象も，経済の，そして金融の側面から，その大きな枠組みを描くことができるものなのである。しかも，この場合，金融とは，ロンドン金融市場を頂点とした世界的規模での金融連関のなかに位置づけられるべきものなのであった。すなわち，この時期のイラン史は，ロンドン金融市場を抜きにして語ることはできないのである。

研究史を回顧するならば，McLean [73] など，〈イランを事例とした帝国主義研究〉ともいうべきアプローチからの，筆者と問題意識をかなりの程度共有するすぐれた研究があるが，これらは，基本的に19世紀末以降しか扱っていない。あるいは，それ以前を扱っていても，金融については言及していない。また，これらの多くがペルシャ語史料を用いていないという事実は，それらが一面的な叙述になっているのではないかとの疑念——たとえ実際はそうではなくとも——を読者に抱かせるものである。経営史の視点から著されたイギリス系銀行の通史（Jones [63]）にも同様のことがいえる。

ペルシャ語で書かれたものとしては，例えば，よく引用されるものとして，Bānk-e Melli-ye Irān [15] がある。だが，これにはロンドン金融市場とのつながりという視座が基本的に欠落しており，出典がほとんど明記されていないなど，不十分な点が多い。

この他，ロシア系銀行についての研究書（Ананьич [6]）や在来金融を扱った Floor [41] など，個別的には，すでにすぐれた研究が存在している論点もあるが，在来金融業者と英露の銀行との関係や国際決済など，それらが取り上

げていない論点も少なくない。さらには，これら諸論点をいわば総合したもの，すなわち，1830年代から第一次世界大戦にかけてイランが世界経済において占めていた位置を，金融を軸に世界経済的観点から通観したものは，世界的にみて皆無である。

本書は，先行諸研究から学びつつそれらが利用していない史料をも用いて，この世界的な研究史の空白を埋めようとするものである。不十分な点も多々あろうかと思う。ご教示頂ければ幸甚である。

なお，本書の書名の一部として「近代」という語を用いたが，これは，本書の対象とする時期を簡潔にあらわす表現として妥当であると考えたためであるが，同時に，非西洋世界の考察を通じて近代の本質に迫ろうとする本書の問題意識をあらわしたものでもある。近代イラン金融史研究は近代世界金融史研究でもあるのである。

本書の大部分はすでに論文の形で発表したものである（いずれも，程度の差こそあれ改変）。以下に初出一覧を掲げておく。

　　第1章　　水田 [83], [84]

　　第2章　　水田 [86]（表2-1は [80]）

　　第3章　　水田 [89]（大幅に改変）

　　第4章　　書き下ろし

　　第5章　　水田 [91]

　　第6章　　水田 [92]

　　第7章　　水田 [93]

これら諸研究の遂行は，下記の諸助成金を物心両面での支えとして初めて可能となった（いずれも筆者単独による研究）。

　　文部省科学研究費（平成4年度・5年度・7～9年度）

　　日本学術振興会科学研究費（平成14年度）

　　大阪商業大学研究助成費（平成7～8年度）・同研究奨励助成費（平成9年度）

　　公益信託斉藤稜兒イスラム研究助成基金（平成4年度）

振り返れば，浅学非才の筆者がこれまで細々とながらも研究生活を続けてこられたのは諸先生のご指導のお陰である。特に同志社大学大学院でご指導頂い

た入江節次郎先生ならびに藤村幸雄先生には，今日に至るまで一方ならぬご高配・ご厚情をたまわっている。ここに深甚なる謝意を表させて頂く次第である。

　本書が上梓されることになったのは，入江先生がミネルヴァ書房にご推薦下さったことによる。入江先生に重ねて御礼申し上げるとともに，学術出版をめぐるきびしい情勢のなかで本書の出版を快諾された同書房社長杉田啓三氏に衷心より感謝の気持ちをお伝え申し上げたい。編集を担当された梶谷修氏は，初めての著書（いわゆる分担執筆を除く）で右も左も分からない筆者をご懇切にお導き下さった。篤く御礼申し上げる。

　本書を，筆者が学問の道に進むことを許し，常に支えてくれた両親に捧げる。
2003年3月

水田正史

凡　　例

1　暦は西暦を用いる。ただし，第4章については，この原則に基本的に則りながらも，別の処理の仕方も併用する。これについては第4章注3を見よ。また，Ананьич［6］の参照・引用に際しての暦の問題については第3章注3を見よ。
2　固有名詞は，漢字文化圏のものを除いて片仮名で表記し，括弧内ローマ字表記を初出時に行う。ただし，一部，この原則に従わないものもある。例えば，初出時には断片的な言及にとどまり，かなり後に集中的に論じられるような場合は，後者の部分で括弧内ローマ字表記を行うこともある。
3　固有名詞の片仮名表記は原音に忠実であることを原則とするが，本邦で慣用として定着しているものについてはそれに従う場合もある。例えば，「イラン」は「イーラーン」とはしない。
4　イラン人の人名は，本文中には片仮名表記のみにとどめることとし，ローマ字表記は，巻末の索引に掲げることとする。お読み頂く際の煩雑さを避けるためである。
5　「イラン」と「ペルシャ」についてであるが，原文に"Persia"や"Persian"などが用いられている欧文史料を訳出し鍵括弧で括って引用する場合や一部の固有名詞を除いて，「イラン」を用いる。この問題については岡﨑［98］を参照のこと。
6　引用文献中の〔　〕は筆者による補筆であることを示す。
7　本書に頻出する「ペルシャ帝国銀行」と「ペルシャ割引貸付銀行」は，それぞれ，「帝国銀行」と「割引貸付銀行」と略することとする（ただし，章の表題などを除く）。

近代イラン金融史研究
―利権／銀行／英露の角逐―

　　　　目　　次

はしがき
凡　例
イラン略図

第1章　〈西洋の衝撃〉と金融 …………………………………… *1*
本章の課題 ………………………………………………………… *1*
第1節　〈西洋の衝撃〉としてのイギリス=イラン=ロシア間貿易 ……… *4*
第2節　〈西洋の衝撃〉・貨幣不足・外国銀行 ……………………… *18*

第2章　開発とイギリス系海外銀行 ……………………………… *33*
本章の課題 ………………………………………………………… *33*
第1節　19世紀後半のイランと開発 ……………………………… *33*
第2節　イギリス系海外銀行の進出と19世紀末のイラン ……… *35*
第3節　民族主義運動の展開とカージャール朝の滅亡 ………… *45*

第3章　ロシアの「資本主義的征服」政策とペルシャ割引貸付銀行 … *49*
本章の課題 ………………………………………………………… *49*
第1節　ポリャコフのイラン進出と割引貸付銀行の設立 ……… *49*
第2節　ロシア政府の介入：〈ロシア国立銀行在イラン諸店舗〉化 …… *52*
第3節　イラン政府への借款供与と1901年通商協定 ………… *54*
第4節　「資本主義的征服」と割引貸付銀行 …………………… *56*
第5節　ロシアの対外経済浸透一般とイラン …………………… *65*

第4章　英露の金融と在来企業家層の生成 ……………………… *73*
本章の課題 ………………………………………………………… *73*
第1節　在来企業家層の生成 ……………………………………… *74*
第2節　在来企業と外国銀行 ……………………………………… *101*
第3節　経営史的・金融史的研究に向けて ……………………… *105*

目　次

第5章　イラン立憲革命と国民銀行設立問題……………………111
本章の課題……………………111
第1節　立憲革命と商人……………………111
第2節　第1次国民議会と国民銀行……………………119
第3節　国民銀行設立失敗の要因……………………124

第6章　英露協商とイランの借款問題……………………129
本章の課題……………………129
第1節　概　観……………………130
第2節　英露協商と対イラン英露共同借款……………………134
第3節　シティーとイラン……………………142
第4節　シティーとロシア……………………149
第5節　反革命クーデターとロシアのフランス金融グループへの接近……157

第7章　第一次世界大戦前のイランの開発と英露の金融…………167
本章の課題……………………167
第1節　緩衝国から〈第2の緩衝圏〉へ：イギリスにとってのイラン……167
第2節　国家主導の対外経済浸透：割引貸付銀行とイランの開発……182
第3節　債権者たちの領土要求と英露協調……………………189

参考文献……191
人名索引……203
事項索引……207

イラン略図

第 1 章
〈西洋の衝撃〉と金融

本章の課題

　19世紀,イランの社会・経済は〈西洋の衝撃〉によって大きく変容した。綿製品をはじめとしてヨーロッパ製品が大量に流入したため,生糸やケシ(アヘン)といった輸出商品の生産が増大していくことになった。
　1870年代頃からは,イランにおけるヨーロッパ人の利権獲得の動きが目立つようになってくる。1889年には,ロイター通信社(Reuter's News Agency)の設立者が,イラン政府から獲得した利権によってペルシャ帝国銀行(Imperial Bank of Persia, Bānk-e Shāhanshāhi-ye Irān, 以下,「帝国銀行」と表記)という名のイギリス系海外銀行を設立した。この銀行はイランにおける独占的発券銀行であった。翌年には,ペルシャ割引貸付銀行(の前身,Учётно-ссудный банк Персии, Bānk-e Esteqrāzi, Banque d' Escompte et des Prêts de Perse, 以下,「割引貸付銀行」と表記)がロシア人によって設立された(なお,帝国銀行設立の前年には新オリエンタル銀行〔New Oriental Bank Corporation, Limited, Bānk-e Jadid-e Sharq〕がイランに進出しており,これがイランにおける最初の「近代的な」銀行である)。
　こうした,イギリス人やロシア人のイランへの金融的進出についての研究は,ある程度の進展(Ананьич [6] や Jones [63] など)がみられるものの,未だ不十分といわざるをえない。また,イギリス系海外銀行進出以前のイラン金融史については,研究はさらに乏しい。すなわち,19世紀イラン金融史研究は緒に就いたばかりという段階なのである。
　本章第1節では,イギリス系海外銀行進出以前の時期を中心に,ペルシャ語

史料や英語史料を用いて，イランの金融をめぐる諸問題を描き出すことにしたい。具体的には，当時のイランの代表的企業家にして造幣所長であったアミーノッザルブ[1]という人物に焦点を当て，議論を展開していく。イギリス＝ギリシャ系マーチャントバンカーであるラリ商会（Ralli Brothers）[2]との関係をはじめとする，この人物の多方面での活動を明らかにすることにより，世界経済においてイランが占めていた位置を，かなりの程度鮮明に浮かび上がらせることができるのではないかと思う。

　次に第2節の課題を述べることとする。

　19世紀，イランという地域と外部，特にヨーロッパ列強との間でさまざまなレベルでの経済的関係が，それ以前の時期に比べて強まった。

　一般的にいって，ある地域と他の地域との経済的関係はヒトの移動，モノの移動，カネの移動という3つのレベルに分けて整理し，把握することができる。

　まずヒトの移動についてであるが，19世紀のイランと外部との関係についてみた場合，メッカやナジャフ・キャルバラー（カルバラー）・サーマッラーへの巡礼，コーカサスへの出稼ぎ，イスタンブルなど在外経済拠点との間の商人の往来などをその具体例として挙げることができよう。

　次にモノの移動についてであるが，地域がどこからどのようなモノをどれほど「摂取」し，どこへどのようなモノをどれほど「排出」しているのかを押さえることは，その地域の経済の性格がどのようなものであるかを判断するための重要な材料であるといえる。19世紀のイランの貿易は，イギリス綿製品の流入に代表される〈西洋の衝撃〉を被り，それに伴い，生糸・絨毯・アヘン等輸出商品の生産を増やしていったと大きく捉えることができるものであった。このことを，これまでの諸研究はさまざまな角度から明らかにしている。これら諸研究を学ぶことにより，当時のイランの経済の性格を，かなりの程度詳細に，かつ具体的につかむことができる。このようにいうことができる程度には，研究の蓄積がされてきているのである。だが，これまでの諸研究に共通して欠落している重要な視点あるいは論点がある。それは貿易決済（あるいは貿易金融）である。国内取引であれ国際取引であれ，モノが売買されれば，例外的な場合を除き，その代金の受け取りと支払いがなされる。輸入をすればその代金

を支払わなければならないし，輸出をすればその代金を受け取らなければならない。19世紀のイランにおいても，当然のことながら，輸入代金の支払いと輸出代金の受け取りが行われたはずであるが，これまでの研究ではこうした点についてはほとんどまったく触れられていない。綿製品輸入にせよ絨毯輸出にせよアヘン輸出にせよ，それがどのようにして決済されたのかという点については，体系的に論じたものは管見の限り皆無であり，断片的にさえ言及されることはほとんどない。

カネの移動についてであるが，貿易決済はまさにカネの移動にほかならないし，対外投資や資本輸出などと呼ばれるものも，そうである。こうした国際金融（国際貸借のみならず外貨売買をも含めて）の具体的な姿を解明することも，ある地域と外部との関係を解明するための重要な方法であることはいうまでもない。ところで，19世紀のイランについてみた場合，国際金融についての研究はきわめて乏しい。国際金融に限らず金融全般に関しても，十分な研究がなされているとはいえない。もちろん，Ананьич [6]，Avery and Simmons [11]，Bānk-e Melli-ye Irān [16]，Floor [41]，Jones [63]，Mo'tazed [94]，Rabino di Borgomale [109]，Сеидов [112] といったすぐれた研究成果が世に出ているわけであり，今後の研究の進展が期待されるところであるが，貿易決済について体系的に論じているものは皆無といってよい。

このように，19世紀のイランについては，貿易に関する研究においても，金融に関する研究においても，貿易決済はほとんど研究されていないのである。

本節では，この貿易決済に焦点の1つを当て，それとタブリーズ内部の金融とを1つの文脈のなかに体系的にまとめ上げることにより，世界経済に占める19世紀のイランの位置を明らかにすることを目的とするものである。当時のイランにおける貿易決済のすべて（すべての時期，すべての貿易ルート，すべての業者）を網羅的に取り上げる用意はできていないので，ここでは，対象とする時期と地域を，19世紀中葉から末葉にかけてのタブリーズに限定することにしたい。

1次史料としては，イギリスの議会文書として出版されたイギリス領事報告（各年次）を，主に用いる。各年次の金融や貿易決済に関する記述をかなりの

長期間（ここでは約30年間）にわたって読み進めそれらの記述を分類・整理し，相互に突き合わせ，他の史料で補うことにより，課題を果たすことを試みることとする。

第1節 〈西洋の衝撃〉としてのイギリス＝イラン＝ロシア間貿易

（1） イランにおける貨幣問題と幣制改革

　イランへのヨーロッパの銀行の進出は，19世紀末葉になってからのことであった。それまでのイランには「近代的な」銀行は存在せず，大商人やサッラーフ（sarrāf）と呼ばれる伝統的金融業者が貸付や割引などの業務を行っていた。[3]

　貨幣の質は地方によってまちまちであった。1877年までに造られた貨幣は勘定が難しく，秤量は論外という状態であった。各地方の有力者はそれぞれ地元に造幣所をもち，毎年ロイヤルティーを支払い操業していた。テヘラーンとハマダーンとの間ではケラーン（qerān，イランの通貨単位）の価値の開きは17パーセントにも達した。

　銀価低落問題，通貨の質の悪化，それに貿易収支の逆調によりケラーンの価値は，1860年代初頭以降に関する限り，趨勢的に低下した。

　このような幣制の混乱を正すための改革が幾度か試みられた。1863年には，ダヴースト（Davoust）という人物が造幣所を管理するためにテヘラーンに招かれた。彼はいろいろな形の抵抗に遭い，結局，何事もなすことができないまま7年後イランを去った。

　1875年には，オーストリア人の造幣所員ペハン（Pechan）が通貨改革の仕事を任された。[4] 彼は，仕事に取りかかるや，銀貨の造幣は先送りして大量の銅貨を造幣するよう命じられた。また，彼が銀貨の質を高めるために必要な資金を要求したところ，拒否され，さらには混ぜ物を混入するよう求められた（Rabino [108] pp. 28-39）。

　1879年にペハンが去った後，アミーノッザルブなる人物（イラン人）が有力者アミーノッソルターンの推薦によって造幣所長になった（図1-1）。[5]

　アミーノッザルブは，当時，最も成功したイラン人企業家とみなされていた。

第 1 章 〈西洋の衝撃〉と金融

図 1-1 アミーノッザルブとモサッデク

（出所） Mahdavi [77] p.67.

工業分野での活動もさることながら，その主な活動分野は，銀行業と外国貿易においてであった。彼の銀行業は，トゥマニャンツやジャムシーディーヤーン（第 4 章を見よ）に匹敵する規模を有した。外国貿易の分野では，彼は，ロシアへの羊毛の輸出，マルセイユへの絹の輸出，インドからの茶とショールの輸入，イギリスからの綿製品の輸入などを行っていた。また彼は，マンチェスターの綿工場，パリの絹工場，マルセイユのガラス工場と砂糖工場の株式を所有していた。こうした彼の世界的な活動は，西ヨーロッパ・ロシア・インド・オスマン＝トルコ帝国に置かれた代理人の広大なネットワークによって支えられ

ていた (Enayat [30] p. 951)。

イラン駐在イギリス外交官 (Acting Oriental Secretary, His Britannic Majesty's Legation, Tehran) によって編纂された機密文書では彼は以下のように紹介されている。

「〔アミーノッザルブは〕そのすべての利得を，80年代にペルシャを銅の補助貨幣で溢れさせることによって獲得した。ペルシャ帝国銀行は彼をペルシャで最も裕福な人物であるとみなしていた」(FO 881/8777X, p. 7)。

1870年頃からケラーンの対ポンドレートは急落した。イランは元来は複本位制の国であった。しかし，1850年代60年代を通じて金準備のほとんどを失ってしまった (Avery and Simmons [11] p. 2)。

この金流出についてはそれほど多くのことが知られているわけではない。

まず，国際収支についてであるが，史料的制約により断片的なデータに基づいた推論とならざるをえないが，簡単にまとめれば以下のようになる。貿易収支は，世紀前半においては輸出が輸入をほぼカヴァーしていた（インドに対する赤字をトルコ・ロシア・中央アジアに対する黒字が相殺）が，1860年代以後，貿易全体についてかなりの赤字がみられるようになった。貿易外収支について述べることはまったく不可能といってよいが，おそらくそれは貿易収支の赤字をカヴァーするほど大きなものではなかったものと思われる。したがって，第一次世界大戦に先立つ50年間，イランからかなりの正金が流出した (Issawi [55] p. 70)。

次いで，ヨーロッパ諸国とイランとの間の金銀比価の違いを指摘することができる。当時，金銀比価はヨーロッパ諸国では1対15.5ないし16であったのに対し，イランにおいては1対14であった。

このようなイランからの金流出には，外国商人が関与していた。「いくつかの外国の大商会はイランから金を輸出する目的でテヘラーン・タブリーズなどに支店を設立した」という。これらの内，最も有名なものとして挙げられるのが，ラリ商会とカステッリ (Castelli) 商会であった。「彼らは大量に銀をイランに持ち込み，金を外に出した」(6) (Bānk-e Mellī-ye Irān [15] p. 12, [16] p. 11)。

第 1 章 〈西洋の衝撃〉と金融

　ここで，イランからの金輸出に外国商人が関与していたことを確認することができた。そして，その外国商人のなかにラリ商会の名を見いだすことができた。この世界的に有名なマーチャントバンカーの名を手がかりにして，以下，世界経済におけるイランの位置づけを探っていくことにしたい。

（2）　ヨーロッパ系マーチャントバンカーとイラン
　（A）　イラン研究におけるラリ商会，非イラン研究におけるラリ商会[7]
　ラリ一族はギリシャ人の住むキオス（Chios, Khios）島（アナトリア半島沖）出身であった。ギリシャ人は何世紀にもわたって，東地中海の貿易を支配していた。18世紀末までには彼らはトルコ領全土で貿易を行い，マルセイユ・ナポリ・アンコナ・ヴェネツィア・トリエステ・ウィーン・ブダペスト・ロシア領黒海沿岸にコロニーをもっていた。18世紀においては，彼らギリシャ人は，フランス商人・イギリス商人の現地代理人（local agent）として活動した。そして，18世紀から19世紀への世紀の変わり目においては，フランス革命とそれに続く戦争を契機として，彼らギリシャ人はイギリス貿易とフランス貿易において徐々に大きな役割を占めるようになった。なぜなら，フランス商人が舞台から去り，他方，イギリス商人が，フランスの封鎖を打破するためにギリシャ人の助力を求めたからであった。1815年までにはレヴァント貿易の5分の3がギリシャ人の手中に収められるようになっていた。
　イギリスとの直接貿易にすでに従事していたギリシャ人がロンドンで地歩を固め，ロンドンを拠点として業務を推進しようとしはじめたのはこの頃であった。
　1818年，ラリ一族の5兄弟の内の2人がロンドンに到着した。ラリ2兄弟は，ラリ＝アンド＝ペトロコキノ（Ralli and Petrocochino）という商号でロンドンで商売を始めた。そして，1826年，もう1人の兄弟パンティア（Pantia）が加わり，ラリ＝ブラザーズ（Ralli Brothers）へと商号が改められた。彼らに引き続き，同じくキオス島の，ロドカナキ（the Rodocanakhis）・スカラマンガ（the Scaramangas）・スキリッズィ（the Schilizzis）といった一族もロンドンにやって来た。これらの一族の内いくつかは，マルセイユとコネクションをもっていた。

7

1820年代を通じて，イギリスに居住するギリシャ人が行った貿易は，主としてイスタンブルとイズミル（スミルナ）とのものであった。そして，1830年には，すでに彼らはロシア領黒海沿岸諸港に地歩を固め，イギリスへ獣脂と亜麻仁を輸出するようになっていた。

　1840年代になるとギリシャ系イギリス人（Anglo-Greeks）がイギリスの商業界の注目を集めはじめた。この頃までに彼らのイギリスへのそしてイギリスからの貿易における業務の規模は目ざましい拡張を遂げていたのであった。彼らは，南ロシア・ルーマニア・バルカン諸国・エジプト・アビシニア・イラン・インドなど，広大な地域で活動を繰り広げていた。

　このように事業が拡大したのは，レヴァントからの穀物輸入とレヴァントへの綿製品輸出の重要性が増大したためであった。

　西ヨーロッパ，特にイギリスとフランスとは，1840年代，黒海と地中海の小麦にますます依存していった。ロシア領黒海のみならず，ルーマニア・トルコ・エジプトが小麦の新たな供給地となった。そして，この新たな供給地は，西ヨーロッパと中央ヨーロッパとにおける旧来の供給地の不足分を補った。ギリシャ人はこの成長しつつあった貿易と結びついていたのであった。1852年に地中海からイギリスに輸入された穀物はほとんどすべて彼らの手を経ていたといわれる。

　また，この1840年代というのはイギリスからの綿製品輸出が急増した時期でもあった。この急増の背景にはアジアにおける市場の拡大があったことはよく知られているが，これに大きな役割を果たしたのが，ほかならぬギリシャ人なのであった（Fairlie, Diss., pp. 263-270）。

　この時期のラリ商会の活動の中心は，以上にみた通り，イギリスとレヴァント（および黒海沿岸）との間の貿易であったが，その活動範囲は，これらの地域にとどまらず，イラン・インド・アビシニアといった地域にまで及んでいた。[8]これら（イギリスとレヴァント以外）の地域において彼らはいかなる活動を行っていたのであろうか。本章での論旨との関連では，特に，イランにおける活動について知りたいわけであるが，この点についてはここで参照した諸研究は多くを教えてくれない。

第 1 章 〈西洋の衝撃〉と金融

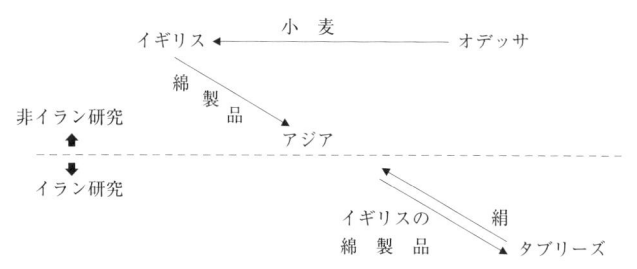

図 1-2 イラン研究におけるラリ商会，非イラン研究におけるラリ商会

```
                        小　麦
         イギリス ◀─────────────── オデッサ
              綿
                製
                  品
                    ◢
 非イラン研究          アジア
     ▲
 ─── ┼ ─────────────────────────── ───
     ▼
 イラン研究
                          ◤
                    イギリスの      絹
                    綿 製 品 ▶ タブリーズ
```

（出所）　筆者作成（図 1-3，図 1-5 も）。

　それでは，イランにおけるラリ商会の活動の詳細について何も明らかになっていないのかといえば，そうではない。この問題については，イラン（史）研究者の手で，これまでかなりのことが明らかになっているのである。それを約言するならば，絹の生産・輸出とイギリス綿製品の輸入ということになるであろう（詳細は後述）。しかし，イラン研究者による研究では，こうした，絹の生産・輸出とイギリス綿製品の輸入が，ラリ商会によるイギリス=レヴァント間貿易とどのような関係にあるのかといった点については，何も明らかにされていないといってよい。換言するならば，イラン研究者は，ラリ商会のイランにおける活動を，その世界的活動の文脈のなかに，十分には位置づけていないのである。また，前述の通り，ラリ商会はイランからの金輸出にも関与していたが，この点についても，十分な研究が行われているとはいえない（図 1-2）。

　以上のように，ラリ商会についての研究で，非イラン研究とイラン研究とは，相互に研究成果を学びあうことは，これまでなかった。もし，これら両研究分野が相互に研究成果を学べば，これまで解明されることのなかった点を明らかにすることができるかもしれないし，あるいは，そこまでいかなくとも，既知の事柄に新たな意味づけを行うことができるかもしれない。このような観点に立って，以下，両研究成果の総合を試みることにしたい。

（B）　イギリス=ロシア間貿易をイランが「媒介」することによる綿製品市場の拡大

　19世紀，ロシアに対するイギリスの貿易収支は赤字であった。この赤字の少なくとも一部は，結論から述べるならば，イギリスのトルコとイランへの黒字

によって埋め合わされていたのであった。もちろん，ある地域に対して入超であり他の地域に対して出超である場合，地域別という垣根を取り払えば，それらの数値が相殺されるということは自明であって，ここにあらためて述べるまでもないことであるが，ここでこのように述べるのは，このような意味のみにおいてではなく以下の諸点をも考え合わせた上でのことである（Fairlie, Diss., pp. 334-335, 367-383）。

　第1に，イギリス・ロシア間の貿易収支はイギリスの入超，イギリスとトルコおよびイランの間のそれはイギリスの出超であることは上述の通りであるが，ロシアとトルコおよびイランとの間のそれはロシアの入超であった。(9)

　第2に，黒海からの小麦輸出貿易に従事していた商人が，トルコ・イラン・中央アジアにおいても，さらにはインドにおいても活動していたという事実を挙げることができる。

　第3に，ロシア領黒海沿岸諸港からイギリスへ小麦を運ぶ船は，黒海へと向かう際には，途中イスタンブルまでの積荷（そのかなりの部分は石炭）(10)を積んでいた。

　第4に，イギリスの，イランへの織物輸出の決済とロシア領黒海沿岸諸港からの小麦輸入の決済との間に直接的な結びつきが存在した。具体的には，1863年にオデッサにもたらされた金貨銀貨のほとんどすべてが，イランからイスタンブル経由でもたらされたロシアの金貨銀貨であった。そして，これらはトラブゾン（トレビゾンド）経由でイランにもたらされたイギリス製品の代価として送金されたものであった。(11)この貿易は，ギリシャ系イギリス人の手中にあり，なかでも，ラリ商会が大きなシェアを占めていた。彼らは，オデッサとアゾフ海沿岸に店舗を有していたので，ロシアの農産物を返荷貿易（return trade）としてイギリスへと船積みするのにきわめて有利であった。ロシアの貨幣がイランにもたらされたのは，おそらく，イランからロシアへの輸出品に対する支払いとしてであった。(12)

　以上の諸点から考えて，イギリス＝レヴァント間貿易とイギリス＝イラン間貿易とは，切り離して考えることのできないものであったと判断してよいであろう。あるいは言い換えるならば，従来イギリス＝レヴァント間貿易として捉

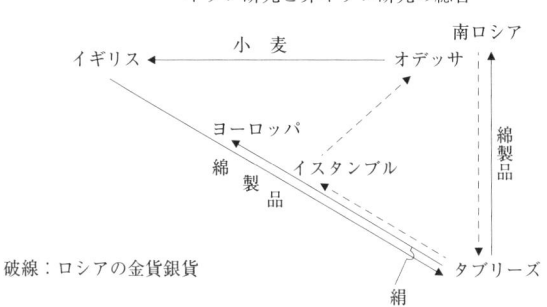

図1-3 イギリス・イラン・ロシア間の貿易と決済
——イラン研究と非イラン研究の総合——

破線:ロシアの金貨銀貨

えられていたものは、実は、イギリス＝イラン間貿易、イラン＝ロシア間貿易、ロシア＝イギリス間貿易の3つから成り立っていたのである（図1-3）。

それでは、イランからの絹輸出はこの文脈の中でどのような位置を占めているのであろうか、以下、検討していくことにしたい。

（C）　イランの絹とラリ商会

19世紀前半、カージャール朝の国内統一による政情の安定と国外における生糸の需要増に刺激され、イランの養蚕業はカスピ海沿岸地方を中心に発展した。生糸と絹製品は当時のイランの輸出品目の第1位を占めていた[13]（Issawi [55] p. 136, 岡﨑 [99] 70～72ページ）。

「絹はヨーロッパとの通商を維持するための主要資源であった。そして、それは、西洋への輸出に利用することのできる、大量に生産された唯一の価値ある品目」なのであった[14]（1866年報告, p. 59）。

生糸生産の拡大には輸出商人たちが大きな役割を果たした。当時、生糸の生産と取引に関して、以下に述べるような慣行があった。まず、商人が地主に無利子で現金と蚕卵紙を前貸しし、収穫の3分の1を受け取るという契約を結んだ。地主は現金と蚕卵紙を農民に与え、収穫の内、商人の取り分を除いた部分を、農民と折半した。つまり、これは、商人・地主・農民が収穫を3等分するというものであった。この方式はモサーラセ（mosālase）と呼ばれた。モサーラセは商人と地主にとってたいへん有利なものであった。商人はこれによって集荷を確実にしえたのみならず、蚕卵紙の前貸しの対価として収穫の3分の1

という大きな取り分を手にすることができた。地主は農民に桑畑を貸し付けるだけで，出費もリスクもなしに，収穫の3分の1を得ることができた（Gilbar [44] p. 352，岡﨑 [99] 72ページ）。

　先に簡単に触れたように，このような絹の生産と輸出にラリ商会が大きく関与していた。ラリ商会が1830年代中頃，タブリーズに店舗を構えた時，その主要な業務上の目標は，イギリスの綿製品の販売を拡張することにあった。そして数年の内に，ラリ商会は，タブリーズ＝トラブゾンルート（注11参照）を通じてのイギリスからの綿製品の輸入のかなりの部分を扱うようになったが，イランの金貨銀貨を国外に流出させることをイラン政府が禁じたため，輸出商品としての生糸に着目したのであった（Gilbar [44] p. 353, Issawi [55] p. 99, 岡﨑 [99] 73ページ）。

　このように，イランの絹は，イギリスからの綿製品の輸入に対する見返りの輸出商品として位置づけられるものなのであった。綿製品の輸入のみならず絹の輸出にもラリ商会は大きく関与していたのである。[15]

　なお，ここに引用した史料では，イラン政府がイランの金貨銀貨の流出を禁じたとあるが，これは，前述の，ロシア→イラン→イスタンブル→オデッサというロシア貨幣の流れとどのような関係があるのであろうか。この点については以下の記述が興味深い。

　　「コンスタンティノープルから供給される資本をリカヴァーするためにラリのタブリーズ店は絹・生糸・ルーブルをその見返りに発送した。後者〔ルーブル〕は，税関当局がペルシャのコインの輸出を禁じているためである」（Issawi [55] p. 107）。

　1864年頃をピークに，生糸の生産は激減した。1865年には輸出量は対前年比57パーセントを記録した。1856年にフランスのローヌで発生した微粒子病（pebrine）がイランにまで達したのがその原因であった。それに加えて，1870～71年には，イランの南部および東部が飢饉に見舞われ，大きな打撃を受けた。多くの商社が「ペルシャ貿易（Persian trade）」から手を引いた。ラリ商会が撤退したのもこの頃であった[16]（1870年報告，p. 961）。

　イランからの絹の輸出は，イギリス＝イラン＝ロシア間貿易のなかに，この

第 1 章　〈西洋の衝撃〉と金融

ような形で位置づけることができるものなのであった。

（D）　イギリス＝イラン＝ロシア間貿易の存立の理由と決済の詳細

次に，この貿易がイギリス・オデッサ間の 2 地点間貿易ではなくトルコとイランを経由する形を取った理由について，さらに，これと関係することと思われるが，貿易決済の詳細について，検討していくことにしよう。

前者については，以下の 3 点を指摘することができる。

まず第 1 に，イスタンブルについてである。この都市は，オスマン＝トルコ帝国の首都であり，大きな人口（1830年代40年代：37万5000人，1890年代：90万人）を有する大都市であった。東地中海あるいは中近東における一大中心地としての位置をこの都市が占めていたことを見逃してはならないであろう。

イスタンブルの貿易は18世紀から19世紀前半にかけては大幅な輸入超過であった。例えば，1840～45年平均では，この地の輸出は 5 万ポンド，輸入は200万ポンドであった。「輸入品は首都およびその周辺での消費のみに使われるのではなく，大部分はトルコ奥地，そしてペルシャ・グルジア・チェルケスなどの外国へと送られた」。さらに，イスタンブルからイランとロシアへの通過貿易も存在した（Fairlie, Diss., p. 381, Issawi [56] pp. 34, 87, 113-115）。

また，この都市が，地中海と黒海との結節点に位置していたという点も念のため申し添えておきたい。地中海と黒海との間の貿易はイスタンブルまでとそれ以遠との 2 つの段階に分けられて取り扱われることがよくあったという（Fairlie, Diss., p. 347）。

第 2 に，関税率の問題である。1828年のトルキャマーンチャーイ条約（トルコマンチャイ条約）により，イランとロシアの間の関税率は 5 ％と定められた。この低関税率を利用して，ヨーロッパの商品が，ロシアの製品と対抗すべく，イランの商品の名のもとにロシアに流入した。長い間，タブリーズはロシア領コーカサスへの再輸出によって繁栄したのであった（Entner [32] p. 13）。具体的には，例えば，イギリスから輸入したキャラコをタブリーズで裁断し，青く染め，イラン製品としてロシアへと発送するという事例を，イギリス領事報告が伝えている（1859年報告）。

第 3 に，タブリーズからロシアへの密輸出が相当な額に達していたことも注

目される。上記のイギリス領事報告によれば，密輸出は合法的な輸出とほぼ同額であった。密輸出品にはイギリスの捺染布も含まれていた。

　次に，貿易決済の詳細についてであるが，ラリ商会の貿易決済全般についての重要な指摘がフェアリーとチャップマンによってなされているので，以下，紹介することにしよう。

　すなわち，フェアリーによれば，ラリ商会が成功した主な理由の1つは，彼らが「現金による取引（cash business）」を固守し，「信用つまり『紙片』（credit or "paper"）」では決して商売をしなかったことであった。「シティーを周期的に混乱させる金融恐慌に際しても，ラリ＝ブラザースはイングランド銀行（Bank of England）のように，あるいはそれ以上に確固としていた」という（Fairlie, Diss., pp. 275-276）。

　このようなビジネスを維持していくために，彼らは，輸入品がイギリスに着き次第，あるいは「カーゴトレード（cargo trade）」という方法でイギリスに着く前に，すばやくこれを売りさばいて現金化した。このカーゴトレードは黒海沿岸諸港とイギリスとの間の穀物貿易の発展を助けたという点で重要な意味をもつものであり，具体的には，以下のようなものであった（Chapman [24] p. 127〔邦訳242ページ〕, [25] p. 157, Fairlie, Diss., pp. 274-275, 341, 354-355）。

① 黒海沿岸諸港で荷積みを行なう商人は，商品を船積みし次第，イギリスにいる代理人あるいはパートナーに商品のサンプルと船荷証券とを郵送する。

② イギリスにいる商人は，サンプルと船荷証券を受け取るや，たとえ船がまだ到着していなくとも，それを第三者に売る。

③ 第三者はそれを別の者に売ることもある。このようにして商品はまだ海上にある内に2回3回と，あるいはそれ以上，人の手を渡る。商品が到着した時点で船荷証券を所有し貨物運賃を支払い最終的に荷渡しを受ける人物は，元来の荷受人とは異なる人物となるであろう。

④ この最終的購入者がいくつかの港の内のどの港で荷渡しを受けたいと望んでいるのかについて指示を得るために，カーゴトレードに従事している船は寄港地に寄港しなければならない。イギリスの場合，寄港地はコーク

とファルマスであった。

　イランとの貿易においても，前述のロシアの金貨銀貨による支払いという方式以外に，このような方式がとられていたのかどうかについては不明であるが，ここでは以下の点を指摘しておきたい。

　すなわち，ラリ商会はイランにおいては，現金のみでビジネスを行っていたわけではない。ラリ商会は，輸出商品の購入をファイナンスするための信用を必要とした。そのためアミーノッザルブのサッラーフ業は急速に拡張することになった。そして，この借入の多くが歳入を抵当に行われたというのである[17]（Enayat [30] p. 951）。

　ここで，ラリ商会に信用を供与したのが，ほかならぬアミーノッザルブであったという点，そしてこの借入が歳入を抵当としていたという点に注目したい。このファイナンスが具体的にどのような方法で行われていたのかは明らかでない。また，アミーノッザルブはラリ商会の代理人であったといわれているが（Enayat [30] p. 951），この点についても詳細は不明である。

（3）　アミーノッザルブによる銀行設立運動

　1879年8月4日付でアミーノッザルブはナーセロッディーン＝シャー（カージャール朝第4代国王，在位1848～1896年，図1-4）宛に銀行設立の請願書を提出した。この請願書の内容はおおよそ以下のようなものであった（Bānk-e Melli-ye Irān [15] p. 65）。

①　ヨーロッパ諸国の産業の発展に銀行が大きな役割を果たしたこと
②　イランにおける産業の発達，鉄道の建設，電信線の設置は，大銀行の設立なしには実現できないこと
③　銀行は，政府と国民との共同で設立すべきであること

　その5年後，彼は，商人代表者会議（Majles-e Vokalā-ye Tojjār，商務に関する行政，商業上の争いの裁定，経済発展の促進を行う）の設立運動に主導的役割を果たしたが，結局は，この会議も銀行も実現をみなかった。

　彼は近代的技術を自らの事業に積極的に利用した。ギーラーン地方にある自分の地所に米作用の灌漑ポンプを設置したことなどはその例として挙げられよ

図1-4 ナーセロッディーン=シャー

(出所) Browne [23] between pp. 58 and 59.

う。ラシュトには,マルセイユに向けて輸出するための絹紡糸を生産する工場(労働者,150人)を設立した(Enayat [30] p. 952)。

また,彼は,マーザンダラーン地方において鉄道建設に着手した。この鉄道は,完成し営業を開始したものの,さまざまな困難により,彼の死とともに「目にみえる痕跡をほとんどとどめることなく,ジャングルのなかへと姿を消した」。とはいえ,これは,イラン史上2番目に古い鉄道として,また,イラン人自身の手による最初の鉄道として,歴史的意義をもつものであった。[18]

上記のような大規模な投資を行ったために,彼は,1880年代90年代を通じて通貨価値を下落させ,そのことによって蓄財したのではないかとの疑いをかけられることとなった。これに対して,当時の通貨価値下落の主な原因は,1893年までは,世界的な銀価低落とイランの対外貿易の不均衡であるとの見解もある。

価値が下落したのは銀貨にとどまらなかった。銅貨シャーヒー（shāhi）の価値は，1893, 94年と着実に下落していき，それに続く2年間は急激に下落した。銅貨シャーヒーの銀貨ケラーンに対する交換レートは，公定では20対1のところ，実質は平均30対1であった。80対1を記録したこともあったという。アミーノッザルブはこの通貨価値下落から利益を得ているとみなされ，1896年12月，内務大臣により逮捕され投獄された（Enayat [30] pp. 952-953）。

　この銅貨の問題の「解決」に，上述の帝国銀行が大きく関与した。同行は1896年のイラン政府への提案に基づき，銅貨を流通から回収した。この策は，さしあたりは効果があったようにみえた。しかし，2年も経たない内に元の状態に戻ってしまった。

　1899年12月，イラン政府と同行との間に合意が成立し，すべての銅貨が廃されることとなり，ニッケル貨が導入された。このニッケル貨の導入は成功であったとされる（Jones [63] pp. 81-82）。

（4） 世界経済におけるイランの位置

　筆者は，19世紀のイランの金融――さしあたりは国内金融――についての歴史的事実を整理していこうとの問題意識のもとに本研究に着手したわけであるが，研究を進めていくうちに，アミーノッザルブという人物に突き当たることとなった。彼が当時のイランの金融・経済を語る上で鍵を握る人物であろうということはこの研究を始める前から，ある程度予想はしていたが，やはり予想通りというべきか，彼が鍵を握っていた。

　そして，銀価低落，金流出という問題からはラリ商会という名が浮かび上がってきた。同商会はイラン史においては絹輸出と綿製品輸入でその名が知られている。金流出に関してラリ商会という具体的な固有名詞を見いだすことができたことは，研究を進めていく上での重要な手がかりとなるものであった。

　この有名なマーチャントバンカーの名を手がかりに，その世界的活動を押さえていけばイランの世界経済における位置づけが多少なりとも明らかになるのではないかとの見込みのもと，これまでの研究をフォローし，さらには若干の1次史料を読み進めていった結果，以下のことが分かった。すなわち，ラリ商

会のイランにおける活動は，イギリス＝ロシア間貿易を視野に収めることにより初めて明快に理解することができるものであるということである。これは，逆の言い方をするならば，イギリス＝ロシア間貿易はラリ商会のイランにおける活動を押さえることによって初めて統一的・総合的に理解できるものであるということでもあるわけである。

　この問題は綿製品の貿易という点からみれば，19世紀中頃以降のアジア市場の拡大という問題ともつながってくる。このアジアの綿製品市場の拡大においてイランがどのような位置を占めていたのか，詳細は今後の研究の進展に俟たなければならないが，少なくとも，イランが何らかの位置を占めていたことをこの研究で明らかにすることができた。このことは，これまで経済史研究においてあまり注目されてこなかったのではないかと考える。

　このように，まず国内金融からみていき，貿易へと議論を展開させたわけだが，その結果，国内金融と貿易との結節点ともいうべき論点を見いだすこととなった。それは，アミーノッザルブとラリ商会との関係という問題である。この関係のなかに，当時のイラン経済を世界経済的視野から解明する上での鍵が隠されているものと思われる。これについては史料的制約上，今後の課題としたい。

　アミーノッザルブは晩年，銅貨の価値下落から利益を得ているとの嫌疑をかけられ，逮捕・投獄の憂き目をみた。銅貨の回収に当たったのは帝国銀行というイギリス系海外銀行であった。同行が晩年のアミーノッザルブといかなる関係にあったか，きわめて興味深い問題であるが，この点についても，今後の課題とせざるをえない。[19]

第2節　〈西洋の衝撃〉・貨幣不足・外国銀行

（1）　イギリス領事報告にみるタブリーズの金融と貿易決済：1859～78年

　1859年度に関するタブリーズからのイギリス領事報告によれば，タブリーズを経由したイランの対外貿易の収支は，対トルコ（トルコ経由を含む）が大幅な入超，対ロシアが出超，全体としてはイランの入超であった。

第 1 章 〈西洋の衝撃〉と金融

　これをもう少し詳しくみてみると，トルコ経由の輸入の内，最も多くを占めるのは，染色されたイギリス製綿製品をはじめとする染色された綿製品であり，これに次いで重要なのがイギリス製キャラコであった。これらの内多くがタブリーズで裁断され青く染められ，イラン製品としてロシアへ送られた。その他，茶・ラム酒・広幅生地などがこのトルコ経由で輸入された。トルコ経由の輸入というのがトルコからの再輸出であるのか，それとも通過貿易なのか同報告は触れていないが，それら輸入品の内，かなりの部分をイギリス製品が占めていたことは上記の通りである。

　このイギリス製品輸入については以下の記述も興味深い。

　　「現在この町にはフランスの商会が1つ，スイスのが1つ，ギリシャのが5つある。後者の内，1つはイギリスの，2つはロシアの，〔残る〕2つはトルコの保護下にある。彼らの業務はマンチェスターからのイギリス製品輸入と生糸輸出とにほぼ限られている。」

　対ロシア貿易に関しては，密輸出と（合法的な）輸出とがほぼ同額であった点が注目される。密輸出されたのは，イギリスの捺染布，スイス製品，ヨーロッパとイランの絹などであり，カラーバーグの人々がこれに携わっていた。

　次に貿易決済についてみてみると「トルコへの送金は一部は，トレビゾンド〔トラブゾン〕経由で正金で行われ，一部はティフリス〔トビリスィ〕で買われるオデッサ宛の手形で行われる」。

　ここでトラブゾン経由の正金の送金の目的地は，下記などから考えて，イスタンブルだと思われる。

　　「コンスタンティノープルへ送金される正金は，ほとんどすべて，ロシアのインペリアル金貨とルーブル銀貨（gold imperials and silver roubles）より成り立っている。タブリーズの通貨を構成していたのは，これら〔ロシアの〕コインのほか，ペルシャのトマーン金貨（9シリング1ペンスに相当），パナバト銀貨（5.5ペンス），シャーヒー銅貨（1.5ペンス）である。〔中略〕商人たちにとってたいへん不都合で悩みの種なのは，大量のパナバトが最近流通へと投ぜられたことである。そして，それらはロシアのルーブル銀貨を溶かすことによって得られるものであるから，この後者のコイン——それは送金のた

めにたいへん貴重である——はもう一方〔パナバト〕が増えるにしたがって市場から消える。〔中略〕イギリス宛手形の為替相場はポンドスターリング当たり21.75ないし22.4ケラーンである。イギリス製品は一般に2カ月ないし3カ月の支払猶予期間を付けて販売される。しかし，キャラコはしばしば即金（ready cash）で売れる。」

イスタンブルへ送られる正金はイランのコインでもなく，トルコのコインでもなく，ロシアのコインなのであった。イギリスのキャラコの支払条件についての記述は，タブリーズで裁断・染色しロシアへ輸出するという，前述の記述を考え合わせれば興味深い。オデッサ宛の手形とイギリス宛の手形とがどういう関係にあるのかという点については不明であるが，1862年報告には次のような記述がみられる。

「これまでかなりの額が正金で毎年トルコへ送られている。これは，近年〔傍点引用者，以下同様〕ティフリスおよびオデッサとの間で開始された手形取引，そして使節団と領事館を維持するために振り出されたイギリス・フランスその他宛の外国為替手形，この2つとともに前述の残高の残余〔対ヨーロッパ入超？〕の理由を示すものであろう。」

トビリスィおよびオデッサとの間で手形取引が開始されたおおよその時期をこれにより知ることができる。また，同報告はロシアへの密輸について，それがすべて正金で支払われ，そして，この取引が1859年以来大きく減少した，という貴重な情報を伝えている。

以上から，ロシアからタブリーズへの正金流出とタブリーズからイスタンブルへの正金流出という2つの流れが存在したことが分かるが，これについては1865年報告にも言及されている。

「ロシアにおいて金が高価になったため，この物品〔金〕のこの市場への供給がいつもより制約された。そのため，西方への送金は，昨年，より困難になった。」

さらに，1866年報告には次のような記述がある。

「ロシアのコーカサス諸地方との間で行われる，イギリス製品のタブリーズからの密輸〔出〕——そして，これはこの市場にロシアの金と銀を供給す

る——はここ数年，たいへん減少した。」

この頃から，タブリーズにおける貨幣不足についての記述があらわれる[22]

「貨幣の不足——特に，輸出に最も適したコインの〔不足〕——は，ここ2シーズンの間のギーラーンにおける絹の生産の失敗にのみ帰することができる。これは，ふつう，この物品を購入するためにもたらされる外国のコインの供給を，この国から大きく奪った。金は，そのペルシャのコインという形での輸出が1年以上前から禁止されているとはいえ，たいへん高いプレミアムが付いている」（1867年報告）。

「ここしばらくの金属通貨の非常な不足は，ペルシャ中できびしく感じられてきている。主要輸出品（生糸）の減少以来，輸出貿易に有利な残高が正金で支払われてきた。これはたえずヨーロッパへ大量に送金されたし，また，この国の現在の貧窮化し混乱した状態においては，それに代わる何の見込みもない。というのは，ロシアから牛と交換に北部諸地方へ，インドからアヘン[23]その他と交換に南部諸地方へとしみ込んでくる少額は，西方へと着実に流出する額をバランスさせるにはまったく不十分だからである」（1870年報告）。

1872年報告でも正金の不足が指摘されている。コイン輸出禁止の勅令が時々発せられるが，当局に賄賂を贈ることにより容易にすりぬけられるので，一時的な効果しかもたらさないという。「ペルシャに不利な圧倒的残高は，この国の輸出貿易を発展させることによってのみ是正されうることは明らかである」。

1877年報告は，露土戦争が主な原因で，当該年の商況がきわめて不満足なものだったということから説き起こしている。この戦争により，一方ではトラブゾン・タブリーズ間の貿易が阻まれ，他方ではイランのアラス川国境からコーカサスへのルートが，商品のトランジットにとって通行不可能となったのであった。イギリス製品の輸入者には，上記のほかに，為替が不利になったという困難も加わった。輸出入総額は1873年の170万7389ポンドから79万6400ポンドへと激減した。この国の外国貿易が主として絹貿易に依存し，そのギーラーンでの生産がきわめて深刻な状況にある以上，この国は「破産への道を歩んでいる」と結論づけざるをえず，この戦争がそれを加速させるに違いないと報告者はみている。

報告者はこれに続けて「為替」という見出しを掲げて報告をしている。為替がこのように見出しを付けて，かつこれほど詳しく取り扱われたのは，これが初めてである。以下紹介しよう。

　「タブリーズとロンドンとの間に直接の手形取引はない。商人たちは貨幣をティフリスまでペーパールーブルで一覧後21日払の手形か同地への電信で送金することを余儀なくされている。そして，これらのルーブルは，さらにティフリスからオデッサあるいはセントペテルスブルグへと送られなければならない。同地にてそれらはその時の為替相場で日付後3カ月払のロンドン宛手形へと転換される。」

　この報告にも貨幣不足についての指摘がある。「タブリーズにおけるビジネスは貨幣なしで行われるということができよう」という記述がそれである。そして，これに続けて「というのは，一般に行われているシステムは下記のようなものだからである」として，ハヴァーレ（havāle）による決済のメカニズムを簡潔に説明している。貨幣の不足という事実あるいはその原因の指摘にとどまらず，それではどのようにして取引の決済が行われていたのかという点にまで踏み込んだ貴重な報告であるといえよう。

　1878年報告では貨幣不足の問題を，イラン国内の貨幣流通をも視野に収めて論じている。やや長くなるが訳出し紹介しよう。

　「この地方における貨幣の不足――欠如といってもよいと思うが――は，現在の状況をさらに悪化させた。そして，これは，商業界に大きな損害を与えつつある。ペルシャの銀は，まずギーラーン地方によって徐々に吸収される。同地方ではタブリーズ商人が毎年大量に絹を購入するのである。そして，それは最終的には帝国造幣所（Imperial Mint）において再造幣するために処分される。この市場にはもはやペルシャの銀は存在しない。ここにおいては20コペイカ・15コペイカ・10コペイカのロシア銀貨が唯一の流通媒介手段なのである。ペルシャ政府は最近，ロシアの金銀の価格をたいへん低く固定し，そのことにより商人階級をさらなる金銭的損害へとさらした。彼らはおそらくロシアのインペリアルとルーブルとの永続的で単一の相場をこの帝国に確立するとの欲求によって駆り立てられたのであった。しかし，この措置は時

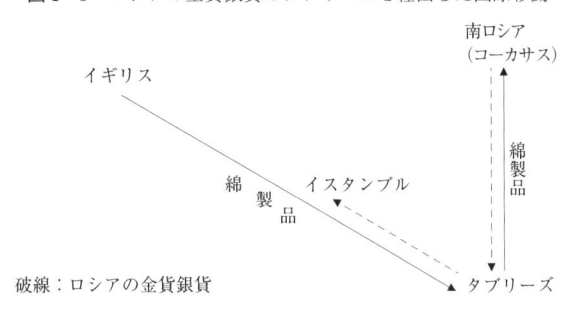

図 1-5　ロシアの金貨銀貨のタブリーズを経由した国際移動

```
                                  南ロシア
                                  （コーカサス）
                                    ↑
        イギリス                    │
            ＼                     │綿
              ＼                   │製
          綿    ＼  イスタンブール  │品
              製   ▼---            │
                品     ---         │
                          ---      │
                              ---  ▼
                                  タブリーズ
        破線：ロシアの金貨銀貨
```

期尚早であるように思われる。そして，これは，これら貨幣のさらなる価値低下をもたらした。一方，それに取って代わるものとして利用できるペルシャのコインはここにも首都にもない。」

（2）　タブリーズにおける貨幣不足と世界的な商品と貨幣の移動

以上，1859年頃から約20年間にわたって，タブリーズの金融と貿易決済について，イギリス領事報告を読み進めてきたわけであるが，ここで繰り返し指摘されているのが貨幣不足である。この貨幣不足は正金流出入と密接に関連していた。正金流出入については，おおよそ以下の3つの流れを見いだすことができた。

① 　生糸購入のための流入
② 　イギリス製品の対ロシア輸出代金としてのロシアからの流入
③ 　貿易代金の送金としてのイスタンブールへの流出

この内②と③とは1859年報告，1866年報告などから考えて，そのほとんどすべてがロシアの金貨銀貨であった。タブリーズを経由しての，ロシアからイスタンブールへのロシアのコインの流れが存在したと考えられるのである（図1-5）。それでは，この流れはイスタンブールから先はどうなるのであろうか。それは，第1節で述べた通り，オデッサへと向かうのである。ロシアのコインはタブリーズとイスタンブールを経由してロシアへ戻るのであった。この貨幣の流れの逆方向には商品の流れが存在した。ただし，図式的な表現が許されるなら

ば，貨幣の流れにおいてイスタンブルが占めていた位置は，商品の流れにおいてはイギリスが占める（前掲図1-3）。これら商品の流れと貨幣の流れ——貿易と決済——は相互に密接に関連していた。オデッサからイギリスへの小麦輸出と，イランからイギリスへの生糸輸出，イギリス綿製品のイランへの輸入にラリ商会という1つの企業が決定的役割を占めていたことからも，この関連の密接性が窺えよう。

このような形で商品と貨幣が世界的に流通していたのであるが，これに対して生糸輸出の激減というインパクトが加わることにより，タブリーズにおいて貨幣不足が生じたのだと考えることができる。貨幣不足についての指摘が初めてあらわれるのが生糸輸出の激減とほぼ同時期（1867年報告）であることもこのことを支持しているように思われる[24]。

生糸輸出の激減と1870～71にイランの東部と南部を襲った大飢饉により，ラリ商会は「ペルシャ貿易」から撤退した（1870年報告）。オデッサからの撤退は60年代のことであった。

（3） イギリス領事報告にみるタブリーズの金融と貿易決済：1878～88年

前述の1878年報告は，先に引用した箇所にすぐ続けて以下のような事実を伝えている。

「この危機に際して，ヨーロッパ商人たちは，自ら欠乏を埋め合わせるか，この国における自らの商業活動を捨て去るかという二者択一へと追い込まれた。彼らは前者の方針を選び，地金をペルシャに輸入することを決心した。このように，過去2カ月の内に4万ポンドほどの額の銀の延べ棒がイギリスからタブリーズへもたらされた。そこからそれはテヘラーンへとさらに送られ，帝国造幣所にて処分されるであろう。もしこの試みが成功するならば，それは，おそらくより大きな規模で繰り返されることになることであろう。」

外国からの地金輸入が出てくるのはこれが初めてである[25]。タブリーズにおける貨幣不足の深刻さが窺える[26]。

1881年は，タブリーズの貿易に顕著な改善があった。それは，商人たちが前年に大きな損失を被ったため輸入を減らし，そのため，市場にモノが不足し，

第 1 章 〈西洋の衝撃〉と金融

このことが活発な需要を生み出したからとのことである。しかし，この改善も長続きせず，物価は日に日に下がりつつあり，イラン商人は，引受済み手形の支払いのための現金を得るために，どんな危険を冒しても売ることを余儀なくされている。「貨幣はたいへん豊富であったが，今はロシアへの大量の金輸出により乏しくなりつつある」という。

1885年報告で報告者は，「ペルシャ北部において商業的な事業を麻痺させている原因」を挙げている。

① 毎年繰り返される入超に起因する正金の絶え間のない流出
② ①の結果としての，地元商業界に蔓延する慢性的貨幣不足
③ 小規模銀行業者の不正利得
④ 正金の単一相場を固定する永続的措置をとることに政府が失敗したこと
⑤ トラブゾンからのルートの，他のルートへの転換
⑥ 馬車で通行可能な道路の欠如

1886年報告ではイラン全体の貿易についての注目すべき記述がある。すなわち，報告者アボットは，「ペルシャの輸出は輸入を下回っていない」というヴァンベーリ（Arminius Vambery）の見解に同意し，また，輸出は輸入を下回っておらず，あるいは上回っているかもしれないとの在タブリーズ・ヨーロッパ商人（複数）の見解を紹介しているのである。これは19世紀イランの国際収支についての今日の研究者の見解と矛盾するように思われる。すなわち，イサウィーによれば，「1860年代以後，貿易全般に関してかなりの赤字があったということですべての観察者は一致している。そして，このことは，1901年から1914年の関税統計によっても確認できる」とのことである。

しかし，イサウィーは，また，ロシアへの密輸出をも考慮に入れなければいけないとの趣旨のことも述べている（Issawi [55] p. 70）。したがって，アボット報告が，ロシアへの密輸出をも考慮に入れているかどうかが 1 つの論点になるであろう。もしアボットが密輸出を輸出に含めていないとするならば，これは完全にイサウィーの述べるところと矛盾することになる。

アボットは上記の主張を支持する事実の 1 つとして次のように述べている。
「ここ数年間，ペルシャは，輸入品に対する支払いとして正金を輸出する

ことを余儀なくされたことはない。この点に関しては，この帝国からの金融資源（financial resources）の流出はなかった。反対に，近年，外国商人（複数）は地金を銀の延べ棒の形でこの国に輸入し帝国造幣所にてそれを処分するのが有利だとみている。」[(28)]

次いで同報告の後段のタブリーズについての報告であるが，ここにサッラーフについて興味深い記述があるので，以下紹介しよう。

「ヨーロッパの基準に基づいて運営される適切な金融機関が欠如しているので，すべての商取引は現金（cash）で行われなければならない。そして，この種の商取引を容易にするため，サッラーフ——タブリーズにおいてたいへん多数からなる社会である——が顕著な役割を果たしている。実際，あらゆる現金（ready money）はこれらの人々の手中にあるといってよい。そして，貨幣の支払いはサッラーフからサッラーフへ譲渡される小切手によって行われる。」[(29)]

サッラーフへの現金の偏在がいかに極端なものであったかがここから読み取れる。サッラーフは，現金の独占的保有者としての地位を不正に利用して，貨幣不足の季節に打歩を得たのであった。これに対し，商人たちは強硬に抗議した。当局も再三にわたりこの慣行をやめさせようとした。

次に，1887年報告であるが，これには，ロシアへの銀輸出の事実が記録されている。これはタブリーズにおけるペーパールーブルの騰貴を利用したものであった。サッラーフその他地元の投機家が，ナフチェヴァン・エレヴァン・シューシャ・トビリスィ・バクー・モスクワへ銀を輸出し，ルーブル券を買い，しかるのちに，それをかなりの利益をもって処分したとのことであった。

「このことがタブリーズにおける現在の貨幣不足の原因の1つなのであった。もう1つは貨幣が，この季節，乾燥果実その他の産物を購入するために商人たちによって諸地方へと送られていることにある。」

すなわち，この時期のタブリーズの貨幣不足は，銀流出と産地への資金移動，この2つによって生じたのであった。

この報告でもサッラーフの不正利得についての指摘がなされている。前報告でも指摘された通り，しかるべき銀行が存在しないので，現金の独占的保有者

としてのサッラーフが，貨幣不足の季節に不正に打歩を得るのであった。したがって，もししかるべき銀行が存在すればこの問題をもたらす要因（の１つ）が取り除かれるということになる。折しもこの頃，テヘラーンに新オリエンタル銀行の支店が開設された。タブリーズにも支店が開設されるであろうとのことであった。(30)

タブリーズに銀行が開設されれば，地域の商業社会に莫大な利益をもたらし，「商業的金融的麻痺状態という現状を一変させるであろう。今は退蔵され，あるいは誤用されている地元資本はしかるべき報酬の得られる産業と有益な公共事業の助長へと解放されることであろう」。他のいかなる方法によってもこの地方を改善することは不可能であり，その銀行は，本報告および前報告で取り上げた問題を是正することを求められることになるであろうと報告者アボットはみている。

（４） 19世紀後半のタブリーズと世界経済

以上，世界経済に占めるイランの位置を明らかにすることを目的として，19世紀中葉から末葉にかけてのタブリーズの金融と貿易決済について考察を進めてきた。その結果明らかになったこと（と明らかにならなかったことと）を，以下まとめることとしよう。

① ラリ商会がイランで生糸輸出と綿製品輸入に従事していた時期には，イギリスとイラン（タブリーズ）とロシア（オデッサ・コーカサス）――とイスタンブル――との間に，相互に密接に関連した商品の流れが存在し，その決済にはロシアの金貨銀貨が使われた。

② ロシアからイランへの正金流入は1859年に減少した。これが①の流れの構造全体を破壊してしまうほどのインパクトをもつものであったかどうかは不明である。

③ 1860年代中葉に生糸輸出が激減した。これに加えて，1870～71年にはイランの東部と南部を大飢饉が襲い，ラリ商会がタブリーズから撤退した。オデッサからの撤退は60年代のことであった。

④ タブリーズにおける貨幣不足についての記述が初めてあらわれるのは，

1867年報告においてであった。同報告は，その原因を，生糸の不作（とそれに伴う外国コインの流入の減少）に求めている。イラン政府によるコイン輸出の禁令についての記述が初めてあらわれるのも，これとほぼ時を同じくする1866年報告においてである。この，生糸輸出激減からラリ商会撤退にかけての時期がタブリーズの金融と貿易決済の1つの転換点であったと推測される。

⑤ 1878年頃にもう1つの転換点をみいだすことができるように思われる。外国からの地金輸入の記述が1878年報告に初めてあらわれるのである。この地金は，タブリーズ経由テヘラーンへと送られ，帝国造幣所にて処分されるであろうとのことであった。帝国造幣所の記述があらわれるのもこの年の報告が初めてである。この頃，オーストリアの造幣所員ペハンにより，各地方の造幣所が廃止されテヘラーンに一本化された。1879年にはアミーノッザルブが造幣所長になった。この人物は「80年代にペルシャを銅の補助貨幣で溢れさせ」た（本章第1節, Rabino di Borgomale [109] p. 19）。

⑥ ⑤の第2の転換点以降も基本的に貨幣不足の状態が続いた（1881年報告にみるように，豊富な時期もなかったわけではないが）。現金あるいは正金はサッラーフの手に集中していたのであった。この，現金の「独占」的保有者としての地位を，サッラーフは不正に利用した。サッラーフの不正利得についての記述は1885年報告が初出であり，翌年および翌々年の報告にも取り上げられている。

⑦ 折しもこの頃（1888年），イギリスの植民地銀行である新オリエンタル銀行がイランに進出し，テヘラーンに支店を開設した。報告者アボットは，この銀行がタブリーズに支店を開設し，「商業的金融的麻痺状態」を一変せしめ退蔵されている資金を有効利用へと供することを期待している。

もとより，以上は限られた史料を基にしたものであり，他のデータを補って議論を精緻化することが必要であることはいうまでもない。イギリスの公文書局（Public Record Office）所蔵の外交文書の利用を，その具体的方法の1つとして挙げることができるであろう。

第 1 章 〈西洋の衝撃〉と金融

注
（1） この人物については下記を参照のこと。
　　　Amin al-Zarb［5］，Bāmdād［14］，vol. 3, pp. 348-362, Enayat［30］，Mahdavi［75］,［76］，Mo'tazed［94］，嶋本［116］．
（2） 本節では，煩雑さを避けるため，このマーチャントバンカーを「ラリ商会」と総称することとし，店舗ごとの商号の違いといった点には，原則として，立ち入らないこととする。なお，店舗ごとの商号の違いについては Chapman［25］p. 156 を参照のこと。特にイスタンブル店，タブリーズ店に関しては，Gilbar［44］p. 353, Issawi［55］pp. 101, 104, 107 をも参照のこと。
（3） サッラーフについては，Floor［41］が詳しい。
（4） オーストリア人ではなくプロシア人とするものもある（Сеидов［112］p. 75）。
（5） この人物についてはさしあたり Amanat［3］を参照のこと。
（6） ヨーロッパ諸国における金銀比価の数値については，ここでは，この史料に記されている通り，変更を加えずに記した。
（7） ここで「イラン研究と非イラン研究」とは，「ペルシャ語史料の利用をも踏まえたものとそれ以外のもの」といった程度の意味での区分であり，あくまでも便宜上の表現にすぎないものであることを念のためお断りしておきたい。
（8） インドにおけるラリ商会については下記に言及されている。
　　　Chapman［24］pp. 60, 128（邦訳112, 244ページ），伊藤［57］49ページ，Tomlinson［131］p. 503.
　　　また，帝国銀行の取締役およびアングロ゠ペルシャ石油会社の取締役会長を務めたグリーンウェイ（Charles Greenway）はラリ商会に勤務した経験があるとのことであるが，これがいかなる意味を有するのか，すなわち，この事実の背後にイランとラリ商会との何らかの関係が隠されているのかといった点については不明である（Corley［26］p. 315, Ferrier［38］p. 691,［39］p. 639, Jones［63］pp. 364-365）。
　　　なお，ここでは利用することができなかったが，黒海におけるギリシャ人商人について参照されるべきすぐれた研究として，Herlihy［50］と Kardasis［65］がある。
（9） ここではイランとトルコが一括して取り扱われているが，トルコ，イランそれぞれについての対イギリス，対ロシア収支が明らかにされなければならないことはいうまでもない。19世紀イランの対外貿易については，史料的制約により，その全体像が明らかになっているとはいいがたい。ここではさしあたり下記の諸点を指摘するにとどめたい。
　　　19世紀のロシア・イラン間の貿易収支は，1830年以降についてみた場合，ほとんどすべての期間，イランの出超であった（Entner［32］pp. 8-9, Сеидов［112］pp. 36, 53）。
　　　対イギリスについてであるが，イラン全体の対イギリス貿易収支の長期間にわたる統計は，本章で取り扱っている時期に関しては，管見の限り存在しない。タブリーズを経由する対イギリス貿易収支に関しては Issawi［54］pp. 25-27,［55］p. 114を参照のこと。
　　　なお，1840年11月16日付のイギリス外交文書によれば，タブリーズはイランの貿易全体の4分の1ないし3分の1程度を占めていた（Issawi［55］p. 108）。また，1850年代60年代には，タブリーズ゠トラブゾンルート（注11参照）はイランの貿易全体の5分の2程度を占めていた（Issawi［54］p. 24）。

19世紀イランの対外貿易全般を扱った邦語で発表された研究としては後藤[46]第6章がある。

(10) 1830年代を通じて、黒海と地中海の諸港における石炭の消費が増大した。これは、主として、諸政府による蒸気船航路の開設の結果であった。イギリス・イスタンブル・オデッサ間の船の積荷は以下の通り（Fairlie, Diss., pp. 334-335）。

　　　イギリス──（石炭）→ イスタンブル──（バラスト）→ オデッサ──（小麦）→ イギリス

同上博士論文の別の箇所では、穀物輸入の返荷として、織物が挙げられている（Fairlie, Diss., p. 382）。

また、チャップマンはイギリスからの返荷として、綿織物と綿糸と石炭を挙げている（Chapman [24] p. 127〔邦訳242ページ〕）。

(11) 19世紀イランの対外貿易を考える上で決定的重要性をもつものとして、イラン西部の都市タブリーズと黒海沿岸のトラブゾンとを結ぶ貿易ルート（タブリーズ＝トラブゾンルート）の問題がある。このルートの「開設」、あるいは他のルートからこのルートへの転換をもたらした要因の1つとして、イギリスがより短い貿易ルートを求めていたことがあったとされる。輸送費が削減されれば、イギリスの商品の流入が容易になるのみならず絹その他のイランの産出物の輸出が可能となる。詳細については Issawi [54] を参照のこと。

(12) イギリス＝ロシア間貿易全般に関しては、ペテルブルグなど北ロシアを経由するものをも考慮に入れなければならないことはいうを俟たない。

(13) イランからヨーロッパへの絹輸出については杉山[123]をも参照のこと。

(14) 下記にも同趣旨の記述がある。
1867年報告, pp. 499-500, 1870年報告, p. 961, 1877年報告, p. 1696.
以下、本書では、各年次の領事報告（議会文書として出版されたもの）をこのように表記することとする。

(15) 絹輸出においてラリ商会が果たした決定的重要性は、同商会が「絹貿易を創造した（created the silk trade）」という表現からも読み取ることができよう（1870年報告, p. 961）。

(16) この飢饉については岡﨑[101]、[103]を参照のこと。
ちなみに、オデッサからの撤退は1860年代のことであった（Fairlie, Diss., p. 397）。
絹輸出衰退以降のタブリーズの貿易については坂本[110]を参照のこと。

(17) フェアリーは同上博士論文で、「手形コインシステム（bill-cum-coinage system）」という貿易決済方式を取り上げ、このシステムが、南ロシアの貿易をイスタンブルと結びつけるものであり、イランへの織物輸出によって南ロシアからの小麦輸入をファイナンスすることの背後に存在したとしている。その上でフェアリーは、遠く東はイランまでの貿易のために手形が使われることは、少なくともクリミア戦争前についてはなかったと述べ、その理由として、上述の、ラリ商会がイラン経由オデッサまで正金を運んだという点を挙げている（Fairlie, Diss., pp. 391-392）。

また Floor [41] pp. 265-266 には、イスタンブルの商人がイランからタブリーズあるいはテヘラーンのコレスポンデントを通じて送金を受ける例が紹介されている。

(18) このパラグラフは Olson [104] pp. 39, 46-47 によった。同論文によれば、1890年3月に営

第 1 章 〈西洋の衝撃〉と金融

業を開始したとのことであるが，Enayat [30] p. 952 では，1891年に完成したが一度も利用されなかったとなっている。なお，Enayat [30] がその典拠としている（と思われる）Ashraf [8] pp. 82-83 にはそのようなことは記されていない。

(19) このように，研究水準を大幅に高めるためには，史料的制約を打破することが是非とも必要なわけである。本節で取り上げた問題に関して今後さらに利用されてしかるべき史料として，香港銀行グループ（Hongkong Bank Group，香港上海銀行を中心としたグループ）所蔵の帝国銀行文書（IBP Archives）とマフダヴィー（アミーノッザルブの孫）所蔵の文書を挙げることができよう。後者のマフダヴィー文書については Mahdavi [75], [76] を参照のこと。

なお，本節の原形となった拙稿を発表した後，このマフダヴィー文書を利用してアミーノッザルブの生涯を描いた研究書（Mahdavi [77]）が上梓された。

(20) この密貿易は，のちに，黒海沿岸のポチを通るルートへとシフトする。これに伴い，タブリーズで行われていた裁断・染色の工程の一部はトビリスィで行われることとなった（1864年報告，1866年報告，1869年報告）。

(21) パナバトについては Rabino di Borgomale [109] p. 16 を見よ。

(22) 貨幣の不足に関する記述はこれが初出であるといってよい。1859年報告にロシアのルーブル銀貨が市場から消えたとの記述があるが，これは，溶かしてパナバトを造るためのものであり，したがって，前者が減少した分，後者が増加するわけであるから，貨幣全体の不足を指摘するものではないといえよう。

また，先に本文で引用した，ロシアからタブリーズへの金供給の減少によって西方への送金が困難になったという趣旨の記述は，広く解釈すれば，貨幣不足を意味しているとも考えられる。

(23) 牛の密輸については1869年報告にも記述がある。

(24) この時期のタブリーズの貿易決済がこの方法のみによっていたと主張しているわけではないことを，念のため申し添えておきたい。

(25) 1865年報告に "gold" が出てくるが，これは地金ではなく正金であろうと思われる。

(26) ヨーロッパからタブリーズへの銀地金輸入については，Mo'tazed [94] p. 577 にも言及されている。

(27) なお，同報告は "Consul-General Abbott the Marquis of Salisbury" という見出しに始まりアボットの署名で終わる部分と "Report on the Trade of Tabreez for the Financial Year 1886-87" という見出しに始まる部分とに分かれている。厳密には後者のみを1886年報告というべきであろうが，ここでは便宜上，前者をもこれに含めることとする。

(28) イサウィーの見解は長期間を概括的に捉えた見解であって，アボット報告の伝えているのは一時的な「例外」とみるべきではないかとの考えも，上記のみからは成立しえよう（「数年間」を「例外」的短期間とみることができるかはともかくとして）。

(29) 最後の部分の，サッラーフからサッラーフへ譲渡される小切手による貨幣の支払いとは，手形交換のことかとも思われるが，この記述からは明確な理解が得られない。アボットは，上記引用文に続けて以下のように述べている。

「このシステムは『ロンドン手形交換所（"London Clearing House"）』において一般的に行われているシステムと——規模は小さいものの——似ており，まったく合法的なものであり，

悪用が入り込まない限りは商取引を容易にする傾向をもつものである。」
（30）　1888年にイランに進出し，7支店を開設。帝国銀行設立時に同行に土地・建物などを売却してイランから撤退した（Baster [18] p.120, Jones [63] pp.21, 35-36）。
　　　新オリエンタル銀行およびその前身については石井 [48]（1）35～37ページおよび本山 [95] 第12章を見よ。

第2章

開発とイギリス系海外銀行

本章の課題

　1889年，帝国銀行が設立された。この銀行は，イランにおいて独占的発券権を有するなど，同国の中央銀行の機能の一部を備えていた。イラン政府から供与された利権書は，同行をイランの国立銀行と規定した。この銀行は，イランにおける近代的銀行制度の事実上の出発点であった。また，同行はイギリス系海外銀行の1つでもあった。同行はイラン政府に巨額の借款をたびたび供与したし，道路建設などの事業にも乗り出した。本章では，この銀行の歴史を20世紀初頭までの時期を中心に簡単に概観することによってイランとイギリスとの政治的・経済的諸関係の本質を明らかにすることを試みることにしたい。

第1節　19世紀後半のイランと開発

（1）　19世紀のイラン

　帝国銀行の設立の経緯を説明するにあたり，まず，1870年代に宰相モシーロッドウレによって試みられた改革とその背景から説き起こすことにしたい。

　この頃，イランの人口の大部分は農業で生計を立てていた。19世紀後半，イランはたびたび飢饉に見舞われた。なかでも，1870～71年の大飢饉では人口が20パーセント減り，食人さえ行われたという。19世紀半ば，絹・綿花・アヘンといった換金作物が生産を伸ばしたが，1864年に発生した蚕菌病のため絹生産に深刻な打撃を受けた。絹の輸出量は1860年代初めから10年ほどの間に約4分の1に減少した。そのためイランの農業は危機的状況に陥った。イラン経済の

不振は農業部門に限らなかった。伝統的産業は安価なヨーロッパ製品の流入にさらされた。1870年の時点でイランに近代的な工場制工業は皆無であった（Jones [63] p.5, 岡崎 [101], [103]）。

イランの通貨単位であるケラーンの対ポンドレートは1800年から1850年にかけて50パーセント低下し，さらに1850年から1880年にかけて50パーセント低下した。造幣に際しての貨幣価値の低下もさることながら，世界的な銀価低落もこの大きな原因であった。

行政の面でも，官僚や軍のポストの売買が習慣となっており，改革が求められていた。(Jones [63] p.6)。

当時，イランは，北はロシアと，東はインドと国境を接していた。1856年，イランはヘラートの領有をめぐってイギリスと戦争を開始した。そして，翌年のパリ条約で，アフガニスタンの独立を承認することを余儀なくされた。ロシアは，19世紀前半の2度にわたる戦争でイランからコーカサスの諸地方を奪った。

イギリスにとっては，ロシアの進出はインドに対する深刻な脅威にほかならなかった。この時期，イギリスはロシアの進出に対する緩衝国（buffer state）としての役割をイランに期待していたのであり，そのためには，イランにおいて改革が進み，経済状態が改善される必要があった（Bakhash [13] pp.205-207, Jones [63] pp.6-7, Lambton [71] p.21）[2]。

（2） 鉄道敷設とロイター利権

1871年11月，モシーロッドウレが宰相に就任した。彼はそれ以前に外交官としてボンベイ（ムンバイ）・トビリスィ・イスタンブルに駐在した経験を有しており，宰相就任時にはすでに改革派として知られていた。宰相に就任するや，彼は司法や行政の一連の改革に乗り出し，貿易を盛んにして，衰退した手工業を再生しようと企てた。

彼ら改革派は，鉄道の敷設が改革の成功の鍵を握っていると考えた。鉄道は19世紀においては近代化の象徴であった[3]。

換金作物の生産・輸出の拡張と近代工業の発展が，貧弱な国内輸送システム

によって阻害されていた。この国の最も高速の輸送手段はチャーパール（chāpār）と呼ばれる飛脚であり，商品の輸送は，ラバまたはラクダの隊商によるという状態であった。

　このように，さまざまな困難を解決するにはどうしても鉄道が必要であった。だが，イランにはそのための技術も資本もなかった。そこで外国に目が向けられることになり，1872年7月，ロイター通信社の設立者であるジュリアス＝ロイター（Baron Paul Julius de Reuter）に利権が供与された。ロイター利権と呼ばれるこの利権は鉄道の敷設のみならず鉱山の採掘，森林の開発，銀行の設立などをも含むきわめて包括的なものであった。

　イラン内外に反対の嵐が巻き起こった。国内ではかねてよりモシーロッドウレの改革に反感を抱いていた諸勢力がこれに反対した。ロシアは，この利権はロシアの影響力の拡張を阻止するためにイギリスが企んだものだとみなして，1873年春には，ペテルブルグ滞在中のシャー（shāh，イラン国王）に利権破棄の圧力をかけた。その結果，同年11月，イランはロイター利権破棄を宣するに至った。ロイターはイギリス外務省に援助を求めたが，反応は冷淡であった。これ以後，彼は，利権破棄の取り消し，あるいは少なくとも利権破棄に対する補償を求めて約15年の歳月を費やすことになった（Bakhash [13] pp. 114, 383-384, Entner [32] pp. 18-19, Jones [63] pp. 4-15）。

第2節　イギリス系海外銀行の進出と19世紀末のイラン

(1)　設立と取締役会の構成

　1889年1月，テヘラーンで帝国銀行設立に関する利権が調印された。これより先，1887年9月，ツァーリ（царь，ロシア皇帝）への事前の相談なしにはイラン国内に鉄道または水路を建設することを外国の会社に許可しないという合意を，ロシアはシャーから取り付けていた。つまり，ロシアは，イランにおける鉄道計画に対する拒否権を確保したのであった。

　一方，1888年11月には，ロイター利権——特に鉄道建設の独占権——の再獲得を目指していたロイター側は，その最善の策はロイター利権の銀行設立に関

図2-1　帝国銀行本店（1890年頃）

（出所）　Wright [136] between pp. 124 and 125.

する条項を復活させることだと考えるようになっていた。鉄道や水路をつくるのが外国の会社ではなく，国立の銀行であれば，先のロシアとシャーとの合意に抵触しないからであった。このように，当時，銀行設立はあくまで鉄道建設のための手段にすぎないとみなされた。

　このようにして調印された帝国銀行設立に関する利権は，要するにテヘラーンに本店を置く国立銀行をイランに設立する権利をロイターに与えるというものであった。同行はイランにおける独占的発券権を与えられだけでなく，あらゆる種類の税を免除された。そして，これらの見返りとして，4万ポンドを年利6パーセントで10年間にわたってイランに貸し出すことを義務づけられた。

　ロイターはイギリスで同行を法人化するにあたり，イギリスの王室特許状を獲得することを望んだ。1864年以来，銀行に王室特許状が与えられたことがまったくなかったことから，大蔵省は渋ったが，外務省が同行の政治的重要性を訴えた結果，1889年9月付で王室特許状が授与された。イラン国外での銀行業務を禁止するなど，王室特許状は新たな制約を同行に加えた。このようにして同行は1889年10月テヘラーンにて正式に開業した（図2-1，Jones [63] pp. 18-25）。

なお，同行は，営業を開始するに際して，1888年にイランに進出していた新オリエンタル銀行の資産を2万ポンドで買収した（Jones [63] p. 35）。

設立にあたってロイターはシュレーダー商会（J. Henry Schröder and Company）やデーヴィッド＝サスーン商会（David Sassoon and Company）と接触を図った。1889年9月には，ロイターの次男ジョージ（*Baron* George de Reuter）をはじめ9名の取締役が任命された。

デーヴィッド＝サスーン商会からは2名が取締役として送り込まれた。サスーン一族は元々はバグダードに在住していたが，ユダヤ教徒であったために迫害を受け，ボンベイに移住し，さらに香港・ロンドンへと進出し，大規模な商業活動を行っていた。彼らはインドから中国へのアヘン貿易を独占していたとされる。また彼らは，一族のアルバート＝サスーン（*Sir* Albert Abdullah David Sassoon）がシャーから勲位を授与されるなど，イランと深いつながりをもっていた。彼らはイランでもアヘン関連の業務を行っていたという。

取締役会長にはケズィック（William Keswick, *M. P.*）が選ばれた。彼は香港上海銀行（The Hongkong and Shanghai Banking Corporation）とジャーディン＝マセソン商会（Jardine Matheson and Company）の会長を務めた経歴の持ち主であり，1889年にはチャイナ＝トラスト（China Trust, 正式名は Trust and Loan Company of China, Japan and the Straits Limited）の会長となった。この投資会社は，中国における公共事業・鉄道・電信などへの投資を推進することを目的とするものであった。同じくチャイナ＝トラストの取締役マクリーン（David McLean）も帝国銀行の取締役に就任した。彼は香港上海銀行の上海支店支配人などを務めた人物であり，東洋における銀と為替の業務についての豊かな知識と経験を有していた。(4)

インド行政に携わり対アフガン戦争を指揮したグリフィン（*Sir* Lepel H. Griffin）の名がみられるのも注目に値する。

このほか，シティー（ロンドン金融市場）の個人銀行であるグリン＝ミルズ＝カリー商会（Glyn, Mills, Currie and Company）や南イランで反物やアヘンの取引を行っていたオランダ系のホッツ商会（Hots and Son）などが取締役を送り込んでいた。

以上が設立時の取締役会の構成である。この後の時期には，サスーンや香港上海銀行などを背後関係とする者たちが引き続き取締役会に送り込まれたほか，アングロ＝ペルシャ石油会社（Anglo-Persian Oil Company, Sherkat-e Naft-e Engelis o Irān）・グレイ＝ポール商会（Gray, Paul and Company）・イギリス＝インド蒸気船航行会社（British India Steam Navigation Company）・帝国イギリス東アフリカ会社（Imperial British East Africa Company）などの関係者が取締役に任命された。この内，グレイ＝ポール商会以下3社は，イギリスを代表する船舶所有者で，1880年代初期最も多くの船舶トン数を所有していたマッキノン（*Sir* William Mackinnon）の会社，およびそれと密接な関係にある会社であった（IBP Archives S. 24 / 1，Jones［63］pp. 26-29, 87-88，水田［80］102～108ページ，Munro［96］pp. 210-213, 216, 225）。

（2） 業務の基本構造

　初代総支配人にはクレディ＝リヨネ（Crédit Lyonnais）のカイロ支店支配人であったラビノ（Joseph Rabino）が選ばれた。

　この時期は，ベアリング恐慌や銀価低落問題などのため，イギリス海外銀行の発足にとって好機ではなかった。こうした世界経済的悪条件の克服の問題のみならず，同行にはイランに近代的銀行業務を導入するという困難な課題が待ち受けていた。

　イランにおける各店舗(5)は，地元の預金，ロンドンからの銀輸入，銀行券発行によって資金を得た（表2-1参照）。「私の理想はペルシャの貨幣で活動するイギリスの銀行である」というラビノの言葉にみられる通り，預金を各店舗の業務の資金にあて，株主持分は為替リスクを避けるためにロンドンにとどめておくというのが同行の基本的方針であった。銀輸入には，イランへの輸送がきわめて困難であったこともさることながら，イラン国内で造幣するに際して，機械類の老朽化などさまざまな障害があった。銀行券発行についても，タバコ＝ボイコット運動によって銀行券の受領が妨げられるなど，必ずしも順調には進まなかった（図2-2）。

　このようにして集められた資金は為替・貸出といった業務に使われた。当時

図2-2　帝国銀行券

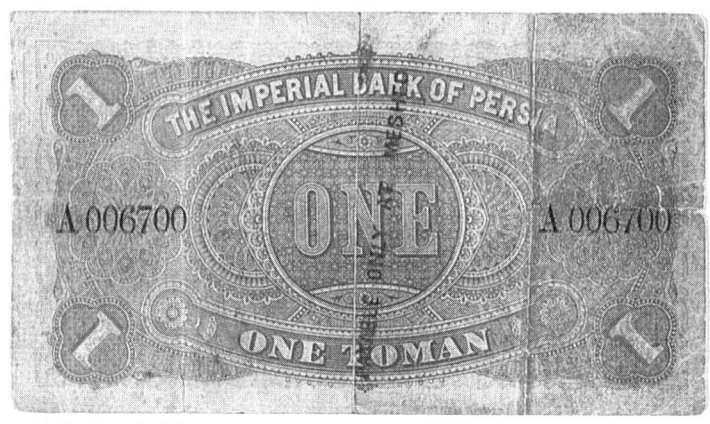

（出所）　Jones [63] between pp. 104 and 105.

の外国為替業務は推測の入り込む余地が大きく，また，北部ではルーブルの，南部ではルピーの影響を受けるなど，ラビノも認めるように，イランにおいては為替業務は危険であった。これ以上に危険なのが，地元への貸出であった。イランで活動する外国企業に関係する業務が少ないことなどもあり，ラビノは当初よりイラン人商人への貸出に乗り出していった。一方，取締役会は，イランの信用制度がイギリスのそれと大きくかけ離れていることから貸出には懸念を抱いた。ベアリング恐慌やケラーンの対ポンドレート悪化の問題などのため

表 2-1　帝国銀行の

年*	負　債						
	資本金	準備金	銀行券	預　金	支払手形	損　益	計
1890	999,748 (55.9)	150,000 (8.4)	…	113,015 (6.3)	458,800 (25.6)	67,863 (3.8)	1,789,426 (100.0)
1891	1,000,000 (47.0)	150,000 (7.0)	28,334 (1.3)	225,233 (10.6)	666,519 (31.3)	58,353 (2.7)	2,128,439 (100.0)
1892	1,000,000 (48.0)	150,000 (7.2)	55,450 (2.7)	356,120 (17.1)	470,533 (22.6)	749,129 (2.4)	2,081,232 (100.0)
1893	1,000,000 (46.4)	100,000 (4.6)	59,106 (2.7)	285,338 (13.2)	679,232 (31.5)	31,721 (1.5)	2,155,397 (100.0)
1894	1,000,000 (52.1)	14,488 (0.8)	95,514 (5.0)	269,161 (14.0)	510,138 (26.6)	30,957 (1.6)	1,920,258 (100.0)
1895	650,000 (46.3)	42,286 (3.0)	72,668 (5.2)	239,164 (17.1)	358,277 (25.5)	40,297 (2.9)	1,402,692 (100.0)
1896	650,000 (33.5)	65,487 (3.4)	82,203 (4.2)	225,877 (11.6)	883,994 (45.6)	32,457 (1.7)	1,940,018 (100.0)
1897	650,000 (41.0)	63,493 (4.0)	38,000 (2.4)	216,803 (13.7)	591,923 (37.3)	24,625 (1.6)	1,584,844 (100.0)
1898	650,000 (31.9)	72,458 (3.6)	72,763 (3.6)	219,676 (10.8)	997,017 (49.0)	23,500 (1.2)	2,035,414 (100.0)
1899	650,000 (56.2)	72,458 (6.3)	117,491 (10.2)	179,580 (15.5)	113,264 (9.8)	23,852 (2.1)	1,156,645 (100.0)
1900	650,000 (47.2)	72,458 (5.3)	206,422 (15.0)	280,758 (20.4)	131,332 (9.5)	36,644 (2.7)	1,377,614 (100.0)
1901	650,000 (45.7)	80,000 (5.6)	264,333 (18.6)	278,264 (19.6)	119,333 (8.4)	29,314 (2.1)	1,421,244 (100.0)
1902	650,000 (42.8)	100,000 (6.6)	330,493 (21.7)	282,390 (18.6)	133,838 (8.8)	23,451 (1.5)	1,520,172 (100.0)
1903	650,000 (43.1)	100,000 (6.6)	346,808 (23.0)	225,439 (15.0)	148,962 (9.9)	35,991 (2.4)	1,507,200 (100.0)
1904	650,000 (34.3)	115,000 (6.1)	480,721 (25.3)	410,519 (21.6)	205,658 (10.8)	33,775 (1.9)	1,997,673 (100.0)
1905	650,000 (32.7)	130,000 (6.5)	526,479 (26.5)	426,117 (21.5)	217,764 (11.0)	36,023 (1.8)	1,986,383 (100.0)
1906	650,000 (32.5)	150,000 (7.5)	460,911 (23.0)	527,460 (26.3)	177,586 (8.9)	35,953 (1.8)	2,001,910 (100.0)
1907	650,000 (29.7)	175,000 (8.0)	395,011 (18.0)	549,048 (25.1)	382,751 (17.5)	37,215 (1.7)	2,189,025 (100.0)
1908	650,000 (29.5)	185,000 (8.4)	430,435 (19.5)	607,936 (27.6)	287,301 (13.0)	41,493 (1.9)	2,202,165 (100.0)
1909	650,000 (26.5)	185,000 (7.6)	634,649 (25.9)	686,541 (28.0)	243,064 (9.9)	49,478 (2.0)	2,448,732 (100.0)
1910	650,000 (23.6)	200,000 (7.3)	683,945 (24.8)	746,853 (27.1)	419,389 (15.2)	52,925 (1.9)	2,753,112 (100.0)
1911	650,000 (21.3)	210,000 (6.9)	805,133 (26.3)	775,792 (25.4)	559,495 (18.3)	57,426 (1.9)	3,057,846 (100.0)
1912	650,000 (21.6)	210,000 (7.0)	859,064 (28.6)	725,009 (24.1)	499,385 (16.6)	60,964 (2.0)	3,004,422 (100.0)
1913	650,000 (19.7)	210,000 (6.4)	962,419 (29.1)	905,994 (27.4)	514,501 (15.6)	62,113 (1.9)	3,305,027 (100.0)
1914	650,000 (21.0)	210,000 (6.8)	832,011 (26.8)	695,367 (22.4)	671,803 (21.7)	43,358 (1.4)	3,102,539 (100.0)

(備考)　9月20日の期末決算。
(出所)　IBP Archives S. 15.

第2章 開発とイギリス系海外銀行

貸借対照表 (単位：ポンド＝スターリング，括弧内は百分比)

資　産							
現金・コール	投　資	イラン政府への借款供与	新オリエンタル銀行	割引手形	受取手形	固定資産	計
392,288 (21.9)	60,000 (3.4)	40,000 (2.2)	12,000 (0.7)	1,218,557 (68.1)	60,268 (3.4)	6,313 (0.4)	1,789,426 (100.0)
534,685 (25.1)	377,361 (17.7)	36,965 (1.7)	10,000 (0.5)	703,542 (33.1)	454,708 (21.4)	11,176 (0.5)	2,128,437 (100.0)
307,385 (14.8)	230,293 (11.1)	33,748 (1.6)	8,000 (0.4)	1,036,942 (49.8)	447,648 (21.5)	17,214 (0.8)	2,081,230 (100.0)
187,601 (8.7)	373,406 (17.3)	30,338 (1.4)	6,000 (0.3)	900,783 (41.8)	637,917 (29.6)	19,350 (0.9)	2,155,395 (100.0)
184,858 (9.6)	135,900 (7.1)	26,724 (1.4)	4,000 (0.2)	1,072,836 (55.9)	478,535 (24.9)	17,406 (0.9)	1,920,259 (100.0)
141,986 (10.1)	133,020 (9.5)	22,893 (1.6)	2,000 (0.1)	799,726 (57.0)	292,418 (20.8)	10,650 (0.8)	1,402,693 (100.0)
201,029 (10.4)	129,690 (6.7)	18,831 (1.0)	…	1,168,269 (60.2)	410,891 (21.2)	11,309 (0.6)	1,940,019 (100.0)
205,344 (13.0)	125,730 (7.9)	22,129 (1.4)	…	1,020,733 (64.4)	199,402 (12.6)	11,508 (0.7)	1,584,846 (100.0)
197,965 (9.7)	112,680 (5.5)	19,456 (1.0)	…	1,482,525 (72.8)	210,040 (10.3)	12,747 (0.6)	2,035,413 (100.0)
261,725 (22.6)	109,890 (9.5)	16,624 (1.4)	…	627,341 (54.2)	126,304 (10.9)	14,762 (1.3)	1,156,646 (100.0)
239,119 (17.4)	129,262 (9.4)	13,621 (1.0)	…	728,093 (52.9)	253,704 (18.4)	13,813 (1.0)	1,377,612 (100.0)
507,699 (35.7)	142,325 (10.0)	10,439 (0.7)	…	559,948 (39.4)	176,893 (12.4)	23,940 (1.7)	1,421,244 (100.0)
605,955 (39.9)	142,337 (9.4)	7,065 (0.5)	…	545,784 (35.9)	196,692 (12.9)	22,338 (1.5)	1,520,171 (100.0)
733,497 (48.7)	138,379 (9.2)	3,489 (0.2)	…	490,607 (32.6)	118,657 (7.9)	22,571 (1.5)	1,507,200 (100.0)
1,032,344 (54.4)	164,769 (8.7)	…	…	570,344 (30.1)	99,877 (5.3)	30,338 (1.6)	1,897,672 (100.0)
639,485 (32.2)	396,404 (20.0)	…	…	778,115 (39.2)	140,338 (7.1)	32,042 (1.6)	1,986,384 (100.0)
474,505 (23.7)	404,552 (20.2)	…	…	974,582 (48.7)	115,559 (5.8)	32,709 (1.6)	2,001,907 (100.0)
387,093 (17.7)	411,288 (18.8)	…	…	1,167,048 (53.3)	189,084 (8.6)	34,512 (1.6)	2,189,025 (100.0)
677,016 (30.7)	202,795 (9.2)	…	…	1,168,115 (53.0)	116,726 (5.3)	37,513 (1.7)	2,202,165 (100.0)
892,812 (36.5)	311,900 (12.7)	…	…	1,123,645 (45.9)	83,003 (3.4)	37,371 (1.5)	2,448,731 (100.0)
776,032 (28.2)	354,952 (12.9)	…	…	1,426,956 (51.8)	152,294 (5.5)	42,878 (1.6)	2,753,112 (100.0)
934,478 (30.6)	677,103 (22.1)	…	…	1,150,093 (37.6)	245,485 (8.0)	50,686 (1.7)	3,057,845 (100.0)
1,340,843 (44.6)	677,035 (22.5)	…	…	723,782 (24.1)	209,634 (7.0)	53,128 (1.8)	3,004,422 (100.0)
1,220,602 (36.9)	663,085 (20.1)	…	…	1,125,173 (34.0)	240,859 (7.3)	55,308 (1.7)	3,305,027 (100.0)
1,088,066 (35.1)	631,842 (20.4)	…	…	1,127,669 (36.3)	203,128 (6.5)	51,834 (1.7)	3,102,539 (100.0)

にこの懸念はますます強まった。貸出をめぐっての双方の衝突が，その後1900年代になってもしばしば生じた（Jones [63] pp. 40-47)。

(3) タバコ゠ボイコット運動と財政危機

1890年，イラン史に新たな時代を画する出来事が発生した。タバコ゠ボイコット運動がそれである。この運動は同年3月にトルバット（*Major* Gerald F. Talbot）というイギリス人が獲得した利権に端を発するものであった。この利権はイランで収穫したすべてのタバコの生産・販売・輸出に関する50年にわたる独占権であった。

これに対して商人やウラマー（'ulamā，イスラーム宗教指導者層）などによる反対運動が各地で巻き起こった。1891年12月には，利権破棄まで喫煙を禁ずる旨の宗教令（fatwā）が発せらた。この禁令は，テヘラーンでは完全にといってよいほど，そして地方でもかなりの程度守られた。シャーも，有力者のアミーノッソルターン2世も自分たちの力のなさを認めざるをえなかった。内乱が勃発した場合にロシアが介入してくる恐れもあった。後宮の女性たちさえ禁令を守った。ここに至りシャーは利権を廃棄した。

廃棄の代償として50万ポンドを支払うことを求められたイラン政府は，帝国銀行に同額の貸付を求めた。これに対し同行は750万ポンドの貸付を提案したが拒否された。しかし，ロシアがイランに50万ポンドの貸付を申し出たという情報がイギリス外務省と帝国銀行に伝わるや，イギリス外務省がイラン政府と同行との交渉の取りまとめに乗り出した。その結果，1892年5月，同行からイラン政府へ50万ポンドを貸し付けることが合意された。

この貸付はイランにおける同行の地位の確立にかなり寄与した。また，この貸付に至る交渉において同行がイギリス政府に政治的道具として利用されたという点も否定できない。イランにとってはこの借入は大きな財政的負担となった。

タバコ゠ボイコット運動は，政府攻撃によって利権を廃棄させることが可能であることを民衆に示した。イギリスのイラン史家ラムトンによれば，この運動はイランにおける世論の創造を告げるものであり，このような意味で，これ

は20世紀初頭の立憲革命 (Enqelāb-e Mashrūte, Constitutional Revolution) への序曲であった (Jones [63] pp. 40-56, Lambton [71] pp. 222, 247-275)。

1890年代の後半，イラン政府は財政的に危機的状況になった。当時，帝国銀行からの借入は，貸出限度の問題などのため困難であった。シティーでの資金調達も失敗した。このような状況のもと，親露的な宰相が就任して宮廷におけるロシアの影響力が強まった。イラン政府は，1898年秋，帝国銀行への負債を返済するためロシア系の割引貸付銀行から150万ルーブルの借款を得た。さらに，1900年1月には2250万ルーブルにおよぶ巨額の借款が発表された。この借款はファールス地方とペルシャ湾岸諸港とを除くすべての地方の関税収入を担保とするものであった。イラン政府は，このロシア借款で，1892年の借款のみならず，約23万3000ポンドにのぼる帝国銀行へのすべての負債を返済した。この借款でイランは，返済まで他の国から借款を受けないことと鉄道建設禁止の期間を延長することを約束させられた。

このロシア借款はイランにおける帝国銀行の地位を変えた。同行はもはや政府の金融の主な源泉たり得ず，借入れの源泉の1つとみなしてもらえるよう努力しなければならなくなった。イランに対するロシアの影響力が増大したことはいうまでもない。

その後，1902年3月にはロシアから1000万ルーブル，1903年4月には帝国銀行を通じてインド政府から20万ポンドと借入を続けた。

このように，イラン政府は，今や負債の利子支払いのためにさらに借入を行うという悪循環に陥ったのであった (Jones [63] pp. 78-90)。

（4） 鉱山採掘と道路建設

帝国銀行設立の背景には，鉱物資源の開発と鉄道建設とで巨富を築こうとの思惑があった。

利権によってイランにおけるほとんどの鉱物資源の独占権を与えられた同行は，1890年，ペルシャ銀行採掘権会社 (Persian Bank Mining Rights Corporation, 詳しくは BT 31 / 4736 / 31269 を見よ）を設立し，探査と試掘を行った。だが，これは実を結ばず，同社は清算することとなった。タバコ＝ボイコット運動とい

う悪条件があったとはいえ，ロンドンで立てられた戦略があまりにも非現実的であり，現地でのマネージメントも不適切であった。基本的なインフラストラクチャーを欠いたイランで広範囲に及ぶ探査などを行うことは困難なことであった。

　帝国銀行設立利権獲得の頃，関係者の主たる関心は鉄道建設に向けられていたが，1890年11月，ロシアの圧力によってシャーがすべての鉄道建設を10年間禁止したため，これは実現しなかった。しかし，同行はその頃には道路建設に関与するようになっており，この禁止のため道路建設の価値は，いっそう高まったのであった。

　1889年，モシーロッドウレの弟モータメドルモルクという人物がアフヴァーズ・テヘラーン間などの道路利権を獲得した。同行はいくつかの理由からこの利権と関わることとなった。鉱山の事業の成功のためには道路が是非とも必要であった。翌年，同行はモータメドルモルクからこの利権を獲得し，テヘラーン・コム間の工事が始まったが，建設工事費の見積もりが甘く，順調には進まなかった。同行はイラン政府とイギリス外務省に補助金を求めたり，ポリャコフ（第3章を見よ）の道路建設事業との合併を試みたりしたが，失敗した。同行は1892年11月までに道路に約8万8000ポンドを費やし，このことが1895年の減資の原因の1つとなった。

　1896年，ラビノは道路利権を10年間更新することに成功した。彼は，テヘラーン・コム間の道路をコムからエスファハーンとアフヴァーズへと延長しようと考えた。取締役会としては道路建設にこれ以上資本を投下することには乗り気ではなかったが，イギリス公使館はこれをイギリスの影響力拡張のためのきわめて有益な手段とみた。ペルシャ湾岸地方の代表的な貿易会社であるリンチ商会（Lynch and Company）[7]と同行とが協力してこの道路事業にあたるようにとの働きかけがなされ，その結果，1902年，ペルシャ輸送会社（Persian Transport Company）という新会社にこの道路利権を売却するという合意が成立し，1904年4月に売却が完了した（Jones [63] pp. 56-64, 92-94, McLean [73] pp. 64-70）。

第3節　民族主義運動の展開とカージャール朝の滅亡

(1) アングロ=ペルシャ石油会社の設立

　本節では，次章以下で述べることを先取りすることになるが，20世紀初頭以後のイラン経済史の展開を簡単にみていくことにしよう。

　1901年，ロイターの秘書をしていたことのある人物がケターブチー=ハーンなるイラン人（アルメニア系）らと石油利権獲得へ向けて動き出した。探査と試掘のためには巨額の資金が必要であり，オーストラリアの金鉱で財をなしたダースィー（William Knox D'Arcy）に話が持ち込まれることとなった。ダースィーはこの話にたいへん興味を示し，1901年5月28日シャーから利権を獲得することに成功した。この利権は原油の探査・採掘・輸出に関するもので，期間は60年，イラン政府には純利益の16パーセントのロイヤルティーが支払われることとされた。また，ロシアの反対が考慮され，北部5州が利権の範囲から除外された。

　酷暑などの困難な条件のなかボーリングが試みられたが，すぐには成功しなかった。資金的に苦しくなったダースィーはビルマ石油会社（Burmah Oil Company）と接触を図り，1905年5月，両者の間に合意が成立した。この合意は，ビルマ石油会社とストラスコーナ卿（Donald Alexander Smith, 1st Baron Strathcona and Mount Royal）がつくったコンセッションズ=シンジケート（Concessions Syndicate）がダースィーにそれまでの費用を支払うことなどを内容としていた。このシンジケートによりボーリングが続けられ，1908年5月26日，資金が底をつき撤退の指示が現地に届けられようとしていたまさにその時，イラン南西部のマスジェデ=ソレイマーンで石油が発見された。そして，翌年4月14日，アングロ=ペルシャ石油会社が設立された。

　設立時に，イギリス海軍への石油燃料補給に関して設立趣意書に手が加えられた。また，当時89歳だったストラスコーナ卿が取締役会長に就任したのもイギリスの海軍大臣の意向によるものであった。

　同社はパイプラインや電信線などの設備を整備していき，1912年には最初の

船積みをアーバーダーンから行った。そして1914年までには年量25万トン以上を産出するに至った。

1914年5月20日，イギリス政府が同社の株式の51パーセントを取得する旨の合意が結ばれた。また，同日，同社とイギリス海軍とは，石油燃料供給に関する長期契約を交わした。このように同社は地位を強固なものにしていき，第一次世界大戦の試練に耐えることができたのであった（FO 371/497, pp. 215-218, Issawi [55] pp. 314-322）。

（2） 立憲革命

20世紀初頭，イランとロシアとの間で新たな関税協定が結ばれた。これにより，それまでの5パーセントの従価税が従量税にかえられた。ロシアから輸入される灯油と砂糖の関税はそれぞれ2パーセントと4パーセント，イギリス（帝国）から大部分が輸入される茶の関税は100パーセントとされた。

これより先，1898年，時のシャー・モザッファロッディーンは訪欧費捻出のため3人のベルギー人を税関に雇った。彼らは，1900年のロシアからの借款が関税収入を担保とするものであったため，イラン人からロシアの手先とみられるようになった。また関税の徴収がよりきびしくなったため，イラン人商人の不満が高まった。1903年に税関長となったベルギー人ナウス（Joseph Naus）は，その後郵政大臣の地位を得るなど，影響力を拡大していった。彼への反感が立憲革命勃発の契機の1つとなるのであった。

1905年12月，砂糖価格をつり上げたとの理由で商人が捕らえられ，刑罰を受けるという事件が起こった。これに抗議して商人たちがテヘラーンのマスジェデ=シャーというモスクに「バスト（bast）[8]」した。これは第1次バストと呼ばれ，立憲革命の開始を告げるものとされる。

事態を収拾するためにシャーは宰相エイノッドウレの罷免を約束したものの，結局これを反故にした。さらに，有力ウラマーの追放，軍と民衆との衝突といった出来事が続き，1万5000人を超えるともいわれる民衆がイギリス公使館に集結した（第2次バスト）。彼らは憲法制定と国民議会開設をも要求に掲げた。シャーはこれを受け入れ，議会開設に関する勅令を発し，憲法草案に署名した

(Entner [32] p.54, Issawi [55] p.73, Keddie [69] pp.70-77, Lambton [71] pp.298, 314)。

(3) パフラヴィー朝の成立とイラン国民銀行の設立

　第一次世界大戦期の混乱を経て，コサック旅団の力を背景にしたレザー＝ハーンがイラン史の表舞台に登場してくる。彼は1921年，クーデターを成功させ，その後，ロシア革命の影響で成立した地方革命政権を撃破するなどして権力を強めていき，1925年，カージャール朝のシャーを廃位させ，パフラヴィー朝（パーレビ朝）を創設し自らレザー＝シャーとして即位した。

　彼は，植民地的状態からイランを脱却させるために富国強兵政策に乗り出した。

　1927年，ペルシア湾とカスピ海とを結ぶトランス＝イラン鉄道が着工された。シャーはそのための資金を外国に頼らず，砂糖と茶への課税で賄った。

　1930年，帝国銀行の発券権が取り上げられ，これに代わって，その2年前に設立されたイラン国民銀行（Bānk-e Melli-ye Irān, Bank Melli Iran）が，1932年3月，議会から独占的発券権を授与された。イランはようやく自らの中央銀行を獲得したのであった。

　さらにレザー＝シャーは治外法権の撤廃に成功するなど，次々と民族主義的政策を断行していった。また，アングロ＝ペルシャ石油会社の影響力を削減しようとしたが，これは失敗に終わった。

　19世紀後半の改革派の人々の夢であった鉄道建設は，イギリスとロシアの角逐のなかでこのように大幅に遅れ，その実現は王朝の交替を俟たなければならなかった。鉄道建設との関わりで生まれた帝国銀行は，借款供与や道路建設など，19世紀末から20世紀にかけてのイラン経済史に大きな役割を演じ，鉄道建設着工とほぼ同時に，イランの独占的発券銀行の地位を失った。

　同行は結局1952年7月，イランから撤退する。折しも，モサッデク首相（前掲図1-1）がアングロ＝イラン（ペルシャ）石油会社を接収した石油国有化運動の頃であった（Bānk-e Melli-ye Irān [15] pp.82-104, Keddie [69] pp.81-87, Lambton [71] pp.31-32)。

注
（1） 同書は同行についての初めての詳細な研究書であり，本章もこれに多くを負っている。同書の邦語による簡単な紹介として水田［81］がある。同じ著者による簡潔な論考 Jones［62］も参照のこと。
（2） イランを緩衝国とするのは不可能であるからその南部に確固とした足がかりを築くべきだという意見もあった（McLean［73］p.33）。
（3） エジプトでは1853年に，トルコでは1867年に最初の鉄道が敷設された（Issawi［55］p.152）。
（4） 帝国銀行と香港上海銀行とは，人的なつながりのみならず，イギリス外交政策との関係といった点をはじめとしてさまざまな共通点があった。このような点についての興味深い論考として McLean［74］がある。また，鈴木［128］26, 33～36ページも参照のこと。

　　このことに関連して，同行を「フリー゠スタンディング゠カンパニー（free-standing company）の見事な事例」とする近年の研究の指摘が，同行の性格を考える上で注目に値する（Wilkins［134］p.278）。

　　なお，準古典ともいうべき研究における同行への評価を以下に紹介しておこう。

　　「イギリス政府がペルシャにおいてその金融的活動を行うためのエージェンシー」（Feis［37］p.362〔邦訳292ページ，一部改変〕）。

　　「その商業的な意味での平凡な成果は，その政治的武器としての有効性と逆の関係にあった」（Baster［18］p.125）。
（5） イラン国外では同行はボンベイ・バクダードに代理店を，ロンドンに事務所を置いた。
（6） なお，ラビノはイランの金融についてのすぐれた論考を残している（Rabino［108］）。
（7） より詳しくいえば，あるいは形式的には，リンチ商会そのものではなく，同商会が資本の支配持分を握っていたユーフラテス゠ティグリス蒸気船航行会社（Euphrates and Tigris Steam Navigation Company）。

　　リンチ商会は，アフヴァーズ・エスファハーン間の道路に関与していた。これはリンチ道路あるいはバフティヤーリー道路として知られており，その背後には，安全な貿易路の確保による貿易の拡大というイギリス政府の意図があった（岡﨑［100］233ページ）。
（8） バストとは「聖域への避難」を意味するペルシャ語であり，そこに逃げ込めば官憲といえどもこれを侵して踏み込むことはできない。詳しくは嶋本［117］を参照のこと。

第3章
ロシアの「資本主義的征服」政策とペルシャ割引貸付銀行

本章の課題

19世紀末にイランに設立されたロシア系金融機関である割引貸付銀行は,「事実上,ロシア国立銀行(Russian State Bank)の支店であった」(Jones [63] p.56)といわれていることからも分かるように,当時のイランとロシアの政治的・経済的諸関係を集約的に体現する存在であった。したがって,当時のイラン経済やイラン＝ロシア関係を十全に解明するには,この銀行を研究対象から除外することはできない。

本章では,同行を主題とした唯一の研究書であるАнаньич [6] をはじめ,先行諸研究を踏まえた上で,それらが解明していない諸問題をイギリス領事報告やペルシャ語史料で補うことによって,同行の全体像を明らかにすることを試みることにしたい。

第1節　ポリャコフのイラン進出と割引貸付銀行の設立

(1) 設立利権書

1890年,2人のロシア人請負業者ラファイロヴィッチ(Lev Rafailovich)とボリス＝ポリャコフ(Борис Поляков)が鉄道利権などの獲得のためにテヘラーンを訪れた。前者は富裕な企業家ラザル＝ポリャコフ(Лазарь Соломонович Поляков)の義弟であり,かつてオデッサ駐在イラン領事を務めた人物であった。後者はラザル＝ポリャコフの甥であった。彼らは結局は所期の目的を達することができず,「公営質屋(a mont-de-piété or a national pawnshop)」の利権を入手したにとどまった (Curzon [27] vol. 1, p. 620)。

この利権書がどのようなものであるか，テイムーリーの研究書 (Teymuri [130]) に即して，以下，検討を加えていくことにしよう。テイムーリーは同行の利権書として「貸付会社設立利権書 (Emtiyāz barāy-e Tashkil-e Yek Sherkat-e Esteqrāz)」と「公営質屋利権書 (Emtiyāznāme-ye MN DV PYTH [Mon Du Piyete])」の2つを掲げている。どちらも内容はほぼ同じで，18条からなっており，一方の第1条が他方の第1条とほぼ同じ内容であるというように，一方の各条が他方のその条と対応している。

まず，この利権供与の目的として，「担保貸付業務と競売業務を1つの法律のもとに置くこと」／「競売業務を規則のもとに置くこと」（／の前は「貸付会社設立利権書」，後は「公営質屋利権書」，以下同様）と〈法外な高利から債務者を守ること〉の2つが挙げられている。利権として与えられるのは「担保貸付会社と競売場とその他の店舗をイランに開設する独占権」／「公営質屋を設立し競売場と必要な倉庫をつくる」ことであり，利権を与えられるのは，ヤコフ＝ポリャコフ (Яков Соломонович Поляков)。期間は75年（第1条）。この会社は不動産を除くあらゆるもの（ただし，危険物などを除く）を担保に貸付を行うものであり，ヨーロッパで一般的に行われている方法で競売を行う（第2条）。毎年，利益の10パーセントを「ナーセロッディーン＝シャー陛下の財政」／「政府の財政」に支払い，テヘランでの競売に関して1000トマーン (tomān, イランの通貨単位) を支払わなければならないとされた（第7条）。税は，競売に関するものを除き免除された（第8条，第18条）。利息は12〜18パーセントであり，「5ケラーン〔10ケラーン＝1トマーン〕）」／「パンジヘザール (panj hezār)」までのあらゆるもの（ただし，危険物などを除く）を担保として受け入れる（第13条）。質流れとなった場合には競売される（第15条，Teymuri [130] pp. 337-341）。

以上が利権書の主要点であるが，要するに，この会社は競売と担保貸付を業務の柱とするということである。預金・為替には一切言及されておらず，この点からも，この会社が本利権書においてどのようなものとして構想されていたかが分かる。

第3章 ロシアの「資本主義的征服」政策とペルシャ割引貸付銀行

なお，利権書には書かれていないが，資本金は500万フランであった（Jones [58] pp. 54-55）。

（2） 布　告

ポリャコフはこの銀行の株の一部をロシア人とベルギー人の資本家に売却した後，銀行の本店をテヘラーンに開設した。その際，人々に業務内容を詳しく説明するための布告を発した。この布告の内容を，小見出しを付ける形でまとめると以下のようになる（Teymuri [130] pp. 342-346）。⁽⁷⁾

- ・ 表題
- ・ 利権供与の目的（＝公衆の利益のため，商取引を容易にするため，特に割引業務を簡素化し利息を低くするため，イランの諸産業の発展のため）
- ・ 銀行の名称（＝Bānk-e Esteqrāzi-ye Rahni-ye Rus）
- ① 企業形態（＝株式会社），資本金（＝125万金ルーブル）
- ② 本店所在地（＝テヘラーン），地方にも漸次支店を開設
- ③ 取引は銀行券ではなく金貨銀貨で行う
- ④ 銀行秘密
- ⑤ 為替
- ⑥ 担保貸付——人的担保——
- ⑦ 証書貸付
- ⑧ 担保貸付——動産担保——
- ⑨ 担保貸付——債権担保・有価証券担保——
- ⑩ 収穫を担保とした前貸
- ⑪ 商品売買の代理
- ⑫ 当座勘定
- ⑬ 定期預金
- ⑭ 普通預金
- ⑮ 「弊行への質問にはいつでも支配人がお答えいたします」
- ・ 日付（＝〔ヒジュラ太陰暦〕1309年サファル月〔西暦1891年9月6日〜10月4日〕）

この布告では，同行は預金業務・為替業務を行うものと明確に記されている。前述の通り利権書では預金・為替には一切言及されていない。また，この布告では証券類を示す語が出てくるが，これも，利権書には言及されていない。〈商品売買の代理〉も同様である。

また，⑨に貸付のための担保とすることができないものとして「政府小切手（baravāt-e dowlati）」と「都市の外にある私有地（amlāk vāqe'e dar khārej-e shahrhā）」の2つが挙げられている。前者は，有力者が地位を利用して悪用するのを防止するためではないかと思われる。後者は，別の言い方をするならば，私有地以外の土地と，私有地でも都市のなかにあれば担保とすることができるということになるが，利権書ではこういう限定は付けられておらず，単に，不動産は担保とすることができないとなっている。なぜこのような限定が付いたのかは明らかではない。

第2節　ロシア政府の介入：〈ロシア国立銀行在イラン諸店舗〉化

(1) 1890年代初期の割引貸付銀行

1889年，イギリス系海外銀行であり，イランにおける独占的発券銀行である帝国銀行がイランに設立された。この銀行は，のちに割引貸付銀行と激しい競争を展開することになるが，1890年代初期には，両行の関係は良好であった。帝国銀行総支配人ラビノは，割引貸付銀行は「我々にいかなる種類の損害も与えないし，それどころか，弊行の引き立て役を果たしている」と，1891年12月に書き記している。というのは，割引貸付銀行が銀行券での受領を求めたために帝国銀行の発券が増大したからであり，また，同行のおかげでイギリスへの送金をロシア経由で行うことができたために為替取引がたやすくできることになったからであった。

割引貸付銀行は，貸付金の回収に関して，帝国銀行が経験したのと同じような困難に見舞われた。通貨価値の低落によっても大きな損害を被った。その結果，1893年までには，同行は，〈儲からない質屋のような存在〉となった（Jones [63] p.55）。

（2） ロシア政府によるペルシャ割引貸付銀行の買収

　この段階でロシア政府が介入してきた。ロシア政府も，イギリス政府と同様，政治的諸目的を達成する上での商業の価値を十分認識しており，「ルーブル帝国主義」（Entner [32] p.39）の政策——ロシアの事業を助長しイギリスの事業を妨害する——を展開していた。

　イギリスの商業関係者にとって不運だったのは，この時期，この点に関してロシア政府の政策がより断固たるものになったのに対して，イギリス政府のイランへの関心が弱まりつつあったことであった。1892年にソールズベリー（Robert Arthur Talbot Gascoyne-Cecil, 3rd Marquess of Salisbury, 1830～1903年，首相在職1885～1886年，1886～1892年，1895～1902年）の保守党政権に取って代わった自由党政権はイランをあまり重視しなかった。それ以後90年代になると，1895年にソールズベリーが政権の座に復帰したにもかかわらず，イギリスの対イラン政策は，90年代初頭のような明確な目標をもたなくなっていた（Jones [63] p.55）。

　これとは対照的にロシアの対イラン政策は，ヴィッテ（Сергеи Юльевич Витте, 1849～1915年，蔵相在職1892～1903年）の大蔵大臣就任とともに明確な方針が示されたのであった。ヴィッテは，就任直後，アジア近隣諸国との貿易を拡大しようとした。それら諸国はロシアの生産物の市場として役立ち，ロシアの貿易の影響力は，その政治の影響力ときわめて密接に結びついていたからであった。その結果，大蔵省・陸軍省・外務省の代表からなる対アジア諸国貿易特別委員会が創設された（Jones [63] pp.55-56）。

　1894年の初め，「ペルシャにおけるロシア系銀行（the Russian banks in Persia）」——それらは今にも清算しそうであった——の問題がヴィッテにより取り上げられた。1894年4月，彼はロシア国立銀行（大蔵省）による割引貸付銀行の買収を決断した。ロシア政府がイランにロシア国立銀行の支店を設立することは，政治的事情からして，得策ではなかった。この買収は，この銀行が私企業であるという「フィクション」を保持しつつロシア国立銀行のイラン進出に等しい実質的効果を手に入れるという策なのであった。5月1日までにポリャコフ一族との間で合意が成立し，ヤコフ＝ポリャコフ所有の同行株式がロシ

ア国立銀行に売却された。1894年5月以降,同行は,ロシア国立銀行の事実上の支店となった。1894年4月16日に開かれたロシア政府の大蔵委員会では,同行の目的は,イランにおいてロシアの通商の拡大とロシアの生産物の販売とを促進し,イラン人の間にロシアの銀行券を流通させ,イギリスの生産物のイランからの駆逐を助長することにあるとされた(Jones [63] pp.56)。

ラビノはロシア政府の割引貸付銀行への関与の全容を知っていたわけではないが,ある程度のことは知っていた。それは,「帝国銀行は今や,これまでよりも強力にして危険な競争者に直面している」という表明にあらわれている。

このラビノの恐れは現実のものとなった。同行は,ロシア政府の資金投入により,強力な金融機関へと変身したのであった(Jones [63] pp.55-56)。

同行の,ロシア国立銀行による買収後の初代支配人になったのはロシア大蔵省のグルベ(Э. К. Грубэ)という人物であった。彼はヴィッテの個人的スタッフの1人であった。彼が王室の随員とコネをもっていたことから,この事業にロシア王室の資金が関与しているとの疑いをもたれた。グルベによる同行の支配は絶対的なものであった。そして,同行はロシアの政策の純然たる道具になったのであった(Entner [32] p.41)。

第3節　イラン政府への借款供与と1901年通商協定

(1) 1900年と1902年の借款

第2章第2節(3)で述べた1900年と1902年の借款は市場には放出されず,国家機関を通してロシアの皇室関係者に割り当てられた。割り当てがどのように行われたかを表3-1と表3-2に示す(Ананьич [6] pp.43-45)。

1900年から1902年の割引貸付銀行の大規模な金融取引は,イランにおける同行の影響力拡大を促したのみならず,この地におけるロシアの政治的・経済的立場も強化した。ロシア政府は北部税関に対する実質的な管轄権を手にした。ロシア側からの要求により,イラン政府はテヘラーンの造幣所を管理していたイギリス人のマクリーンを解雇してベルギー人にかえること,そして割引貸付銀行に帝国銀行と同様の貨幣鋳造権を与えることに同意した。割引貸付銀行は

第 3 章　ロシアの「資本主義的征服」政策とペルシャ割引貸付銀行

表 3-1　1900 年イラン金借款の割り当て

1900年		1913年1月	
所有者	金額(ルーブル)	所有者	金額(ルーブル)
皇帝直属官房	11,000,000	皇帝直属官房	11,000,000
貯金局基金	7,885,700	貯金局基金	11,381,800
ウラジミル＝アレクサンドロヴィッチ大公	2,297,900	ウラジミル＝アレクサンドロヴィッチ大公	21,900
アンドレイ＝ウラジミロヴィッチ大公	870,100	キリル＝ウラジミロヴィッチ大公	96,300
キリル＝ウラジミロヴィッチ大公	446,300		
合　計	22,500,000	合　計	22,500,000

（出所）Ананьич [6] p.44.

表 3-2　1902 年イラン金借款の割り当て

1902年		1913年1月	
所有者	金額(ルーブル)	所有者	金額(ルーブル)
貯金局基金	8,695,200	貯金局基金	8,535,075
帝室不動産	1,104,800	エレナ＝ウラジミロヴナ公妃	1,387,945
ウラジミル＝アレクサンドロヴィッチ大公	200,000	А. П. オリデンブルグスキー王子	
		長子世襲領地資本	33,380
		アニチコフ	32,300
		持参金	11,300
合　計	10,000,000	合　計	10,000,000

（出所）Ананьич [6] p.44.

このほかに後述のように，ペルシャ保険運輸会社を買収した。そして1901年の末，ロシア・イラン間の貿易拡大のためにロシアにより有利な可能性を開いた通商協定が調印された（Ананьич [6] p.45）。

　資金供与が政治的意味を有していたという点においては，有力者への貸付や贈賄も，上述の対政府借款供与の場合と同様であった。

　例えば，割引貸付銀行は皇太子モハンマド＝アリー＝ミールザー（のちの国王モハンマド＝アリー＝シャー，1872〜1925年，国王としての在位1907〜1909年）に巨額の資金を援助し，彼の負債を有利な条件で整理統合し，国王の死に際してテヘランへ向けてタブリーズを出発する際にはさらに貸付を行うことを約束した。このような前貸しは1906年までに162万7000ルーブルに達した。割引貸付

銀行はロシアがイランの政治家や廷臣に賄賂や貸付を与えるための手段であった（Entner [32] p. 46）。

（2） 1901年通商協定

　1901年の協定は，イランにおけるロシア通商にとって大きな特典となった。イランに輸出されたロシア商品で，貿易額の10分の9を占める30品目の内8品目は非課税となり，11品目は，低率の特別税率の対象となった（Ананьич [6] p. 46）。

　ロシア蔵相ゴルベフ（В. Я. Голубев）は，協定がいまだ準備段階にあった頃，石油と石油製品の課税問題に対して，自分はきわめて多くの注意を払っている，とペテルブルグに次のように報告した。

　　「わが国の輸出にとっての利益という点で，石油と石油製品はほぼ最上位に位置するものである。〔中略〕この輸入品目とそれへの課税問題に関する交渉は非常に厄介なもので，莫大な労力が費やされた。ナウス氏〔前出〕は非常に難色を示したが，私は関税を信じがたいほど低率に抑えることに成功した」（Ананьич [6] p. 47）。

　ロシアは，1898年から1902年にかけてのイギリスとの競争に勝利し，イランの金融・貿易両分野において優位に立った。このことは，金融分野については1900年と1902年の借款，貿易分野については1901年の通商協定（発効は1903年）に端的に見て取ることができるのである（Ананьич [6] p. 48）。

第4節 「資本主義的征服」と割引貸付銀行

（1） 割引貸付銀行の国有化と「資本主義的征服」

　1903年，同行は国有化され，イランの「資本主義的征服」——ロシア大蔵省でこのように名づけられた——を担っていくことになった（Ананьич [6] pp. 52-54, 高田 [128] p. 183）。

　割引貸付銀行は，イランにおけるロシアの経済政策の道具となった。同行は，ロシアの製造業者とイランの買い手，すなわち同行の顧客との間の仲介者とし

て，ロシア製品のイランへの輸出に関するすべての取引を自らの手中にしようとし，このため，在イランのロシア企業と競争した。

1903年1月，テヘラーンに倉庫を有していたエミル＝ツィンデル商会（товарищество мануфактур «Эмиль Циндель»）が，同行の攻勢について，次のようにヴィッテに訴えた。すなわち，同行は同社が倒産しかかっているかのごとき噂を流し，同社の倉庫を閉鎖に追い込んだというのである。

同行の受注額は，1901年の90万ルーブルから1903年の714万1000ルーブルへと増大した。同行の商業業務によって，特に，テヘラーンに同行特別支店が開設されて以降，ロシア商品はイランの北部および中部で支配的な地位を占め，テヘラーン市場から他国の商品をほとんど駆逐した。

ロシアは北部および中部のみならず，スィースターンやペルシャ湾岸にも商品の販路を拡大していった。1903年4月，同行は織物・砂糖・灯油などのロシア商品の隊商を，マシュハドからスィースターンへと送り込んだ。隊商の出発を阻もうとしてマシュハドのイギリス領事館はラクダの買い占めを画策したという。隊商は6月初めにホセイナーバードに到着し，商品は2週間ほどで完売した。9月に再び商品が発送され，ホセイナーバードに常設店舗が開設され，この店舗に銀行業務および商業業務を行うための同行特別代理人が派遣された。

スィースターンでの商業業務は赤字であったにもかかわらず，政治的観点から，大きな成功であったとされた。この同行とスィースターンとのつながりは，ロシア外務省の強い要求によって1907年の英露協商に至るまで維持された。このために割引貸付銀行に年間1万5000ルーブルのクレジットが設定された（Ананьич［6］pp. 55-59）。

一方，ペルシャ湾への経済浸透は，同湾へのロシア商船の運航という形を取ったが，その成果は微々たるものにとどまった（Ананьич［6］pp. 59-60）。

このようにして，1903年以降イラン市場へのロシアの浸透が特に急速化した。1903年から1906年までの間に，ロシア・イラン間の貿易は83パーセント増加した（同時期，イギリス・イラン間は23パーセント増）。1905年から翌年にかけてのイランの貿易相手先のシェアでは，ロシアは57パーセントと首位を占め，2位のイギリス（13パーセント），3位のインド（8.9パーセント）を大きく引き離して

いた。ロシアのイランへの主要な輸出品目は砂糖と織物であり、輸入品目は綿花・魚・果実・米であった（Ананьич［6］pp. 62-64）。

このようなロシアの対イラン経済浸透は、輸出奨励金制度と輸入についての特恵制度によって支えられていた。この内、後者はイラン南部および中部への経済浸透に大きく貢献した。なぜならば、これによって、この地域は、ペルシャ湾経由で他国へ輸出するよりも、北部を経由してロシアへと輸出する方が有利になったからである。

このように、ロシアは、イラン北部のみならず中部にも浸透し、イギリスの絶大な影響力下にあった南部にも切り込んでいったのであった（Ананьич［6］pp. 64-65）。

（2）「資本主義的征服」のための商業業務：委託買付と委託荷見返前貸

以上のように、同行は金融業務のみならず、商業業務も行っていた。主たる取扱商品は綿製品と生糸であった。(Hakimian［49］p. 336, Seyf［113］p. 56）。以下、それが具体的にいかなるものであったのか、詳細について解明を試みることにしたい。

（A）綿製品に関する業務：委託買付

タブリーズ駐在イギリス総領事ウッド（C. G. Wood）は本国への報告書（1901年7月13日本国外務省受領）において、「あるロシア系銀行のタブリーズにおける設立」という小見出しを付けて、同行タブリーズ支店設立の事情について、次のように述べている。

「ここ数年われわれの隣人であるロシアはペルシャに大きくかかわって活動している。鉄道利権と採鉱利権(12)の獲得によって、特に同地においては〔そうである〕。そして、ロシアは、現在、その主要企業——それはテヘラーンにおいてかなりの間『ペルシャ貸付銀行（"Banque de Prêts de Perse"）』という商号で、ロシアの国家的保護のもとにあった——のタブリーズ支店設立に着手している。

タブリーズ支店の業務はペルシャ全土におけるロシアの貿易を利し助長し保護するという目的をもって営まれ、18の代理店によって支えられるであろ

第33章　ロシアの「資本主義的征服」政策とペルシャ割引貸付銀行

う。

　それ〔ペルシャ割引貸付銀行〕は，ロシア系輸送会社『ナデジュナ〔ママ〕社（"Nadejna Company"）』(13)と結合する——実際に合併しないまでも——といわれており，したがって，道路利権の獲得も遂行されていくことになるであろう。

　それはロシアの生産物を扱っている商人に対して，そして特に，地元の乾燥果実輸出業者に対して，その商品の荷渡しを見返りとして，50パーセントを限度に前貸をしていくことになろう。そして，それは，ロシアの輸出品に対する奨励金を——あるいは，現行の戻し税の増加さえも——獲得することができる資格を公的に認められるであろう」（1900年報告，pp. 18-19）。

ここで特に注目されるのは引用文の最後のパラグラフである。ここに記されている，荷渡しを見返りとした前貸や輸出奨励金や戻し税を——道路利権獲得と併せて——同行タブリーズ支店の業務の目的（「ペルシャ全土におけるロシアの貿易を利し助長し保護する」こと）を達成するための手段であるとイギリス総領事はみている，と文脈から判断してよいであろう。

　さらに，上記引用文に引き続くパラグラフでは，この銀行と帝国銀行との間で深刻な競争は生じないであろうという見通しを述べ，その根拠として，後者は「財政」を主に扱い，他方，「すでに述べた通り，このロシア系銀行の主な目的はロシア商品の輸入の増進と発展にあ」ることを挙げている（1900年報告，p. 19）。

　以上はあくまでも，事前の見解であり，したがって，歴史的事実を述べたものではないが，実際，以下にみるように，この通りになった。

　「ロシアからの輸入額は1902〜03年は63万7005ポンドであったが，翌年には，84万3426ポンドに増加した。増加は，ほぼすべての品目にわたってみられるが，増加分全体の4分の3は綿布——主に捺染布——の輸入の膨大な増加に帰すべきものであった。この種類の商品についてのロシアの貿易はロシアの割引銀行（the Russian Banque d'Escompte）タブリーズ支店によって精力的に推進されている。それは事実上，政府機関であり，そのエネルギーは通常の金融業務よりもむしろ輸入貿易を育成することに費やされている。それ

59

はモスクワの製造業者への綿製品の発注を請け負い,商品をもってきて,関税を支払い,倉庫に入れ,顧客の都合のよいときに荷渡しをする。もし──しばしば起こることだが──後者が荷受けを断わったならば,〔同行は〕かなりの損失を被ることになる。同行には,顧客を引きつけるため,ロシアへの送金を市場レートより安く行うという慣行もあった」(1902＋03年報告,p. 7)。

同行タブリーズ支店がロシアからの輸入貿易にいかに大きく関与していたかが上記から分かるわけであるが,ここでもう1つ注目すべきは,この関与が貿易決済や貿易金融といったレベルではなく──あるいはそれにとどまらず──貿易そのものに及んでいたという点である。もっとも上記引用文からは,それがどういうものであったのか,十分には明らかではないが,これについては,同じ1904年に刊行された,イランにおけるイギリスの貿易の状況と展望についての商務省通商情報委員会特別委員 (Special Comissioner of the Commercial Intelligence Committee of the Board of Trade) による報告書に,比較的詳しく論及されている。この報告書は,取引品目を,アヘンや綿製品といった主要品目から,例えば,ビールや壁紙に至るまで逐一項目を立てて解説していること (Ⅲ) や各主要商業中心地における決済方法について説明していること (Ⅳ) にみられるように,網羅的かつ入念なものである。「Ⅳ　取引の方法と条件」は,その導入部に引き続き,「為替」・「競争」・「度量衡」・「輸送」・「包装」といった小見出しに分けて報告されている。この内,「競争」は半ページ分ほどの短いものであるが,すべて,割引貸付銀行──の輸入業務──にあてられている。すなわち,主として篇別構成という点に着目してあえて単純化して別言するならば,報告者はイランにおけるイギリスの通商のライバルを割引貸付銀行とみなし,その主要な「武器」を,その輸入業務とみなしているわけである。以下,やや長くなるが,「競争」の全文を訳出し掲げておくこととしよう。

「イギリスの輸入業者は,割引貸付銀行を最も恐るべき競争相手であるとみている。ここ2年間,この銀行はテヘラーン・タブリーズ・マシュハド各店を通じて大量のロシア商品を,主として顧客からの委託による買付 (indent) によって輸入してきた。彼らはサンプルと価格リストを保有してお

第33章　ロシアの「資本主義的征服」政策とペルシャ割引貸付銀行

り，顧客はこれらによって注文を出すことができるのである。タブリーズにおいて報告されている，以下に述べるような捺染布取引が，通常取り決められている条件のおおよその内容を示しているように思われる。顧客は買付委託と同時に証拠金（彼自身の約束手形）を預託した。商品が到着するや同行はルーブルで買付原価と諸費用を彼〔顧客〕の借方勘定に記入した。そして到着日から8パーセントの利子が付けられた。顧客は総額の33パーセントをケラーンで支払った。このために彼は，当日の通り相場よりも1～1か2分の1パーセント良い為替レート〔の適用〕を許された。そして彼は商品の荷渡しを受けた。残高は6カ月以内に，客の選択権（option）により支払うべきものとされた。同時に顧客は，同じ有利な為替レートで，ルーブルの残高へのいかなる支払についても，3カ月の選択権を得た（つまり，この3カ月間，もしレートが彼〔顧客〕に有利に変化した場合には，その時の為替レートで支払うことができた）。為替における選択権はおそらく例外的条件であったであろうが，その日の通り相場に1～1か2分の1パーセント付け加えられる割増は，その送金が，ロシアにおいて購入された商品に対する支払のためのものであることを証明することのできる手形利用希望者には，当分の間，いつも認可された。ある程度〔以上〕の委託貨物（例えば，100梱〔以上〕）の購入者は6カ月までならいかなる期間でも，6パーセントの利子を支払うことによって，商品をこの銀行に預けておくことができた。最近，この銀行の提示する条件は〔顧客にとって以前より〕不利になりつつあると伝えられている」（商務省1903年報告，pp.50-51）。

ここに明確に記されているように，同行は委託買付を行っていたのであった。同行の委託買付業務は「ロシアの対ペルシャ貿易の増大に，疑いなく著しい効果を有した」（商務省1903年報告，p.5）が，それは比較的短期間で終わることになる。先にみた通り，1902＋03年報告に，顧客が「荷受けを断わった場合には，〔同行は〕かなりの損失を被ることになる」と記されており，ここにこの方式の欠点を見いだすことができるわけであるが，同報告は前掲引用文に続けて次のように述べている。

「こうしたいくぶん破れかぶれの努力の結果，同行の捺染布の在庫はたい

へん多く，今後しばらくの間の市場の需要をかなり超過するものである。そして，通常の商業的見地からみて，その業務は不満足なものとみなされよう。しかしながら，それは，ロシア政府の資力によって裏づけられているので，最終的に地域市場を手中に収めるとの見通しがあるため，現在の損失を落ちついて見守ることができるのである」(1902＋03年報告，p. 7)。

この過剰在庫は，翌年（度）のアーザルバーイジャーンの輸入減の原因の1つとなった。

「この〔ロシアからの輸入の〕減少は石油を除くすべての品目についてみられる。綿布の在庫がまだかなりあるが，ロシアの国内情勢のために，注文の履行が無期限に中止されるとの通知が，最近，地元輸入業者に対してなされた。この点に関しては，他の諸国は，本年（度），ロシアの災難によって得をするであろうと思われる」(1904年報告，p. 6)。

翌年度もロシアからの輸入は減少した（減少幅は小さくなったが）。

「モスクワとウッチ(Lodz)におけるストライキのために，ロシアの製造業者は綿布の多くの注文を断わることを余儀なくされた。それに伴い，その額は5万ポンド超，減少した。ロシア系銀行〔割引貸付銀行〕はこれら商品を手数料を取って地元商人のために輸入することをやめ，そして，実際，あらゆる分野においてその業務を制限しつつある」(1905年報告，p. 6)[14]。

同行の輸出入業務やその関連業務は全国的規模で展開された。代理店を含む諸店舗では，同行に買付委託することのできるロシア商品が陳列された。同行は北部イランの顧客のためにインドで茶を購入した。また，前述のようにロシア商品がスィースターン地方へと隊商によって送られた（Entner [32] p. 42, Parveez [107] p. 26）。

（B）　米・絹に関する業務：委託荷見返前貸

カスピ海沿岸（マーザンダラーンとギーラーン）地方では，同行は，米と絹に関する業務を行った。以下，まず米からみていくことにしよう[15]。

1860年代後半から20世紀初頭にかけて，イランにおける主要米作地帯であるカスピ海沿岸地方（特にギーラーン地方）の米生産高は，かなり増加した（ギーラーン地方において1865年の7万1000トンから1913年の18万8000トンに）。

第33章　ロシアの「資本主義的征服」政策とペルシャ割引貸付銀行

　この時期の初期（7年間ほど）の増産をもたらした要因としては，以下の2点が考えられる。第1に，1860年代後半から1870年代にかけての生糸生産の著しい低迷による損失を米作で埋め合わせようとしたことである。第2に，大飢饉期（1870～71年）を通じて主要食糧への需要が増大し米の国内市場価格が異常に高騰したことである。この2つの要因による増産は，大飢饉期の終幕をもって終わりを告げ，減少へと転じたが，1880年代末に，再び増加しはじめた。これは，ロシアへの輸出が急増したためであった。

　この米作地帯の主要商業センターであるラシュトからの輸出は1870年代中頃の年額2万5000ポンドから1905～09年平均の50万ポンドへと激増した。

　この輸出増の原因として考えられるのは，1887年のロシアの新たな関税規則である。ロシアの米の従来の主要供給源であったインドからの米輸入には高率の固定関税が課せられることになったのに対し，イランの米はこの固定関税を免れ，大幅に低い従価税が課せられるにとどまったのであった。加えて，ザカスピ（トランス＝カスピ）鉄道の完成によって，イランからロシアへの輸送費が減少したことや，トルキスタン地方において穀物生産から綿作への転換が進んだことのために穀物供給を外部に頼るようになったことも，この輸出増の原因として挙げることができよう。

　次に絹についてであるが，かつてイランの主要輸出商品であった生糸の生産は1860年代中葉に発生した微粒子病によって壊滅的打撃を受け低迷していた（1870年〔度〕には生産高は64年度の10パーセント）が，1890年頃，ギリシャ系企業パスカリディ（Pascalidi frères, Pascalidi Brothers）とベサノス（Besanos）によってトルコのブルサから蚕種が導入されたことが功を奏して1902年には1864年のレベルを凌駕するまでに回復した。

　同行のこの分野への関与は，当初は繭の販売という形であったが，ロシア人購入者が見つからず，1903年あるいは1904年に，この分野へのファイナンスという形へと転じ，委託荷販売業者（commission agency）として機能するようになった。1909年までには，ギーラーン地方の繭へのファイナンスに占める同行のシェアは約3分の1になったという。

　このように，カスピ海沿岸地方において米の増産と生糸の増産とが，競合せ

63

ずに並行して展開していった。[20]

先にも引用した商務省通商情報委員会特別委員による報告書は次のように伝えている（商務省1903年報告, pp. 62-63）。

「マーザンダラーン・ギーラーン両地方は，米と絹の生産が大きく増加したために繁栄している。

米取引は主にアルメニア人商人の手中にあり，輸出はすべてロシア向けである。割引貸付銀行がこのビジネスに参入したと伝えられており，委託販売される委託荷を見返りとして，所有者に対して前貸しを行っている。いくつかのヨーロッパ企業——主にフランス・イタリア・ギリシャの商人——が絹ビジネスに従事している。これまでこのビジネスがそれに則って行われてきたところの条件はたいへんいい加減で不明瞭なものである。耕作者への前貸は繭の受け渡し期日の4～6カ月前（最近では，いくつかのケースでは1年よりも前）に，そして，しばしば契約数量のほぼ全額について行われる。受け渡しされる繭の質については何ら条件が課せられておらず，価格はシーズン末，すなわち，受け渡しされた量の大部分がすでにマルセイユに着いている頃になっても，まだ決まっていない。割引貸付銀行は，委託販売される繭の委託荷を見返りとして，耕作者に対して前貸を行うことを申し出ていると伝えられている。」

ここに明確に記されているように，同行の米・絹へのファイナンスは委託荷見返前貸という形のものであったのである。[21]

ラシュト支店開設時に発せられた布告に，同行の業務内容が12項目に分けて記されているが，その12条に，「弊行は，上述のほかに，この地方において一般的に行われているあらゆる商業活動を行う」とある（*Habl al-Matin*, February 10, 1902, pp. 11-12）。[22] この銀行の性格を端的に言いあらわしているものであるといえよう。

また，割引貸付銀行の役員が通商産業大臣宛に，以下のように記している。

「1901年に至るまで，ロシア商品のイランへの輸入はさほど多くなかった。貿易はほとんどニージュニー＝ノヴゴロドに集中していた。同地にてペルシャ商人は比較的小さな規模で，原料の販売とロシア商品の仕入れを行ってい

た。ロシア産の商品は，大部分は，ロシアに隣接した諸地方——マーザンダラーン・ギーラーン・アーザルバーイジャーン・ホラーサーン——に流れていったのであり，しかも，その額は限られていた」(Kazemzadeh [66] pp. 169-170)。

先にみた通り，同行タブリーズ支店の開設は，この1901年頃のことであった。同行による委託買付・委託荷見返前貸は，ロシア・イラン間の貿易と決済における質的転換をなすものなのであった。

第5節　ロシアの対外経済浸透一般とイラン

（1）　イランにおけるポリャコフの事業とロシアによる国有化

当時，イランには割引貸付銀行以外にもう1行，ロシア系銀行が存在した。モスクワ国際商業銀行（Московский международный коммерческий банк, Banque Internationale de Commerce de Moscou）がそれである。そして，この銀行もポリャコフ一族の銀行であった。ラザル＝ポリャコフはペルシャ保険運輸会社（Персидский страховое и транспортное общество, Comptoire d'assurance et de transport, Edāre-ye Bime va Naqlīyāt, Kazemzadeh [66] pp. 275-277, 707）やテヘラーン・シャー＝アブドルアズィーム間の鉄道やマッチ工場やブハラに本拠を置く貿易会社を所有しており，この銀行は，これら「ペルシャと中央アジアにおける彼の商業・金融業務を助けるために1890年に設立された」のであった[23]（Entner [32] p. 46）。

テヘラーン・シャー＝アブドルアズィーム間の鉄道はベルギーのペルシャ鉄道路面電車株式会社（Société anonyme des Chemins de fer et Tramways en Perse, 1888年5月17日設立）によって1888年に敷設されたもので，イラン史上最初の鉄道であったが，距離は30キロメートルと短いものであった。[24]

同じく1888年，ロシア人実業家グループによるカスピ海とアラビア海とを結ぶ鉄道計画が，パリの割引銀行（Parisian Banque d'Escompte）も関与して，かなりの実現可能性を帯びるに至った。翌89年にはシャーとロシア政府の間で，イランにおける鉄道建設をロシア系の会社に認める旨の合意がなされるといっ[25]

65

たように，鉄道建設が進展するかにみえたが，1890年11月11日のイラン＝ロシア間合意により事態は一変した（Issawi［55］p.185, Kazemzadeh［66］pp.201, 232）。

この合意は，イラン政府は10年間，イラン領内に自身で鉄道を建設することも，会社・個人に鉄道建設利権を供与することもしないというものであった。この「不妊化合意（sterilizing agreement）」は，1900年に更新され，1910年に至るまで，つまり都合20年にわたりあらゆる鉄道建設の道を閉ざすこととなった（Issawi［55］pp.156, 158, Jones［63］p.129）。

そしてこの20年間はイランにおける「舗装道路建設時代（Paved Road Period）」でもあった（Issawi［55］p.157）。

1890年12月26日，ラザル＝ポリャコフは代理人を介して，保険と運輸に関する75年にわたる独占権を与えられ，この利権に基づいて1892年，ペルシャ保険運輸会社を設立した。

「道路なくして輸送会社はまったく無意味である。そして，〔実際，〕1891年において，ペルシャには〔しかるべき〕道路は何ら存在しなかった」。1893年6月5日にはペルシャ保険運輸会社は，カズヴィーンからアンザリーへの道路建設の独占権を入手した。さらに，1895年には，カズヴィーンからテヘラーンまでの利権を得た。そして，アンザリー＝テヘラーン道路会社が設立された（Ананьич［6］pp.14-15, Jones［63］p.55, Kazemzadeh［66］pp.276, 278）。

工事は1896年に始まり，1899年8月に終了した。このようにして，1899年にはロシアはカスピ海からテヘラーンまでの優良な道路を所有するようになった。さらにカズヴィーン・ハマダーン間の道路も完成した（Entner［32］p.50）。

1902年，ペルシャ保険運輸会社はジョルファーからタブリーズおよびカズヴィーンを経由してテヘラーンにいたる道路の利権を獲得し[26]，タブリーズ道路会社を設立して，ジョルファー・タブリーズ間の道路――それは，鉄道の路盤として使うことを企図されたものであった――を建設した（Ананьич［6］p.182, Entner［32］p.51）。

同年1月，ヴィッテは割引貸付銀行がペルシャ保険運輸会社の全株式を買い付けるよう指示した。同社取締役会に，ロシア国立銀行ペテルブルグ支店長バ

ルク（П. Л. Барк），グルベ，それに関係官庁の官吏が送り込まれた。取締役会長には，ポドグルスキーが就いた。旧取締役の内，引き続き取締役にとどまったのはポリャコフのみであった。1902年末までにロシア政府はアンザリー＝テヘラーン道路会社の株の78パーセントを取得した。旧経営陣は退陣を余儀なくされ，新しい経営陣が「大蔵省の指示によって」選ばれた。その大半は，タブリーズ道路会社の取締役であった。タブリーズ道路会社は，1902年の創設の瞬間から事実上，純然たる国有企業であった。この会社に関して鉄道局からヴィッテに提示された文書には，率直に次のように書かれていた。

　「この会社は，本質的には，東清鉄道会社（общество Китайской Восточной железной дороги）と同様の性格をもつものであり，つまり，見せかけのものであり，規約では資本は900万ルーブルと規定されているものの，実際には，株は一般には放出されず，まるまる割引貸付銀行の持株として残っている。」

　この叙述の過度の正直さをヴィッテは気に入らず，「見せかけの」を削除し，余白に「確かにそうだが，それについては言及に値しない」と記入した。

　このようにして，1902年末までにイランにおけるロシアの道路建設会社はすべて，実質的にロシア大蔵省の完全な管理下に置かれることになった（Ананьич [6] pp. 67, 71-73）。

　そして，1903年末までには，ロシア政府は，ほとんどあらゆる種類のロシア私企業の活動を意のままにするようになり，そうすることによって，ヴィッテが1894年に割引貸付銀行を大蔵省に運営させることで始めた事業を完成させた。割引貸付銀行自体は，この時までに，イランにおけるロシアの国家経済活動の管理のためのあらゆる手だてをその手中に集中させた（Ананьич [6] p. 74）。

（2） イランと「満州」

　ロシアの対外経済浸透においてこのように非常に大きく国家資本が投入されたのは，イランのみであった。ロシアの経済浸透は「満州」でもイランと同じような方法で行われたが，イランと「満州」では違いがあった。すなわち，イランにおいては1903年までロシア資本の投入という形にほぼ限られていたのに

対し,「満州」においては外国資本の助けを借りたのであった(Ананьич [6] pp. 74-75)。

この点は,それぞれの地域における経済浸透の手段であった銀行を比較するとよく分かる。イランで活動していた割引貸付銀行はロシア資本,しかも国家資本のみに依拠していた。これに対し,「満州」のペテルブルグ国際商業銀行 (С.-Петербургский международный коммерческий банк) と露清銀行 (Русско-Китайский банк) には,外国資本(前者にはドイツとフランス,後者にはフランス)が加わっていた(Ананьич [6] p. 75)。

このような違いがあるものの,割引貸付銀行と露清銀行,そしてこれらにロシア朝鮮銀行 (Русско-Корейский банк) を加えた3行は,ロシアの対外経済浸透の手段であったという点で,そして,資本の主な源泉が国家であったという点で共通していた。この対外経済浸透政策は,1890年代末に大蔵省が発表したロシアの産業発展の総合経済計画の一部をなすものであった(Ананьич [6] p. 5)。

19世紀末から20世紀初頭にかけて,ロシアは少額の資本を借款供与という形で輸出した。そして,それはロシア国立銀行をはじめとして大蔵省の直接的管轄下にあった諸銀行を通じて行われた。大蔵省は,国際業務については,ペテルブルグ国際商業銀行を主に利用していたが,1900年代になると同行の役割は顕著でなくなった。これは,この頃に,極東とイランへの経済浸透のために上記3行が設立(または買収)されたからであった(Ананьич [6] pp. 2, 4-5)。

ロシアの対イラン投資においてこのように国家の役割が大きかったことの理由の1つは,ロシアの経済的後進性に求めることができる。ロシアの商品は中部および南部イランで国家の助成金なしにイギリスの商品と競争していくことができなかった。また,これらの地域はロシアから遠いという点で進出が困難で,購買力が小さかったので,ロシア商人はさして関心を示さなかった。

この点に関しては,1903年にヴィッテに提出されたイランにおけるロシアの鉄道事業に関する文書の次のような指摘と,それに対するヴィッテの反応が興味深い。すなわち,その文書は,イランにおいてロシアの経済利権を増やしていくことの必要性を述べつつ,同時に,新しい販売市場獲得が差し迫ったきわ

めて重要な課題であるイギリスの工業と違って,ロシアのそれは国内需要をようやく満足させている状態であったので,それほどはイラン市場の征服に関心を寄せなかった,とも述べているのであった。ヴィッテは,「最近まではそうだったが,現在は,産業部門の多くは輸出を必要としている」とこの文書の余白に記した。ヴィッテは将来のことをみていたのであった。すなわち,外国資本の導入によって発展しつつあるロシア工業のために新しい市場を前もって確保しておこうという考えであった(Ананьич [6] pp.76-77)。

このように,ロシアのイランへの進出は,後発工業化国ロシアの経済発展およびそのための政策と一体をなすものであり,割引貸付銀行も,このような全体の文脈のなかに位置づけることによって初めてその世界史における意義を正しく把握することができるといえるであろう。

1921年に締結された友好条約で,ソヴィエト政府は帝政ロシアとイランとの間で結ばれたすべての条約・協定の無効を宣言し(第1条),「帝政政府の経済的企て——その目的はペルシャの経済的征服であった——の継続を放棄」(第9条)した。同行も道路(アンザリー・テヘラーン間,カズヴィーン・ハマダーン間)もイラン政府に譲渡されることとなった(第9条,第10条,Hurewitz [51] vol. 2, pp. 90-94)。

譲渡は直ちに実行に移された。同行はイランの政府系銀行として生まれ変わることになっていたが,その資産の大部分が不良債権と不動産であったため,実現しなかった(Bānk-e Melli-ye Irān [15] p. 46, [16] p. 40)。

注
(1) この金融機関は設立時はSociété des Prêtsという名称であったが,その後1894年にBanque des Prêts,さらに1902年にBanque d'Escompte de PerseまたはBanque d'Escompte et des Prêts de Perseと改称している。本書では,煩雑さを避けるため,「割引貸付銀行」と総称することとする。

史料中にはフランス語で表記されていることが多い。参考までに,諸文献にあらわれるロシア語・ペルシャ語・英語での名称の内のいくつかを以下に掲げておく。

Ссудное общество Персии, Ссудный банк Персии, Учётно-ссудный банк Персии.
Bānk-e Esteqrāzi, Bānk-e Esteqrāzi-ye Irān, Bānk-e Esteqrāzi-ye Rahni-ye Rus.
Lending Company of Persia, Iranian Loan Company, Discount and Loan Bank of Persia,

Lending Bank of Persia.
(2) Государственный банк, Banque de l'Etat.
(3) 以下，Ананьич からの引用に際しては，露暦とグレゴリウス暦とであることが併記してあるものについては，後者を採ることとする。何年とか何月ではなく，何年何月何日というように日まで特定しているものについては，本書に関係する部分に関する限り，1例（本書184ページの1916年2月21日）を除いて，両方の暦が併記されている。

何月といった表現では，露暦なのかグレゴリウス暦なのか明記していない場合がほとんどである。
(4) ロシア語固有名詞が当該史料中にキリル文字で表記されていない場合でも，キリル文字に「復元」して表記することとする。ただし，他の史料との照合などを行ってもキリル文字表記に，完全な確実性をもって「復元」できない場合は，史料中に記されている表記をそのまま記すこととする。

なお，ポリャコフ一族については，さしあたり下記を参照のこと。
Anan'ich and Vainshtein [7], Slutsky [120].
(5) なぜ同じような内容の利権書が必要なのか，疑問である。日付は貸付利権書が1890年5月3日，質屋利権書が同年同月21日となっており，後者は，前者に何らかの不備があったために訂正された，いわば改訂版であるとの推測も可能だが，あくまでも推測の域を出ない。なお，Issawi [50] p.360 では，質屋と銀行の利権が与えられた，とある。
(6) パンジヘザールについては，Rabino di Borgomale [109] pp.14-16, Table Ⅱを見よ。
(7) なお，布告に書かれていることと実際に行われたこととが一致するとは限らないことはいうまでもない。
(8) イギリスおよびロシアの対イラン政策の変化の時期については，これと異なる，次のような見解もある。

「少なくともナーセロッディーン＝シャーの死〔1896年5月1日〕までは，ロシアもイギリスもペルシャに対する政治的圧力をゆるめてもよいと思っていた」が，「90年代の終わり頃，ロシアの経済的浸透は加速し，より明確な政治的色調を帯びるようになった」（Entner [32] p.39）。
(9) カージャール朝では，皇太子はアーザルバーイジャーン州知事として州都タブリーズを居所と定めるのが慣例であった。
(10) 前述の通り，1894年にロシア国立銀行に買収されて以来，事実上国有であった。
(11) 東北部については，水田 [87], [88], [90] を参照のこと。
(12) Issawi [55] pp.360-361 を見よ。
(13) ナデジュダ（Надежда）の誤りであろう。
(14) もっとも，ロシアからの輸出の内，アーザルバーイジャーンへのものは，たしかに1903～04年から翌年，翌々年への減少幅はかなり大きいが，イラン全体でみると，1903年＝2738万6000ルーブル，1904年＝2728万6000ルーブル，1905年＝2606万ルーブルと，変動幅は比較的小さい。ただし，この場合，使われている暦の違いを考慮に入れなければならないことはいうまでもない（Сеидов [112] p.53）。
(15) 米については下記によった。

第3章　ロシアの「資本主義的征服」政策とペルシャ割引貸付銀行

Entner [32] p. 75, Gilbar [44] pp. 319-321, Issawi [55] pp. 241-244, 岡﨑 [99] 79ページ.

(16) この点については，以下にも記述されている．
　　　ギーラーン1871年報告，p. 577, テヘラーン1881年報告，p. 496.
(17) 大飢饉については岡﨑 [101] を参照．
(18) 輸出はほとんどすべてロシア向けであった（Entner [31] p. 75, Maclean [16] p. 63）．
(19) 絹については下記によった．
　　　Entner [32] pp. 75-76, Issawi [55] p. 232, 岡﨑 [99] 73ページ，坂本 [111] 132～133ページ，Seyf [113] p. 63.
(20) これは，1つには，開墾などにより耕地が増えたためであり，2つには，農民が米作の利点を経験によって知ったため，生糸生産が回復しても米作をやめたり減らしたりしなかったためであった．米作の利点は，具体的には以下の通り．第1に，生糸と比べて栽培に手間がかからないという点．第2に，自らの生存をそれに頼ることができるもの，すなわち食糧であるという点．第3に，1890年代から1900年代初めにかけて生糸の世界市場価格は低迷したが米にはこのようなことがなかったという点（テヘラーン1881年報告，p. 496, Gilbar [44] pp. 321-322）．
(21) 同行の米へのファイナンスが委託荷見返前貸という形を取っていたということについては，すでに，簡単にではあるが先行研究によって言及されている（Floor [41] p. 270）．
(22) 同紙 March 17, 1902, p. 7 にも関連記事あり．また，Issawi [55] p. 347 には，同行は「不動産の取引を含む商業活動に従事していた」とある．
(23) Skinner [119] p. 300 によれば，設立年は1873年である．1890年は同行テヘラーン支店の開設年のことであろう．Jones [63] は同行テヘラーン支店の開設年を1892年としている（p. 55）．
(24) Issawi [55] p. 357ではこのように記されているが，同書 p. 156 では6マイルとなっている．
(25) パリ割引銀行（Comptoir d'Escompte de Paris）のことであろう．
(26) Kazemzadeh [66] p. 276によれば，10年ほど前にラザル＝ポリャコフが同利権を獲得している．
(27) もっとも，外国から得た資金——たとえそれが対イラン経済浸透に直接投入されていなくても——があったからこそロシアはイランに資金を投下する余裕があった，という点では，ロシアは対イランについても外国資本の助けを借りていたといえる．
(28) もちろん，前述の通り，1894年までは私企業であった．それ以後も1903年までは，微々たる額であったとはいえ，民間による同行株の所有が存在した．
(29) 露清銀行や東清鉄道，そしてそれらを通じてのロシアとフランスの結びつきについては，権上 [45] 145～166ページ，入江 [52] 161～162ページ，和田 [133]（1）192～193ページを見よ．

第4章
英露の金融と在来企業家層の生成

本章の課題

　以上のように，19世紀末，イギリス系銀行とロシア系銀行がイランに設立され，イランとヨーロッパとの経済関係は新たな段階を迎えた。

　この，ヨーロッパの金融的進出とほぼ時を同じくして，イランにおいてそれまでにない新たなタイプの在来企業が出現した（Ashraf and Hekmat [10] p. 735）。それらは，商業や金融業をその業務の中心としていたが，工業に乗り出すものもあった。また，イラン国内のみならず，ロンドン・パリ・ボンベイ・香港などに拠点を築き，世界的規模で活動を展開するものもあった。

　これらは，以下に具体的にみる通り，イランとヨーロッパとの諸関係の拡大・深化を背景として生成したものであり，そして，この流れが20世紀初頭の立憲革命へとつながっていった。在来企業家層は，憲法と国民議会を獲得することとなったこの革命の主要な推進主体なのであった。

　このように，これら在来企業は，この時期におけるイランとヨーロッパとの経済諸関係を集約的に体現していた。そして，あえて極端に単純化した表現を用いるならば，これらは，19世紀イラン貿易史・金融史と20世紀初頭のイラン政治史とを結びつける存在なのであった。したがって，19世紀以降のイラン史の解明のためにはこれら在来企業の具体像を明らかにすることが不可欠であるといえる。

　このような重要な研究対象であることから，実際これまでいくつかの研究がこの問題を取り扱っている（主要なものとしては，Ashraf [8], Bānk-e Melli-ye Irān [15], [16], Jamālzāde [60], Сеидов [112]）。本章は，これら先行諸研究が

用いた史料以外の新史料を発掘してそれに全面的に依拠して議論を展開するというものではなく，議論の基礎となる史実の多くは，これら先行諸研究（および，それらが依拠している史料）に依拠している。だが，本章は，これら在来企業の外国銀行との関係に十分に光を当てることによって，先行諸研究が見落としてきた，あるいは軽視してきた本質的な問題を浮き彫りにすることができたと考える。その意味では，本章は，史料的には先行諸研究の整理の域を大きく出るものではないが，分析視角的にはあるいは歴史的事実の意味づけという点では，多少なりとも存在意義を有するのではないかと愚考する。

第1節　在来企業家層の生成

（1）　概　観

ここでは在来企業について総括的に概観し，その上で次の（2）で，個々の企業に即してその実態を詳しく跡づけていくことにしよう。

表4-1は，これら在来企業について，その設立年・設立地・業務分野・破綻年（存続期間）・破綻原因などをまとめたものである。この表から分かるように，これら企業の多くは，1890年代後半に設立された。そして，これらは，有力な商人やサッラーフの同盟という形で設立されたものと，アルメニア人やゾロアスター教徒といったマイノリティーの家族の同族会社とにおおよそ大別することができる。この内，（2）でみるように，前者の設立にあたっては，帝国銀行に代表される外国の経済的浸透に対する対抗が，そしてイラン国民による経済の発展が強く意識されていた。このことを株主目録の前文や規約に明記している企業もあった。ある企業の規約には，時の宰相がその設立を愛国心と国の名誉のためのものと書き記しており，この企業が民族主義的性格を有していたことを明確に見て取れる（（2）で紹介する見出し番号③の企業）。

これら商人やサッラーフの結合は，その企業が設立された都市や地域の内部に限られたものではなかった。すなわち，イラン各地の有力商人をその会社の代表者（代理人）とすることによって全国的ネットワークを形成していた（そして，海外にも）。

イラン全土に店舗網を築き上げていた帝国銀行に対抗するためにはこのような形を取るのがいわば自然であったとみることができよう。また，これらの商人たちの結合による企業は株式会社形態をとっていた（ちなみに，同族会社には株式会社形態をとっているものは見いだせない）。この点についても，帝国銀行への対抗という視点から説明することができるであろう。すなわち，帝国銀行などに対抗するためにできるだけ規模を大きくする必要があったと考えられるのである。設立地については，イラン各地の主要都市の名がみられるなかで，マシュハドとラシュトの名が見いだせない。どちらも北部で，ロシアに近接しているが，このことが，在来企業がそこに設立されなかったことと何らかの関係があるのかといった点はデータがあまりにも少ないため何ともいえない。

　資本金または資産の欄で各企業の規模をみると，③と⑨（特に後者）が他を大きく引き離していることが分かる。ただし，前者は存続期間が短く，また具体的にどのような業務を行っていたか諸史料が伝えていないことから考えて，どこまで実体を有していたか，今後史料を発掘して検証していく必要があるであろう。

　業務分野については，まず，海運企業3社（⑫⑬⑭）とそれ以外とに分けることができる。後者については，「本章の課題」で述べた通り，商業と金融が業務の中心であったが，工業やインフラストラクチャー建設事業（電話・道路・鉄道）を行ったり，計画したりするものもあった。

　そして，この業務分野や取扱商品についても⑨が目立っている。また，⑨が後述のようにイランとロシアにまたがって業務を展開しているという点も，他の企業にない特徴といえる。もちろん，他の企業もその多くが国外に代理店を有していたなど国境を越えた経済活動を行っていたわけであるが，あくまでも，それらの活動の主要な舞台はイランであった。言い方を換えれば，国外にもつながりをもっていたがあくまでも国内企業であった（この点については，海運会社3社は，その業務内容の性格上ここでは除外する）。これに対し⑨はイランとロシアの双方に本拠を置いていた。このように，さまざまな点で⑨は他の在来企業とは趣を異にしている。

　右端の欄には破綻についての情報を示しておいた。これらの情報の内，関係

表4-1 在来企業概観

整理番号[1]	名称	民族・宗教	設立年～破綻年；存続期間(年)[2]	設立地[3]
①	アミーニーイェ		c1300/1882/c1883～1892	タブリーズ／テヘラーン
②	エッテハーディーイェ		1305/1887；約15	タブリーズ
③	オムーミーイェ＝アムテエイェ＝イーラーン		1899～c1323&24；1未満/5/約5/6	テヘラーン
④	マムレキャテ＝ファールス		1275/c1315/1890/1896/c1896/c1897～「現在」も営業/1283のあとしばらくして/第一次世界大戦期	シーラーズ
⑤	ジャムシーディヤーン	ゾロアスター教徒	?～1294/1915	ヤズド
⑥	ジャハーニヤーン	ゾロアスター教徒	1274/1890/1895～1291/1912	ヤズド
⑦	マフムーディーイェ		1316/1898/1899-03～?	エスファハーン
⑧	アラクス	アルメニア人	1899～1901	カズヴィーン
⑨	トゥマニヤンツ	アルメニア人	?～第一次世界大戦後	タブリーズ
⑩	マスウーディーイェ		1897-04/1898～「現在」も営業	エスファハーン
⑪	エスラーミーイェ		1316-shavvāl-26/1316-ziqa'de/1899	エスファハーン
⑫	ナーセリー		19世紀末/ナーセロッディーン＝シャー治世期～?	(シーラーズ，ブーシェフル)
⑬	ボンベイ＝アンド＝ペルシャ＝スティーム＝ナヴィゲーション		19世紀末～?	イラン南部
⑭	シューシュタリー		第一次世界大戦期～?	ボンベイ

(備考) 1) 本文の(2)のそれぞれの企業の見出しの番号と対応している。
2) 設立年と破綻年については，1291や1316といった若い数字は，いうまでもなく西暦ではなくヒジュラ暦。c1883は1883年頃を，1897-04は1897年4月をあらわす。
「現在」とはJamālzāde [60]の執筆時点。
3) ⑫については，設立者の出身地。
4) 単位はケラーン。
5) 実際に行っていたかどうか確認できなくても，その業務として規約に明記されているなどすればここに
(出所) 本文で用いた諸文献によって筆者が作成。

者の着服と外国銀行の債務返済請求，それに資産差し押さえなどは，破綻の原因というよりは破綻することが明らかになった後の最後の一撃とでもいうべきものである。したがって，破綻の原因らしきものとして挙げることができるのは，企業内部の不和と反立憲派などの敵対，ということになるであろう。これらは純粋な業務上の問題ではなく，いわば非経済的要因である。破綻に至る業務上の問題がなかったのかといった点については不明である。いずれにせよ，多くの在来企業が短期間の内に姿を消していった。

第４章　英露の金融と在来企業家層の生成

資本金または 資産[4]	業務分野（主要取扱商品）[5]	破綻の原因，契機，破綻前後の出来事
		社長の死，帳簿の不備，着服
約100万	金融	
1000万	金融，農業，工業，道路建設	内部のイデオロギー的対立，経営者による業務混乱，信用低下，着服，帳簿の偽造
50万/75万 /100万	金融，商業	
10万	商業（織物），金融，土地所有	英系露系両行の債務返済請求，政府への譲渡
	土地所有，農業（綿花），商業（綿花），金融，電話網	反立憲派などの敵対，支店長殺害，社長国外追放，英系露系両行の貸付拒否
200万		
	商業（石油製品・果物・毛皮類・絹），不動産取引，請負，保険	内部の不和
2000万～ 　3000万	商業（乾燥果実・絹・鉄製品・米・綿花），工業（精米・綿繰り），土地所有，農業（綿花・絹・乾燥果実），林業，金融，鉱業，漁業，投機	資産差し押さえ（ロシア），預金払い戻し（イラン），流動性不足，競争，政府の支援
100万	商業，金融	
150万	商業（織物），工業（織物・紡績），道路建設，鉄道建設，重工業	着服
	海運	
	海運	
	海運	

そのほとんどがヒジュラ太陰暦。④の1275と1283はヒジュラ太陽暦と思われる。

記すことにする。商業は貿易を含む。

（２）　個別企業の実態

①　アミーニーイェ社：最初の在来企業

　在来企業の内で最も設立年の早いのは（設立年が不明のものを除いて）アミーニーイェ／アムニーイェ社（Sherkat-e Aminiye）[2]である。この会社は，マシュハディー＝カーゼム＝アミーニーイェ／マシュハディー＝カーゼム＝アミーンによって1300年頃／1882年／1883年頃，タブリーズ／テヘラーンにて設立された。初めは評判もよく，活発な取引を行っていたが，社長の死後1892年に姿を消した。帳簿が適切に記入されておらず，取締役たちが資本金を使い込んだた

77

め，株主も債権者も一文も手にすることができなかった（Ashraf [8] p.76, Floor [40] p.126, Issawi [55] p.44, Jamālzāde [60] p.98）。

② エッテハーディーイェ社：タブリーズの在来企業

エッテハーディーイェ社（Sherkat-e Ettehādiye）はヒジュラ太陰暦1305年，西暦1887年に，ハージー＝アリーとハージー＝マフディー＝クーゼコナーニー／ハージー＝マフディー＝クーゼキャナーニー（両名は兄弟）によって，地元のサッラーフであるセイエド＝モルタザーおよびハージー＝ロトフ＝アリー，それに他のタブリーズ商人との協力によってタブリーズに設立され，15年ほど存続した。もう1人の兄弟ハージー＝ハサンが同社のイスタンブルにおける代表者であり，ハージー＝ロトフ＝アリーがテヘラーンにおける代表者であった。ハージー＝ロトフ＝アリーは1893年に同社の代表者としてテヘラーンに出て居を定めた。子息のラヒームも一緒にテヘラーンにやって来た。ラヒームは自分自身で小規模な輸出入業務を行っていた（Bānk-e Melli-ye Irān [15] p.53, [16] p.44, Ettehadiyeh Nezammafi [33] pp.1-2, Ettehadiyeh Nezammafi [34] p.57, Floor [40] p.127, Issawi [55] p.44, Сеидов [112] pp.79-80）。

伝統的にサッラーフは，政府に貸し付けたり，為替手形を扱ったり，為替投機を行ったりしていた（図4-1，図4-2）。この種の業務をエッテハーディーイェ社は，個々の（つまり会社を形成していない）商人が行えるよりも大きな規模で行った（Ettehadiyeh Nezammafi [34] p.57）。同社には，1897年の時点で10万トマーンほどの資産があった（FO 881/7028, p.114）。

同社は，国内ではテヘラーン・タブリーズ・マシュハド・シーラーズなどに，国外ではイスタンブル・ヘラート・メッカ・メディナ・ナジャフ・バグダード・ロンドン・モスクワに代表者を有していた。

帝国銀行と割引貸付銀行はサッラーフの業務を奪った。サッラーフたちは近代的な業務方法を採用し，会社をつくって対抗した。ハージー＝ロトフ＝アリーの書簡によれば銀行設立の議論もあったという。

この対抗関係は，時として帝国銀行をパニックに陥れその業務を混乱させることがあった（Ettehadiyeh Nezammafi [34] p.57）。

例えば，トゥマニャンツ社・ハージー＝ロトフ＝アリー・ハージー＝バーケ

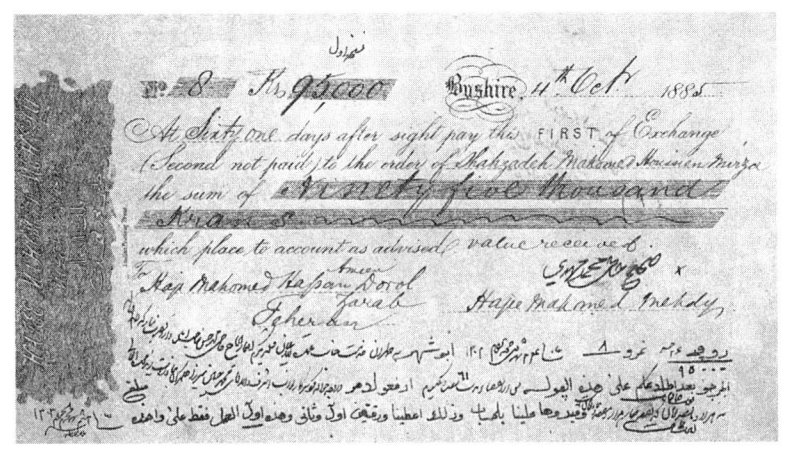

第 4 章　英露の金融と在来企業家層の生成

図 4-1　アミーノッザルブ宛の為替手形

(出所)　Bānk-e Mellī-ye Irān [15] p. 18.

ル＝サッラーフ＝マレコットッジャール（主導的役割を果たしたのはこの人物）らの企ては，しばらくの間，帝国銀行券の「運命を動揺させた」。彼らは帝国銀行の信用を傷つけ金融における自らの地位を首位へと押し上げるべく，帝国銀行の銀準備が少なくなった時を見計らって同盟を組織して，多額の銀行券を銀貨への兌換のために帝国銀行に呈示したのであった（Косоговский [70] pp. 210-217）。

エッテハーディーイェ社は，ハージー＝エブラーヒームおよびハージー＝ファラジ＝サッラーフ（両名は兄弟）らとも同様の企てを行った。帝国銀行は，全額を即座に兌換することができず，暫時，住民の間での信用が傷ついた。その結果，銀行券の相場は30パーセントほど下落した（100トマーンが69～70トマーンに交換された）。結局，帝国銀行は，その金額の内交換されなかった部分を，現行の相場より低い相場で，銀行券／オデッサ宛手形でもって返済することを余儀なくされ，そしてまた，銀販売への同社の共同参加ということで折り合った（Bānk-e Mellī-ye Irān [15] p. 53, [16] p. 44, Сеидов [112] p. 80)。

また，同社は帝国銀行に対抗するために，商業会社 Дж. カステッリ（Дж. Кастелли）と合弁会社を設立した。この合弁会社（これにはタブリーズのすべて

79

図4-2 サッラーフの帳簿

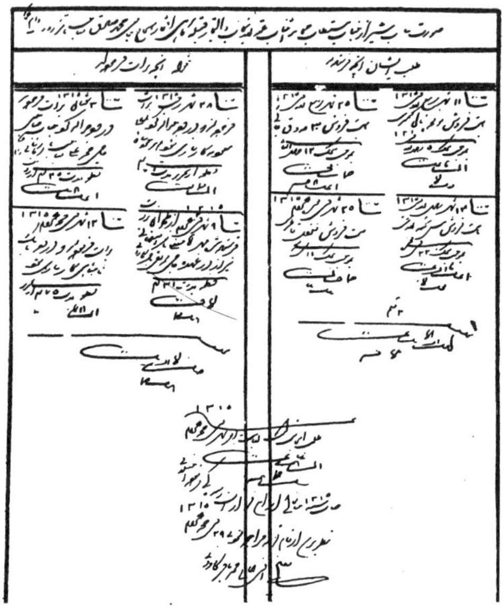

```
Fac-simile di conto-corrente. — Dal libro d'un Saraf persiano)
             CONTO di Mohammed Sadegh di-Sciràz con Haggi Mohammed Bagghèr
1317/1897                                  Krans                                              Krans
Ragiab      28. Per tratta a favore di Mas-         Rabi-aasani 11. Per vendita scialli di
Marzo            sudieh Co. 61 d/d. .      15.500   Gennaio        casimiro come da ri-
Sciabàn     3. Id. id. a favore d' Haggi                           cevuta 5 genn. 1897. .    11.205 70
Maggio          Mudh'Ali. 45 d/s. .        22.300   Ragiab     14. Per 30 casse di thè come
Zil-higgià  9. Per ordine rimesso a Sci-            Aprile          da ric. dal 12 apr. 1897   5.962 25
Settembre       rks. 31 d/s . . . . .       7.507 50                Per rame id. id. . . .   21.109 70
            9. Per tratta a favore della           Zigadè      25. Per pepe come da rice-
                Imp. Bank of Persia.                Agosto          vuta del 17 c. . . .      5.853 30
                75 d/d . . . .             12.000   Zil-higgia 30. A bilancia . . . . .      13.176 55
                                           57.307 50 Settembre                               57.307 50
Zil-higgia 30. Riporto . . . . .           13.176 55 Visto: Moud Bagher Kazeruni.
```

(出所) Lorini [72] p.501.

の大規模企業家が参加していた)の固定資本は,約8万トマーンであった。その業務は,造幣所への銀の納入と貨幣投機とに集中していて,帝国銀行タブリーズ支店と激しく競争した (Сеидов [112] p.80)。

1316年,西暦では1898年,ハージー゠ロトフ゠アリー(彼はのちにエッテハーディーイェという姓を名乗るようになる)はハージー゠マフディー゠クーゼコナーニーとの仲たがいが原因で同社を辞し,子息ラヒームと商売を始めた (Ettehadiyeh Nezammafi [34] p.57)。

③　オムーミーイェ＝アムテエイェ＝イーラーン社：テヘラーンの商人たちおよびサッラーフたちの連合としての在来企業

オムーミーイェ＝アムテエイェ＝イーラーン社（Sherkat-e 'Omumi-ye Amte'e-ye Irān）は，1899年，下記の17名のテヘラーンの有力商人・有力サッラーフによってテヘラーンにて金融業務を行う目的で設立された。

- ハージー＝モハンマド＝カーゼム＝マレコットッジャール
- ハージー＝モハンマド＝サーデク＝アルバーブ（カズヴィーンのアミーニー家の長）
- アーカー＝ミール＝アブドルモッタレブ＝アミーノットッジャール
- アーカー＝モハンマド＝サーデク＝アルバーブ
- ハージー＝ミールザー＝アリー＝アスガル＝エフテハーロットッジャール（ハージー＝アリー＝アクバル＝シーラーズィー親子社〔Хаджи Али Акбар Ширази и сыновья〕の長）
- サニーオルママーレク＝マレコットッジャーレ＝エラーク
- ハージー＝モハンマド＝ハサン
- ハージー＝ホセイン＝アリー＝サンドゥークハーネ
- 大規模商人ハージー＝アリーとハージー＝ミールザー＝アリー＝アクバル＝シャールフォルーシュ
- ハージー＝アブドッラッザーク＝オスクーイー（アーザルバーイジャーン生まれ）
- ミールザー＝アッバース＝アリー
- マシュハディー＝モハンマド＝アーカー＝アハヴィー
- タブリーズのサッラーフであるハージー＝ファラジとハージー＝バーケル
- マシュハディー＝ハージー＝アーカーイェ＝サッラーフ＝コムパーニーイェ
- ハージー＝ロトフ＝アリー（エッテハーディーイェ社）

会社の長には，テヘラーンの有名な商人にしてサッラーフであったハージー＝セイエド＝モハンマド＝タージェレ＝テヘラーニー＝サッラーフが選ば

81

れた (Bānk-e Melli-ye Irān [15] 53, [16] p. 44, Сеидов [112] p. 81)。

同社は政府から設立認許状を与えられた初めての会社であった (Floor [40] p. 128)。

同社はイラン国内では，タブリーズ・ケルマーンシャー・ハマダーン・ラシュト・ソルターナーバード・マシュハド・ケルマーン・ラフサンジャーン・サブゼヴァール・ボルージェルド・サーヴェ・アルダビール・ヤズド・カーシャーン・シャフルード・ニーシャープール・アンディージャーン・シーラーズ・カズヴィーンその他の地点に，外国には，ウィーン・モスクワ・バクー・アシュハーバード・ボンベイ・イスタンブル・バグダード・ナジャフ・キャルバラーに代理店を有していた。同社のヨーロッパにおける中心はロンドンであった。

資本金は100万トマーンで，2万株が発行された。これは，規約によれば，イランの住民であれば誰でも，無制限の量，取得することができるものであった。

規約は，石版印刷の方法で印刷されたものであり，17パラグラフから成り立っており，同社の目的や株主の権利などが記され，設立者リストなどが収録されている。

この規約には，宰相アミーノッソルターン2世が「規約への祝賀の加筆」を行っている。それは次のような内容であった。「わが敬愛するイラン商人のギルド」は愛国心と国の名誉のために，同社にとどまらず，さらにたくさんのさまざまな会社（それらは国の繁栄を助長する）を設立する。

規約の第1パラグラフには，外国政府への国の従属を一掃する要因としての，商品生産の拡大の意義が強調されている。まさにこのことのゆえに，同社は「商品 (amte'e)」という名をその社名に含んでいたのであった。また，株主は，「時の要請如何では」農業の強化，工場の建設その他有益なことに資金を投下することができる，ということも記されていた。

市場の状況を利用しての株主の権力濫用に関する，次のような規定も興味深い。国内外の市場における価格変動に精通している株主は，総会を通さずに，そして念入りに調査せずに，いかなる行動も起こしてはならない。それは「会社の利益をありとあらゆる誤りと災難から守るために」である (Сеидов

[112] pp. 81-82)。

　このように，規約において同社は，民族主義的な性格を与えられていたのであった。⁽⁵⁾

　また，同社は，アースターラー・アルダビール間の道路建設などの事業も行った。

　同社の破綻についてであるが，まず，その時期については「ほとんど1年間も存在しなかった」(Floor [40] p. 128) とするものもあれば，6年存続したとするものもあるなど，まちまち (Bānk-e Mellī-ye Irān [15] p. 53, [16] p. 44, Issawi [55] p. 45, Jamālzāde [60] pp. 98-99, Сеидов [112] p. 83) であるが，いずれにしても短期間の内に姿を消したということである。破綻の原因については，ここでは，比較的具体的に述べているアシュラフの記すところを紹介することにしよう。

　「のちに，同社の業務は，ハージー＝モハンマド＝カーゼム＝マレコットッジャールの手に落ち，彼の干渉により，同社は混乱し，商人をはじめ人々の諸商業会社に対する信用は弱くなることとなった」(Ashraf [8] p. 77)。⁽⁶⁾
破綻するや，取締役や設立者は会社の資本金に手を着けはじめた。帳簿は偽造され，債務は返済できなくなった。損失を被ったのは株主や債権者であり，不正を働いた者は誰ひとりとして裁判にかけられることはなかった。ハージー＝モハンマド＝カーゼム＝マレコットッジャールはロシア公使館に避難した (Browne [23] pp. 179, 186, Floor [40] p. 128)。

④　マムレキャテ＝ファールス社：シーラーズの在来企業

　マムレキャテ＝ファールス社 (Kompānī-ye Mamlekat-e Fārs) はシーラーズにて，1275／1315年頃／1890年／1896年／1896年頃／1897年頃に設立された。社長は，ボンベイに店舗を有していた商人ハージー＝アブドゥラフマーン＝シーラーズィー／ハージー＝アブドゥラヒーム＝シーラーズィーであった。資本金は10万トマーン／7万5000トマーン／5万トマーンで，年2回，配当を支払っていた (Ashraf [8] p. 76, Bānk-e Mellī-ye Irān [15] p. 52, [16] p. 44, Floor [40] pp. 126-127, FO 881／7028 p. 72, Issawi [55] p. 44, Jamālzāde [60] p. 98, Сеидов [112] p. 83)。

主要な株主には，6人の大規模商人（シェイフ＝アボルカーセム・ハージー＝モハンマド＝ホセイン＝ナマーズィー・ハージー＝モハンマド＝サーレフ＝デヘダシュティーなど）がいた。全員がシーラーズ在住であった（Floor [40] p.126, Сеидов [112] p.83）。

　同社はテヘラーン・エスファハーン・ヤズド・ブーシェフルに，国外ではロンドン・ボンベイ・バグダードに代理店を有していた。その主要な業務は，手形の売買，貨幣の両替など（国内でも国外でも）であった。このほか，部分的には商業業務にも従事し，財産を担保に取った。

　同社の目的の1つは，シーラーズにおける帝国銀行の活動に対抗することであり，自らの商業的利益の防衛であった(7)。

　同社は短期間の内にその活動をかなり広げ，大きな人気を博した。同社によって振り出された小切手は，シーラーズおよびその周辺において帝国銀行の銀行券と同様に流通し，市場において6パーセントの割引で受領された。1901年頃には汽船18隻を有するに至り，1899-1900年から1904-05年までの5年間で資本金を13パーセント増やした（Сеидов [112] pp.83-84）。

　繁盛するにつれて，同社は，ますます帝国銀行（独占的発券権を有していた）とぶつかるようになった。結局，同社は小切手の振り出しを停止することを余儀なくされ，1283年の後しばらくして／第一次世界大戦の時期に活動を停止した（Bānk-e Mellī-ye Irān [15] p.52, [16] p.44, *Habl al-Matīn*, September 17, 1900, pp.8-9, Сеидов [112] p.85）。

⑤　ジャムシーディヤーン社：ヤズドのゾロアスター教徒系在来企業（その1）

　ジャムシーディヤーン社（Tejāratkhāne-ye Jamshīdiyān）の創設者はヤズドのゾロアスター教徒アルバーブ＝ジャムシードであった(8)（図4-3）。アルバーブ＝ジャムシードは小規模な織物商人としてその活動を開始して成功を収め，かなりの資本を集め，1886年／1265年頃に金融業務に参入した（Ashraf [8] p.78, Bānk-e Mellī-ye Irān [15] pp.51-52, [16] p.43, Сеидов [112] p.85）。

　同社は，大規模な短期・長期貸付（不動産を担保としたものを含む）に従事した。1891年から1911年までの20年の間，その活動をかなり拡張し，ヤズド本店

第4章　英露の金融と在来企業家層の生成

図4-3　アルバーブ＝ジャムシードと彼のスタッフ

（出所）　Jackson [59] between pp. 426 and 427.

以外に，シーラーズ・ケルマーンに支店を，外国の諸都市（バグダード・ボンベイ・カルカッタ〔コルカタ〕・パリ）に代理店を設立した。

また，アルバーブ＝ジャムシードは土地の有利性に着目し，イランのさまざまな場所（特に，テヘラーン・ホラーサーン・ファールス）に土地を取得し，このようにして，同時に大規模地主へと変身した。

同社は割引貸付銀行（4パーセント）・帝国銀行（8パーセント）両行から融資を受けていたが，主な借入先は前者であった。

1912年までに，同社の両行への負債は1500万ケラーンに達した。内，約1300万ケラーンは割引貸付銀行への，そして200万ケラーンは帝国銀行への負債であった。
(9)

両行は，突然の債務返済請求（その少し前に同社は支払不能と判明していた）によって，同社の生存を停止せしめた。

1299年／1919年，テヘラーン商業裁判所は同社の清算の有効性を1294年／1915年の時点にさかのぼって認めた。同社の財産が外国人の手に渡ることのないよう，政府は，アルバーブ＝ジャムシードとの事前の話し合いにより（同社

85

を政府に譲渡するという条件で）その両行への負債を支払った。ほかならぬアルバーブ＝ジャムシードが支配人代理に任命された（Bānk-e Melli-ye Irān [15] p. 52, [16] p. 43, Сеидов [112] p. 85）。

⑥　ジャハーニヤーン社：ヤズドのゾロアスター教徒系在来企業（その2）

ジャハーニヤーン社（Tejāratkhāne-ye Jahāniyān）は，1274年／1890年／1895年，ヤズドにて，ゾロアスター教徒の5人の地主（ホスロー＝シャー＝ジャハーンと彼の兄弟であるパルヴィーズ・グーダルズ・ロスタム・バフラーム）によって設立され，最初は農業（主に綿花生産）とそれに関連する商業に従事していた（土地も所有）。同社と農業とのつながりはその後も決して切れることはなかった。(Bānk-e Melli-ye Irān [15] p. 50, [16] p. 42, Issawi [55] p. 45, Сеидов [112] p. 86）。

ジャハーニヤーン家は商業業務で，とりわけ綿花の輸出で財をなし，金融業務を行うようになった。

金融業務の分野における主な活動は，預金・内国為替・外国為替・外国送金であった。

同社はヤズドを本店とし，テヘラーン・エスファハーン・シーラーズ・ケルマーン・バンダル＝アッバース・ラフサンジャーンに支店を有し，ボンベイとロンドンに代理店を置いた。(10)

これらのほかに，同社は，国内の諸地方から中央（テヘラーン）への国税の送付に従事していた（Сеидов [104] p. 86）。

また，同社はテヘラーンと他の都市との，そしてテヘラーン内の通信網構築のために設立されたイラン電話会社（Sherkat-e Telefon-e Irān）の設立に加わった（Ashraf [8] p. 80, Bānk-e Melli-ye Irān [15] pp. 50-51, [16] p. 42）。

同社は金融業務を強化し，このことは，他の金融機関との競争を激化させた（Сеидов [112] p. 86）。

彼らは，立憲革命に関与し，第1次国民議会において国民銀行の設立をめざして努力した。立憲革命に反対する勢力や，このような銀行の設立は自らの利益を侵害するとみた勢力は，同社打倒のために手を結んだ。結局，5年間の政治的・経済的困難ののち，ジャハーニヤーン兄弟の内，テヘラーン支店長パル

ヴィーズが政治的混乱のなかで殺害され，社長ホスローがヨーロッパへと追放された。

同社を最終的に崩壊させたのは帝国銀行と割引貸付銀行であった。両行は，好機を選び，ジャハーニヤーン社に大規模な貸付を行い，しかるのちに突然，資金供与を停止した。その結果，同社は1291年／1912年に破産した（Bānk-e Melli-ye Irān [15] p. 51, [16] p. 43, Сеидов [112] p. 86）。

⑦　マフムーディーイェ社：カズヴィーンの在来企業（その１）

1316年／1898年／1899年３月，エスファハーンにおいて，商人たち（ハージー＝セイエド＝アリー＝タージェレ＝カズヴィーニー，ハージー＝ミールザー＝アボルカーセム＝タージェレ＝カズヴィーニー，ハージー＝ミールザー＝モハンマド＝ハサン＝タージェレ＝デヘダシュティー）によって，マフムーディーイェ社（Kompani-ye Mahmudiye）が，資本金20万トマーンで設立された。同社は額面50トマーンの株を4000株，発行した。その活動の１年目，同社は，１トマーン当たり１ケラーン672.5ディーナールの純益を獲得した（Ashraf [8] p. 77, Сеидов [112] p. 87）。

なお，設立者の「名前」に含まれる「タージェレ＝カズヴィーニー」とは，「カズヴィーンの商人」という意味である。すなわち，同社は，カズヴィーン（およびデヘダシュト）の商人によって設立された企業であることが，このことから窺われるのである。

⑧　アラクス社：カズヴィーンの在来企業（その２）

1899年，カズヴィーンにて，イラン国籍およびロシア国籍のアルメニア人のグループによってアラクス（Аракс）社という商業会社が設立された。この会社はイランにおいてもロシアにおいても業務を行っていた。経営者はイラン国籍の商人アリスタケス＝アコピャンツ（Аристакес Акопянц）であった。

同社の主要取扱商品は，石油製品・果物・毛皮類・絹などであった。また，同社は，不動産を担保として受け取ったり差し入れたりし，信用機関や株式会社とさまざまな請負を行い，不動産と動産に保険をかけるなどした。

同社は，1901年，「金融的支払不能と設立者間の不和」により破産した（Сеидов [104] p. 89）。

⑨　トゥマニャンツ社：イラン＝ロシア間貿易とアルメニア系大規模在来企業

　トゥマニャンツ社（Tejāratkhāne-ye Tumāniyāns）は，当時のイランにおける最も重要な企業の1つであった（Ashraf [8] p.77, Bānk-e Melli-ye Irān [15] p.47, [16] p.40, Issawi [55] p.45）。同社は，おそらくアミーノッザルブを唯一の例外として，最も資産規模が大きく最も広範に業務を展開していた（FO 881 / 7028, p.67）。

　この会社の出発点は，19世紀中頃／「100年以上前」／「100年ほど前」にアルメニア人，アルチュン＝トゥマニャンツ／ハラトゥン＝トゥマニャンスがタブリーズに開いた小さな店舗に見いだすことができる。アルチュン＝トゥマニャンツは乾燥果実および絹の輸出と鉄製品などの輸入などを行い，大きな財産を築いた（Bānk-e Melli-ye Irān [15] p.47, [16] p.40, Issawi [55] pp.45-46, Сеидов [112] p.90）。

　彼の死後，その子息4名は一致協力して父の事業を継承し，ロシアへの原料輸出で大きな利益を得た後，店舗網を他のアーザルバーイジャーンの主要都市へと広げ，さらには活動範囲を他のイラン北部諸州へと広げた（Bānk-e Melli-ye Irān [15] p.47, [16] p.41）。

　彼らは，ロシアに精米工場・綿繰り工場などの生産施設を取得した。これらの工場で，イランから送ってこられた原料は加工・精製され，しかるのちに地域市場へと入っていくのであった。

　彼ら兄弟は商業に大きな投資を行った。ロシアおよび中部ヨーロッパの市場の状況に大変精通していた彼らは，自ら必要な輸出商品の生産に着手し，この目的のためにアーザルバーイジャーン・ギーラーン・マーザンダラーン・カズヴィーンなどに土地を取得し，綿・絹・乾燥果実を輸出向けに生産しはじめた（Bānk-e Melli-ye Irān [15] pp.47-48, [16] p.41, Сеидов [112] p.90）。折しも，アメリカの南北戦争により綿花の国際価格が高騰したため，同社は莫大な利益を手にした。また，彼らはマーザンダラーン東部（彼らはここに森林を所有していた）にて木材の調達をしはじめた。

　ロシアにおける商売の便宜のために，4兄弟の内2名はバクーに居を定め，

ロシア国籍を取得した（残りの2名はテヘラーンとタブリーズで事業を統べていた）。同社は毎年，イランから100万ルーブル以上の商品を輸出した（Bānk-e Melli-ye Irān [15] p.48, [16] p.41, Сеидов [112] p.90）。

同社は，外国貿易に従事していたこと，およびさまざまな貨幣を取り扱っていたことが原因となって，やがて金融業へと足を踏み入れることになった。金融業はイランにおいて利益の高い分野であったので，彼らはこの分野からも莫大な利益を獲得した。このようにして，同社は1891年頃からは金融業務をその主要業務とするようになった。

同社は，内国為替業務・外国為替業務のほかに，6パーセントを限度として大規模な当座預金業務を行った。また，短期貸付に加えて長期貸付をも，不動産を担保として行った。これは，ふつう年12パーセントを限度としていた（Bānk-e Melli-ye Irān [15] p.48, [16] p.41, Сеидов [112] pp.90-91）。

また，同社は銀の取引からも大きな利益を得ていた。イランにおける貴金属の輸出入制限の欠如を利用して，同社は，銀輸入，その造幣所での造幣，金輸出，の3つから巨大な利益を獲得していた。1894年，同社は，Дж. カステッリをこれらの業務に引き入れ，銀の取引に関する合弁会社を，期間5年間，資本金40万トマーンで設立した（Bānk-e Melli-ye Irān [15] p.48, [16] p.41, Сеидов [112] p.91）。また，トゥマニャンツ社の銀輸入には「輸出品〔の買付〕のための貨幣を供給する」という側面もあった。銀輸入のほかに，彼らは在ロシア諸支店宛のルーブル手形を売り，これを送金手段として利用した。彼らの輸入業務は，銀輸入を除いては比較的小規模なものであった（FO 881／7028, p.67）。

同社は，短期間の内にイランで活動していた強力な諸銀行と肩を並べるようになり，特に外国為替の分野で帝国銀行と激しく張り合った（Bānk-e Melli-ye Irān [15] p.48, [16] p.41, Сеидов [112] p.91）。

さらに，同社は，新たな事業（銅・石炭・硫黄の鉱山の採掘）を行い，綿繰り工場・果実乾燥工場などを建設し，北部の漁業事業に持株を取得した。また，第一次世界大戦開戦の少し前に，テヘラーン・マシュハデサル間の道路の営業利権を獲得した。

このようにして，同社は，第一次世界大戦開戦までには，イランにおいて最も重要な企業の 1 つへと変身を遂げたのであった（Bānk-e Melli-ye Irān [15] p. 49, [16] p. 41, Сеидов [112] p. 91）。

終戦時，イランにおける同社の資産は300万トマーン以上，負債は約150万トマーンであり，年間の支出は 6 万トマーンに達した（Bānk-e Melli-ye Irān [15] p. 49, Сеидов [112] p. 91）。

同社は，その活動がロシアと結びついていたがゆえに，割引貸付銀行との間に強い金融的なつながりをもっていた。この点で，2 つの競争者（帝国銀行と割引貸付銀行）と向き合わなければならなかった他社と比べ，きわめて有利であった。

前述のように，彼ら 4 兄弟の内 2 名はバクーに居を移し，ロシア国籍を取得した。同社の「イラン部門」と「ロシア部門」とは，当初は完全に一体をなしていたが，のちに，特に第一次世界大戦前の時期に，経理の点でも経済活動の点でも別個のものとなった（Bānk-e Melli-ye Irān [15] p. 49, [16] p. 42, Сеидов [112] pp. 91-92）。

「ロシア部門」はノーベル社（Sherkat-e Nobel, нефтяная компания Нобеля）・バクー石油会社（Sherkat-e Naft-e Bāku, Бакинская нефтяная компания）・リャノゾフ社（Sherkat-e Liyānāzof, нефтяная компания Лианозова）・ディナモ社（Sherkat-e Dināmā, общество《Динамо》）といった大企業の株を取得し，株式相場取引にも乗り出した（Bānk-e Melli-ye Irān [15] p. 49, [16] p. 42, Сеидов [112] p. 92）。

同社は，テヘラーンに本店を，タブリーズ・オルーミーイェ・アンザリー・ラシュト・カズヴィーン・マシュハド・サブゼヴァール・アスタラーバードに支店を，そして，ロシア領内では，バクー・アストラハン・オデッサ・トビリスィ・モスクワに支店を有していた。また，同社は中部ヨーロッパ・西ヨーロッパの諸銀行と関係を有し，それらを通じて，ウィーン・ベルリン・パリ・ロンドン・イスタンブルにて自らの業務を行っていた。ロシアの諸支店は，マルセイユ・パリ・ウィーンと大規模な貿易を行っていた（Bānk-e Melli-ye Irān [15] p. 49, FO 881 / 7028, pp. 67-68, Сеидов [112] p. 92）。

同社は，第一次世界大戦後，大きな危機に見舞われた。ロシアで資産の一部が差し押さえられるや，イランでは人々が預金の払い戻し請求を行った。資産が負債を上回っていたにもかかわらず，資産をすべて流動性へと転換することができなかったことや，競争者たちがこの彼らにとっての絶好の機会を逃さなかったことなどにより，同社は政府の支援にもかかわらず破綻した（Bānk-e Mellī-ye Irān [15] pp. 49-50, [16] p. 42）。

ロシアにおける同社の被没収財産は約1700万ルーブルであり，イランにおけるそれは300万トマーンであった（Сеидов [112] p. 92）。

なお，話が前後するが，彼らは露土戦争中のルーブル投機によって財産の基礎を築いたという（FO 881/7028, p. 68）。これは重要なことであると思われるが，なぜか諸史料・諸研究のなかで1つにしか言及されていない。

⑩ マスウーディーイェ社：エスファハーンの在来企業とサスーン一族

マスウーディーイェ社（Sherkat-e Mas'udiye）は，1897年4月／1898年，エスファハーンにて，大規模な商人にしてサッラーフであるハージー＝モハンマド＝ホセイン＝カーゼルーニー（ハージー＝カーカー＝ホセインとして知られている）のイニシアティヴで設立され，外国貿易と金融業務を行っていた(13)（Issawi [55] p. 45, Jamālzāde [60] p. 98, Сеидов [112] p. 93）。

同社の株主目録の前文に以下のように記されている。

「イランにおける外国商業がますます増大・繁栄し，他方，本国〔商業〕が衰退しているので，商人たちによってマスウーディーイェ社が設立された。資本金は10万トマーン（50トマーンずつ2000株に分割，期間は5年）。」

重役会はカーゼルーニーを長に頂く3名からなっていた。エスファハーンの10名の大株主が，1万5000〜2万5000トマーンの株を所有していた。エスファハーン・シーラーズ・ヤズドなどの，他の株主が総額1万5000トマーンの資本を投下した。

同社は，下記のように国内外の諸都市に代表者を有していた（Сеидов [112] p. 93）。

- タブリーズ……エッテハーディーイェ社の長であるハージー＝ロトフ＝アリー

- テヘラーンとシーラーズ……マムレキャテ＝ファールス社の長であるハージー＝アブドッラフマーン＝シーラーズィー
- ブーシェフル……地域的商業会社の長であるアーカー＝モハンマド＝シャフィー＝カーゼルーニー
- ヤズドとホラーサーンとカズヴィーンとカーシャーン……主としてエスファハーンの大規模商人
- ボンベイ……エスファハーン出身の大規模商人
- ロンドンと香港……デーヴィッド＝サスーン商会（компания 《Давид Сасун》）

ここで，デーヴィッド＝サスーン商会の名が出ているのが注目される。

このユダヤ系の一族の名は，インドから中国へのアヘン輸出などで世界経済史上有名であるが（例えば杉原 [121]），そのイランにおける活動についてはあまり知られていないといってよいであろう。

サスーンとイランとの関わりとしてまず挙げられるのは，第2章でみた通り，同家が，帝国銀行と深い関係を有していたという点である。同家は，同行の設立主体の1つであり，取締役会に関係者を送り込んでいた（Jones [63] pp. 26-28）。

帝国銀行と在来企業とは，単純な対抗関係のみにあったわけではない。このことを，このサスーンの事例は明白に示しているといえる。

サスーンとイランとの関わりの第2点は，これも第2章で言及したが，同家とイラン＝アヘンとの関係である。これについては1880年に日本人として初めてイランを訪れた外務省の吉田正春の紀行文に次のような興味深い記述がある。

同家は元々バグダードに居住していたが，オスマン＝トルコ（当時バグダードはオスマン＝トルコ領だった）のユダヤ人追放令によりイランに逃れた。当時イラン南部はイギリス軍の侵略により混乱していたが，サスーンは，この混乱状態にあってはアヘン生産地の地主たちと有利に交渉が進められるとみて，アヘンの青田買いを行った。彼らは，引き続いてインド大反乱（第1次独立戦争，スィパーヒー〔セポイ〕の反乱）の時などにも「同一なる手段にて大いに目的を

達し，ついにインド西部第一の富豪者と称せられ，数十隻の汽船をもってペルシャ及びアラビア地方貿易上の壟断を占め，今日にてはその子の代となりたれど，権力は殆ど旧に倍してペルシャ海湾中の商王となり，人民の尊信を受くる事国王よりも上位にいるを得たり」（吉田［138］22～23ページ〔文庫版35～36ページ〕）。

サスーンがボンベイに移ったのは1830年代のことであった。ボンベイでデーヴィッド＝サスーン商会はイギリスの織物をイランとメソポタミアへと輸出し，その見返りに工芸品を輸入してイギリスへと再輸出することにより，繁栄していた（Jones［63］pp. 26-27）。

同社が身代を築き上げたのは，中国がイギリス商人に対して港を開いた1840年代初期以後のボンベイ＝中国間貿易で先頭に立ったことによってであった。同社はアヘン貿易に大きく関与し，インド＝アヘンを中国へと送る最大の貿易業者となった。1858年に同家のメンバーの1人がロンドンへと移り，まもなくロンドンは同家の経営の中心となるに至った。1864年に創業者が亡くなるや，会社は分裂した。長男のアブドッラー（アルバート）が同社を継ぎ，より精力的な子息イライアス＝デーヴィッドはボンベイで自分の会社をつくった（E. D. サスーン商会〔E. D. Sassoon and Company〕）。

デーヴィッド＝サスーン商会は，ボンベイ＝中国間貿易を主要業務として以後も，イランおよびオスマン＝トルコとのつながりを保っていた[14]。19世紀末までは，同社のスタッフはバグダード・ボンベイ・イランのユダヤ人コミュニティーから雇い入れられた。

アブドッラー（1872年勲爵位，1880年准男爵位）はペルシャ語を話し，1889年7月のシャーのイギリス訪問に際しては接待役の1人に選ばれた。直前に帰国していたイラン駐在イギリス公使は，シャーのイギリス訪問の地ならしのために，そしてまた，当時検討中であった商業上の諸計画への助力を求めて，ロスチャイルド家・サスーン家双方に接触したようである（Jones［63］pp. 27, 130）。

イギリス駐在ロシア公使は，ナサニエル＝ロスチャイルド（Baron Nathaniel Rothschild）から，イランにおけるロイターの事業（すなわち，帝国銀行）に資金を拠出しないとの確約を取り付けていたとみられるが[15]，サスーン家は，これに

魅力を感じていた模様である。アブドッラーは，イランにおける銀行設立を，イランにおける自分の会社の事業を利するものとみた。

　すでに中国において，サスーン家は信頼に足る金融サービスを求めて，香港上海銀行の共同設立者になるという歴史を有していた。アブドッラーの兄弟アーサーは香港上海銀行の初代取締役であり，同行の香港における最初の店舗はデーヴィッド＝サスーン商会から賃借し，のちに購入したものであった。

　デーヴィッド＝サスーン商会はインドと中国で金融業務も行っていたが，香港上海銀行が設立されるや，金融業務の主導権を同行に譲った。イランにおいてもデーヴィッド＝サスーン商会は金融業務を行っていた。アブドッラーはイランについてもインドと中国についてと同様の考えをもっており，インドと中国における香港上海銀行の役割を帝国銀行に担わせたのであった（Jones [63] p. 27）。

　第2章でみた通り，帝国銀行の初代取締役会長ケズィックは，香港上海銀行およびジャーディン＝マセソン商会の取締役会長を務めた人物であった。ケズィックは，香港上海銀行とジャーディン＝マセソン商会双方のチャンネルを通じて，イランにおけるロイターの事業とつながりを有していた。(16) 香港上海銀行とサスーンとの緊密な関係については上に記した通りであるし，また，ジャーディン＝マセソン商会は，マセソン一族のヒュー＝マセソン（Hugh Mackay Matheson）が1872年にロイターからイランにおける事業への出資を働きかけられて以来，ロイターの事業に関心をもちつづけていた（Jones [63] pp. 11-12, 28）。

　以上で，サスーンとイランとが強い結びつきをもっていたことを明らかにすることができたと思うが，この結びつきの具体的内容までは究明することはできなかった。すなわち，帝国銀行を通じてのサスーンとイランとの関係にしても，強い結びつきであることは分かるものの，帝国銀行を通じてサスーンがどういう利益を得ていたのかといった点が分からない限りは，それはいわば間接的な関係とでもいうべきものである。また，イラン＝アヘンについても，取引額や流通ルートといった詳細は不明である。こうした点については，サスーンとイランとの結節点そのものともいうべき，サスーンとイランの商人や地主と

の関係のなかにその解明の鍵が見いだせるものと思われる。この議論の出発点であるサスーンとマスウーディーイェ社との関係がまさにそうであるが，この点について管見の限り最も詳しい史料（イランの名士録）があるので，以下に引用する。

「ハージー＝ミールザー＝マフムード＝カーゼルーニー：

シーラーズ最大の商人。サスーン商会（Sassoon & Co.）のエージェント。種々の商品を扱う」（FO 881 / 7028, p. 84）。

「ハージー＝アーカー＝モハンマド＝マレコットッジャール：

資産40万トマーン。エスファハーンにおいて，他を断然引き離して最も富裕にして最も有力な商人であり，多くの商売上の争いを解決している。広大な土地を所有。主に反物・砂糖・アヘンをロンドン・ボンベイ・中国と直接，取引している。主にロンドン・ボンベイ・中国のデーヴィッド＝サスーン商会と取引している。80歳ぐらいで，たいへん強欲である」（FO 881 / 7028, p. 90）。

「ハージー＝モハンマド＝ハサン＝ヤズディー：

あるペシャワール商人のマシュハドにおけるエージェント。彼は主要な運送業者であり，インド・ブハラ間の商品は一般に彼に向けて送られる。彼は，ボンベイのデーヴィッド＝サスーン商会のマシュハドにおけるエージェントでもある。50歳」（FO 881 / 7028, p. 102）。

サスーンはシーラーズ・エスファハーン・マシュハドという当時のイランの主要貿易都市のいくつかにエージェントを置いていたのであり，しかも，シーラーズ・エスファハーンのエージェントは，その都市における最有力の商人なのであった。

⑪　エスラーミーイェ社：エスファハーンの在来企業と立憲革命

1316年シャッヴァール月26日（木曜日）／1899年／1900～01年，すなわちマスウーディーイェ社の設立とほぼ同じ頃，同じエスファハーンにて，エスラーミーイェ社（Sherkat-e Eslāmiye）が設立された（Bayat [20] p. 78, Jamālzāde [60] p. 98, Сеидов [112] p. 93）。

設立に主導的役割を果たしたのは同市の有力ウラマーであるジャマーロッデ

ィーン＝ヴァーエズとマスウーディーイェ社の設立者ハージー＝モハンマド＝ホセイン＝カーゼルーニーであった。[18] 後者は，ナジャフの主導的モジュタヘド（高位のウラマー）たちから同社への支持を取り付けた（Bayat [21] p.50）。

設立の目的は，国内商業を発展させることや国産の織物を広く行き渡らせることであった。工場の設立や舗装道路・鉄道の建設も企図していた。同社の規約には，「当社は外国商品の取引を自ら完全に禁ずるものである」とあり，また，同社の関係者は全員「規定により，自らの服として国産の織物・商品を用いなければならない」とされた（Ashraf [8] p.101, Jamālzāde [60] p.98）。

資本金は15万トマーン（額面10トマーン×1万5000株）で，主にエスファハーンの主導的ウラマーがこれに出資した。最初の2年間で3000株をハージー＝モハンマド＝ホセイン＝カーゼルーニーが取得した。株主のなかにはエスファハーン州知事ゼッロッソルターンやモジュタヘドのアーカー＝ナジャフィーの名[19]がみえる。彼らは同社の庇護者でもあった。ゼッロッソルターンは同社を「公的に（officially）」支援していた（Bayat [21] pp.50, 63, Floor [40] p.128, Сеидов [112] pp.93-94）。

社長にはハージー＝モハンマド＝ホセイン＝カーゼルーニーが就き，エスファハーン本部の代表者として4名のエスファハーン商人が選ばれた（Ashraf [8] p.101, Jamālzāde [60] p.98）。[20]

同社は国内の各州都とナジャフに支店を有していた（Floor [40] p.128）。[21]

エスファハーン支店の長にはハージー＝ミールザー＝アサドッラー＝ナクシーネが，[22] テヘラーン支店の長には，かのアミーノザルブ（2世，後述）が選ばれた。テヘラーンにおける会議の代表者は，ハージー＝ミールザー＝ハビーボッラー＝カーシャーニー・ハージー＝モハンマド＝タキー＝シャーフルーディー・ハージー＝モハンマド＝アリー＝カーシャーニー・ハージー＝ミールザー＝アリー＝エスファハーニーであった。この内，ハージー＝モハンマド＝アリー＝カーシャーニーはアミーノッザルブ（1世）の娘の夫であり，アミーノッザルブが造幣を請け負っていた際には，大量の銀地金を輸入していた（Ashraf [8] p.101, FO 881/7028, pp.64-67）。

同社は，設立当初，18の都市に代表者を任じたが，これは，商人たちがいか

第 4 章　英露の金融と在来企業家層の生成

に同社のことを支持していたかの証左であるといえる。ブーシェフル・シーラーズ・コミーシェ・ケルマーン・ヤズド・マシュハド・セムナーン・テヘラーン・コム・カーシャーン・ソルターナーバード・ラシュト・カズヴィーン・バールフォルーシュ・アシュラフ・タブリーズ・ハマダーン・サナンダジに代理店を有していた。[23][24]

アルデスターンには織物工場があり，「エスラーミーイェの織物」として知られたいへん上質の織物がつくられたが，生産高は非常に少なかった。また，紡績工場を建てる計画もあった（Ashraf [8] pp. 101-102）。

エスファハーンにおける織物の大売出しの際には広く広告がなされた（*Habl al-Matin*, September 24, 1900, pp. 10-12）。受注は，エスファハーンにおいてもテヘラーンにおいても行われた（同紙, June 30, 1902, pp. 7-8）。

モハッラム月1日からゾルヘッジェ月末日まで（1900年5月1日から1901年4月20日まで）の1カ年の同社の貸借対照表によれば，同社はエスファハーン内外での織物の商業業務に，そしてまた株の販売にも従事していた。手形の販売からの収入はわずかな額であった。

同社の株式と織物はイランのみならずバクーにおいても人気を博した。そして，『ハブロルマティーン』の報ずるところによれば，バクーにおける同社の代表者アーカー＝ミールザー＝アブドルモハンマドの店は商品を買い求める人々で溢れていた。なお，バクーにおける同社の代表者は，1900年の時点で当地の有名な商人であるハージー＝ゼイノルアーベディーン＝タギエフであった。

エスラーミーイェ社の新規約（1902年）に，同社の目的を明らかにする興味深い材料が含まれている（Сеидов [112] pp. 94-95）。

まず，エスラーミーイェ社は株主をイラン国籍の者に限定しなかった。そして，なんぴとも，同社の株を任意の数量，取得する権利を有する，とある。ただし外国人株主はイスラーム教徒に限定された（「エスラーミーイェ」とはイスラームに関係する語）。また，同社の目的として外国の機械設備その他の加工用機材への従属からの脱出ということが掲げられ，そのために，若者たちが，採鉱・金属鍛造・機関車製造などを学ぶために国外に派遣された。この点は，同

社が生産部面，しかも重工業部面を志向していたことを示すものであり，注目に値する。

同社はスタートは順調であったものの「取締役たち」の着服によって破綻した（Floor [40] p.128）。

同社に関して注目されるのは，同社のイスラームおよび立憲革命との関係である。同社の設立にあたっては，前述のアーカー＝ナジャフィーら，エスファハーンの著名なウラマーたちが全面的にこれを支持した（Ashraf [8] p.101）。設立に主導的役割を果たした前述のジャマーロッディーン＝ヴァーエズは，マレコルモタキャッレミーンとともに立憲革命期，民衆に立憲制の意味を説いた代表的説教僧であった（Bayat [21] p.50, Dadkhah [28] p.547, 加賀谷 [64] 209ページ，嶋本 [115] 49～51, 58～65ページ）。

この両名は，立憲革命前夜に組織された政治的な秘密組織（ペルシャ語でアンジョマンという）のなかで最も有名なものの1つであるアンジョマネ＝エスラーミーの設立者であった。ロシア革命期のソヴィエトにこれをなぞらえる論者もいるが，イランではすでに19世紀後半にはこのような組織が存在した。これらは，改革派の知識人・官僚・商人・ウラマーが自分たちの考えをまとめ上げ流布するためにつくったものであり，秘密組織であることもあった（有名なのがミールザー＝マルコム＝ハーンのファラームーシュ＝ハーネ）。19世紀から20世紀への変わり目，文化活動を行う組織（これにも Bayat [21] はアンジョマンという語を用いている）がたいへん多く生まれた。最も有名なのが，1315年，西暦の1897年に宰相アミーノッドウレの後援でテヘラーンにつくられたアンジョマネ＝マアーレフである。メンバーのなかには，アミーノッザルブとその子息ハージー＝モハンマド＝ホセイン＝マフダヴィー（アミーノッザルブ2世，**図4-4**）もいた。アンジョマネ＝マアーレフは学校と図書館をつくった。また，翻訳出版所や印刷所を開こうとした。

このような文化活動を行うアンジョマンに関わった人たちとは異なる人たちが，立憲革命前夜，政治的により積極的な秘密組織を結成した。それらのなかで最もよく知られたものがアンジョマネ＝エスラーミーとアンジョマネ＝マフフィーである。両者の設立者たちは，立憲革命の初めの局面を切り開いたセイ

第 4 章　英露の金融と在来企業家層の生成

図 4-4　アミーノッザルブ 2 世

（出所）　Mahdavi [77] p. 162.

エド＝モハンマド＝タバータバーイーとセイエド＝アブドッラー＝ベフバハーニーとの同盟関係を築き上げるのに主導的な役割を果たした。ジャマーロッディーン＝ヴァーエズとマレコルモタキャッレミーンは，シェイフ＝アフマド＝マジドルエスラーム＝ケルマーニーらとともに1880年代後半，エスファハーンでアンジョマン（これがアンジョマネ＝エスラーミーのことかどうかは Bayat [21] には明記されていない）を設立し，近代式教育を行う学校をつくったが，異端のかどでエスファハーンから追放された（追放されたのは全員ではない）。1900年頃にエスファハーンに戻ると，ジャマーロッディーン＝ヴァーエズとマレコルモタキャッレミーンとシェイフ＝アフマド＝マジドルエスラーム＝ケルマーニーは『ローヤーイェ＝サーデケ』なる反ウラマーの激烈な論争の書を共同で著した（Bayat [21] pp. 77-78）。

ジャマーロッディーン=ヴァーエズは，1903年あるいは翌年，テヘラーンに移り，同市の中心的モスクであるマスジェデ=シャー専属の説教僧となった。彼の説教は，イスラームの倫理についてのものから次第に専制批判へと進んでいき，ついにはそれはシャーへの直接的攻撃へと及んだ。立憲革命の幕がまさに切って落とされた時であった（加賀谷[64] 210~211ページ）。

⑫　ナーセリー社：ペルシャ湾海運と在来企業（その１）

イラン商人たちの会社設立の動きは海運の分野にまで及んだ。19世紀末以降，イラン南部やボンベイで，いくつかの航行会社が設立された。個別企業の設立の経緯については不明な点が多いが，全体的には，ペルシャ湾貿易の活況が背景にあったと考えてよいであろう。

19世紀末／ナーセロッディーン=シャー治世期，シーラーズとブーシェフルの大規模商人のグループが航行会社ナーセリー社（Sherkat-e Nāseri）を設立した。1912年までに，同社はすでに18隻を所有していた。それらは，ブーシェフルとアラビア西部の港ジッダとの間を定期便として運航し，特に巡礼の時には多くの旅客を運んだ。

船はイギリスの旗を掲げて航行し，船長も大半はイギリス人であった（若干の船長はインド人）。イラン人は，船上では書記・通訳としてしか働いていなかった（Jamālzāde [60] p. 99, Сеидов [112] p. 96）。

⑬　ボンベイ=アンド=ペルシャ=スティーム=ナヴィゲーション社：ペルシャ湾海運と在来企業（その２）

ボンベイ=アンド=ペルシャ=スティーム=ナヴィゲーション（Bombay and Persia Steam Navigation）社も同じ頃，イラン南部で商人たちによって設立された。その船はイギリス領インドの旗を掲げて，インドとペルシャ湾岸諸港との間の貨客便を運航していた（Сеидов [112] p. 96）。

⑭　シューシュタリー社：ペルシャ湾海運と在来企業（その３）

第一次世界大戦中，ボンベイにおいて，ハージー=ソルターン=アリー=サーヘブ=シューシュタリーと彼の仲間がシューシュタリー社（Kompāni-ye Kashtirāni-ye Shushtarihā, судоходная компания《Шуштери》）を設立した。同社は，1917年頃，３隻の大きな船を所有していた。しかも，その内１隻だけで

も値段は70万ルピー（約30万トマーン）であった。比較のための数値を掲げておけば，同社の事務所の土地の取得に要したのは，20万ルピー（8万5000トマーン）であった（Jamālzāde [60] p. 99, Сеидов [112] p. 96）。

第2節　在来企業と外国銀行

（1）　両外国銀行の提携と競争の関係

　このように，19世紀末以来，在来企業がかつてない規模で活動を展開したわけであるが，彼らは，この国の金融において，あるいは経済全般において，主導的役割を果たしてはいなかった。預金についても貸付についても，帝国銀行と割引貸付銀行とがシェアーの大半を占めていた（Issawi [55] p. 46, Сеидов [112] pp. 96-97）。

　以下，在来企業と帝国銀行および割引貸付銀行との金融的関係について具体的にみていくことにしよう。

　これについてはすでに折に触れて言及したが，ここでは，まず両外国銀行の提携と競争の関係について，次いで外国銀行支配下の金融市場に在来企業が組み込まれていく過程について，さらには在来企業家層の生成の理由について簡単にまとめることにする。

　まず，その関係がどれほどの規模のものであったかについては，下記の事実が興味深い。

　すなわち，有力な商人にしてサッラーフであったアミーノッザルブ2世は帝国銀行に対して，30万3000トマーン（1908年9月まで），割引貸付銀行に対して，190万7000トマーンの債務を有していた（Сеидов [112] p. 97）。[27]

　ここで，帝国銀行に対する負債より割引貸付銀行に対する負債の方がかなり大きいわけであるが，これに関して，この人物と割引貸付銀行との強いつながりを示す史料を以下に掲げておこう。

　「ハージー=ホセイン=アーカー〔アミーノッザルブ2世〕は銀行業務を隆盛裡に展開し，ロシアの割引銀行を通じて商品を輸出入しており，[28]かなりの土地・家屋に投資し，テヘランの電灯化に着手した」（FO 881 / 8777X, p.

7)。

　また，その10年前，割引貸付銀行は，アミーノッザルブが帝国銀行宛に振り出した50万ルーブルの手形について，イラン政府に保証を行った。

　ホラーサーンの大規模な商人にしてサッラーフであるハージー＝モハンマド＝ハサン＝モアーヴェノットッジャールは，最初は帝国銀行と，次いで割引貸付銀行とかなりの額の取引を有していた。1910年9月までに，彼の割引貸付銀行への負債は69万2420ケラーンであった。

　1901年までにおける前述のアラクスの割引貸付銀行に対する債務は6000トマーンであった。

　割引貸付銀行は巨額の資金を，イギリスの勢力，特に帝国銀行との競争に費やした（Сеидов [112] p. 97）。

　割引貸付銀行は，貴族・商人・ウラマーなどに対して巨額の貸付を行った。しかも，しかるべき保証なしに，である（Jamālzāde [60] p. 104）。また，同行は，顧客の返済能力を審査せずに巨額を貸し与えた。1906年に同行が貸付金の返済請求をした際，顧客の大多数は支払不能状態にあり，イギリス公使館とトルコ大使館に身を隠した。同行の主要資本のほぼ4分の1を手中に掌握していたアミーノッザルブ2世も，自らの支払不能を言い立てた。

　1904年にロシア大蔵省が同行の資金の検査をした際，資本3000万ルーブルの内，同行の金庫に残っているのは300万ルーブルであることが判明した。残りの資本は，貴族・商人・ウラマーなどの手に，彼らの返済不能のゆえの期限切れ手形として分散していた。テヘラーンだけで住民の同行への負債は1600万ルーブルに及んだ。(Jamālzāde [60] p. 104, Сеидов [112] pp. 97-98)。

　イランにおけるロシア政府の政策の積極的な導体であった割引貸付銀行は，自らの資本の損失を伴って広範な人々（大部分は商人）に資金を融通し，このことによってイラン市場へのロシア商品の浸透を促進した。

　1908年頃の同行ラシュト支店の，繭に関する貸付189万5711ケラーンの内，3分の2以上はイラン国籍の者に向けてのものであった。

　貸付利率は，規約により12～18パーセントに定められた。しかしながら，実際は，イギリス勢力との競争を目的としてそれよりかなり低かった。すなわち，

年5パーセント，2年5.5パーセント，3年6パーセントであった（Bānk-e Melli-ye Irān [15] p.45, [16] p.39, Сеидов [112] p.100）。

割引貸付銀行は，自らの貿易活動を基本的にロシア・東ヨーロッパ諸国との商業に限定しつつ，北部の商業中心地（タブリーズとマシュハド）のサッラーフ（ロシアとの商業に従事していた）と競争した（Сеидов [112] p.100）。

さらに，帝国銀行がイラン全土で活動を展開していたのに対して，同行は，その活動を基本的に北部に限定した（Bānk-e Melli-ye Irān [15] p.46, [16] p.39）。

（2） 外国銀行支配下の金融市場に組み込まれた在来企業

帝国銀行は，最初は15パーセント以上の貸付利率で，次いで12パーセントほどで，期限を考慮に入れずに貸付を行った（Bānk-e Melli-ye Irān [15] p.41, [16] p.37）。サッラーフと密接に結びつきつつ，同行は，その先行者たる新オリエンタル銀行のように，この方向において，かなり首尾よく活動を展開していた（Сеидов [112] p.98）。

新オリエンタル銀行は，当初よりサッラーフの競争に遭遇した。激しい競争という条件下，サッラーフは地域の現実や習慣に精通しているという点で勝っていた。住民の多くは伝統に忠実で，したがって外国銀行よりもサッラーフと取引するほうを好んだ。

外国銀行に対抗するためサッラーフたちは同盟を結んだ（Bānk-e Melli-ye Irān [15] p.31, [16] p.28, Сеидов [112] p.98）。

特に，タブリーズにおけるサッラーフたちの同盟は同行の業務にかなりの困難をもたらした（Bānk-e Melli-ye Irān [15] p.31）。「そのわずか2年後に設立された帝国銀行は，その金融的・政治的な力によって，地域的サッラーフに対抗しそれらを自らの影響下に置くことができた」。

また，帝国銀行は，サッラーフによる小切手の振り出しをやめさせるよう，イギリス公使を通じてイラン政府へ圧力を加えた。

同行は，為替レート決定の独占権を利用し，独力でそれを高くしたり低くしたりして貿易に従事していたサッラーフを自らの利害のもとに置いた。

このようにして，イランの多くのサッラーフは金融業務を中止することを余儀なくされた。
　1893年に次のようなことがあった。イランのサッラーフは為替レートの上昇を期待し，それを折り込み済みで業務を行っていた。しかし，帝国銀行が，約束された貸付をイラン政府に供与することを断ったがゆえに，しかも以前の貸付の返済を請求したがゆえに，為替レートは一気に急激に下落した。このことはサッラーフたちにかなりの損害をもたらした(30)（Bānk-e Melli-ye Irān [15] p. 42, [16] p. 37, Сеидов [112] p. 99）。
　その後，帝国銀行はその活動を強化し，サッラーフとの競争に打ち勝つのに成功し，前述の通りそれらを破産へと導いた（Сеидов [112] pp. 99-100）。

（3）　在来企業家層の生成と世界経済
　以上みてきたように，「1880年代に，最初の民族的にして統合された商人資本投下（merchant capital investment）が出現した。彼らは大規模な国内商業・外国貿易に従事していた。この時期，イランにおける外国資本の支配を制限しようとする最初の試みが，生成しつつあった民族ブルジョワジーによってなされた」（Issawi [55] p. 45）のであった。
　なぜ「最初の民族的にして統合された商人資本投下が出現した」のか，その理由が知りたいわけであるが，これについては，下記の諸見解がある。
　まず，Issawi [55] では，それは「統一的国内市場の形成がこの国の経済発展と世界資本主義市場のシステムへのイランの組み込みをもたらしたこと」であるとされ，統一的国内市場の形成を促進したのは，「客観的諸条件」であり，この国内市場形成過程を，「農民の窮乏，小生産者の没落，地方における市場と貨幣的諸関係の発展，そして，諸地域の特殊化が引き立たせた」となっている（p. 44）。
　また，これと広い意味で同じ趣旨といってよいと思われる次のような見解もある。
　すなわち，イランの世界経済への組み込みがこの国の市場経済化をもたらし，農業のコマーシャライゼイション，運輸通信の改善，新たな小規模工業の出現

が国民所得，税収，都市の所得水準を押し上げた結果生まれたとする見解である。

同じ論考に次のような見解も述べられている。

「『大規模商人』のグループが13世紀，すなわち〔西暦の〕19世紀末の新たな商機を捉えてかなりの商人資本・金融資本を，国際貿易を通じて蓄積した。外国語を学んだ者，広く〔外国〕旅行する者，外国に代理店を設置する者，株式会社のような近代的商業の用具を採用しはじめる者もあった。〔中略〕この国家の慢性的現金不足と1308〜09年，すなわち〔西暦の〕1891〜92年のタバコ反乱〔タバコ＝ボイコット運動〕後のその弱体ぶりが商人の政治的影響力の増大をもたらした」（Ashraf and Banuazizi［9］p. 673）。

さらに，イランに設立された外国銀行・外国商会が，イランの商人・サッラーフにとっての「手本」となり，それらとの競争がイランの商人・サッラーフに刺激を与えた（Сеидов［112］pp. 78-79）という指摘もある。

第3節　経営史的・金融史的研究に向けて

これらの見解はそれぞれもっともではあるが，十分な説得力を有しているようには思われない。

その理由は，1つには，これらの説明を導き出すに至った筋道が詳細に示されていないことにあると思われる。例えば，貿易を通じての資本蓄積というが，それはどのような品目のどのような業務からのどれほどの利益であったのかが具体的かつ体系的に示されているわけではないのである。換言すれば，個別企業の企業史的・経営史的分析を踏まえた上での考察が欠落しているということである。本章でも，史料的制約によりこうした重要問題に答えを出すに至らないものとなってしまった。これについては今後の課題としたい。

さらに，本章でこれまでみてきたことから，在来企業の生成を説明する要因の1つとして，外国銀行による信用供与を挙げることができると筆者は考えるが，上記諸見解にはこの点は触れられていない。確かに，在来企業のなかには，外国銀行の設立の前に設立されたものもあるので，したがって，そのような企

業については，これは（存立・発展の説明要因とはなりえても，設立そのものの）説明要因とはならない。だが，在来企業のほとんどすべては，外国銀行の設立後に設立されている。そして，以上でみた通り，在来企業と外国銀行との間には，対抗関係という側面・局面もあったが，後者から前者へ，貸付や割引といった形での大規模な信用供与が行われていたのである。この点を軽視して在来企業の生成を，そして当時のイラン経済史を語ることは決してできない。

イランの在来企業は，英露との経済的諸関係のなかで，経済の世界的な広がりのなかで生成したのであった。

注
（1） これまで邦語で書かれた研究ではこの問題はほとんど取り上げられていない。最も詳しく論じている岩井 [58] にしても，在来企業の設立者や業務内容といった具体的情報には，数ページしか紙幅が割かれていない。

なお，本章脱稿後 Seyf [114] の存在を知った。表題からは本章と同じような問題を，本章と同じように網羅的に取り上げた論考であるかのような印象を受けるが，そうではなく，1864年のタブリーズにおけるあるギリシャ系商会と地元商人たちとの係争を取り扱ったものである。したがって，本章よりもむしろ第 1 章に直接関係するものであるといえる。いずれにしても，一読した限りでは，本章および第 1 章の論旨を変える必要性は感じなかった。

（2） 史料間に異同があって，いずれが正しいかを確定できない場合は，スラッシュを使ってこのように示すこととする（ただし，煩雑さを避けるため，初出の場合に限る）。

年月日を示すのに，史料によって，西暦を使っているものもあればそれ以外の暦を使っているものもある。これは，「異同」という言葉が指し示す問題とは性格を異にするが，同様に処理した（年月日に異同がある場合もある）。

また，例えば，ヒジュラ太陰暦1322年は西暦1904年 3 月18日に始まり1905年 3 月 7 日に終わるが，この 1 年を西暦で示す場合は波形ではなくハイフンを使って「1904-05年」と表記する。

社名は，史料・研究文献によってまちまちである場合が多いが，それらをすべて原語表記することは，煩雑さを避けるために，しなかった。

（3） 設立年は，西暦表記のもののみを取っても，本文で挙げたもの以外に，1888年，1897年と諸説あるが，ここではハージー＝ロトフ＝アリーの子孫で自身イラン史研究者であるエッテハーディーイェ＝ネザームマーフィーの著述に基本的に従うこととする。

なお，Ettehadiye Nezammafi [33] と Ettehadiye Nezammafi [34] とでは設立年が異なっているが，ここではより新しい後者を採ることとする。その他，両論考にはロトフ＝アリーの同社辞職年など，若干の異同がみられるが，同様に処理した。

（4） Floor [40] p.128では，これと似た名称のオムーミーという会社が 2 つ挙げられ（1889年にテヘラーンにて設立されたものと，ケルマーンに存在したもの），どちらもオムーミーイェ＝

第 4 章　英露の金融と在来企業家層の生成

アムテエイェ゠イーラーン社とは別のものであるとのことである。
（5）このことをセイドフは次のように表現している。
　「このように，同社の規約においては，国民経済を外国資本の侵害の企てから守ることと生成しつつあったブルジョアジーの基盤を守ることへと方向づけられた傾向が，顕著に示されているのである」（Сеидов [112] p. 82）。
（6）セイドフは破綻の原因の 1 つとして，買弁路線と民族主義路線とのイデオロギー的対立があったのではないかと推測している（Сеидов [112] p. 83）。
（7）Floor [40] p. 126 では，同社は元々は帝国銀行の活動を妨害することを目的として設立されたが，まもなく商業のみにエネルギーを向けた，とある。また主として反物と砂糖を扱っていたとのことである。
（8）ジャムシーディヤーン社は，その設立の際，ジャハーニヤーン社（後述）と同様，公式には「テジャーラトハーネ」すなわち「商会」という名称を有していたが，のちに，「銀行」に形態を変えた（Сеидов [112] p. 85）。
（9）Bānk-e Melli-ye Irān [16] p. 43 では単位がケラーンではなくトマーンとなっている。
（10）FO 881 / 7028, p. 84 では，同社の社長ホスロー゠シャー゠ジャハーンについては，次のように記されている。
　「シーラーズのパールスィー〔ゾロアスター教徒〕商人。非常に尊敬に値する人物である。ディクソン商会（Dixon & Co.）を通じてマンチェスター商品を輸入している。」
　ここで，なぜ，「ヤズドの」ではなく「シーラーズの」となっているのかは不明である。また，業務内容は同社全体にわたるものではなく，シーラーズ支店のみのものであるのではないかと思われる。
（11）別の史料では，預金の種類は記されていないが，月当たり 1 パーセントとなっている（FO 881 / 7028, p. 67）。
（12）前述の，エッテハーディーイェ社と Дж. カステッリとがつくった合弁会社と同一のものかどうかは明らかではない。
（13）彼以外に下記の人物が設立に加わっていた（Ashraf [8] p. 77）。
　ハージー゠アーカー゠モハンマド゠カズヴィーニー・アーカー゠モハンマド゠サーデク゠カズヴィーニー・サッラーフ・ハージー゠モハンマド゠アリー・タブリーズィー・ハージー゠モハンマド゠マフディー・セムサール・ハージー゠モハンマド゠サーレフ゠アラブ
（14）1935 年 3 月にブーシェフルを訪れた大阪商船株式会社のボンベイ支店員は，ブーシェフルの「主要商社」の 1 つとしてサスーン（M. H. Sassoon）の名を挙げている（大阪商船株式会社 [106]，54～55 ページ）。
　ペルシャ湾岸を中心に活動していたイースタン銀行（Eastern Bank）を設立したのは E. D. サスーン商会であった。第一次世界大戦中，メソポタミアのイギリス軍は，帝国銀行ではなく，この銀行を主要取引銀行に指定した。これは，帝国銀行がこの地域にイランの通貨を導入してインドの通貨を脅かすのではないかとイギリスが恐れたためであった。イースタン銀行は，戦後は当地のイギリス行政の，さらに独立後のイラク政府の勘定を扱った（Jones [63] p. 248）。同行は「湾岸の小さな諸国の支配者の多くの主要取引銀行であった」（European Association for Banking History E. V. [35] p. 1258）。

同行を取り扱った研究として，Wilson [134] がある。
(15) この確約がいつのことかは明らかではないが，文脈から判断して，帝国銀行設立（1889年1月30日設立利権書調印，同年9月2日イギリス王室特許状獲得）の前後のことであろう（Jones [63] p. 25）。
(16) ケズィックは，ジャーディン=マセソン商会の社員として，1859年の横浜開港と同時に横浜に入り「英一番館」として知られることになる同社横浜支店を建てた人物である。伊藤博文や井上馨らのイギリス渡航を援助したことでも知られている（Jardine, Matheson & Co. (Japan), Ltd. [61] 14〜17ページ）。
(17) 1316年シャッヴァール月26日，木曜日は開店の日付。規約の日付は同年ズィーカーデ月（Jamālzāde [60] p. 98）。
(18) マスウーディーイェ社の設立者たちが設立したとするものもある（Issawi [55] p. 45）。ただし，同書では，ハージー=モハンマド=ホセイン=カーゼルーニー以外の設立者の名は挙げられていない。なお，同書の典拠として示されている史料の内には筆者が閲覧することができなかったものもあるということを付け加えておく。Ashraf [8] と Jamālzāde [60] には，筆者が調べた限りでは，両社に共通するハージー=モハンマド=ホセイン=カーゼルーニー以外の人名はみあたらなかった。
(19) アーカー=ナジャフィーについては Hairi [48] および岡﨑 [102] を見よ。
(20) ハージー=ミールザー=モハンマド=メシュキー・ハージー=モハンマド=ジャアファル・ハージー=ミールザー=アサドッラー=ナクシーネ・ハージー=ミールザー=カーゼム=メスカーリー
なお，ハージー=ミールザー=モハンマド=メシュキーはアヘンと反物を商い，エジプトへ絨毯を輸出していた。資産は3万トマーンで，イギリスの保護下にあった（FO 881/7028, p. 91）。
(21) なお，ブーシェフルに支店があり，イラン内外に代理店があったとするものもある（Сеидов [112] p. 93）。
(22) エスファハーンに本部以外に支店があったということなのであろうか。あるいは，単に，管理部門に対する営業部門としての店舗というほどの意味で使われているのかもしれない。
(23) "QMShH" となっているが，"QMYShH" すなわちコミーシェのことと判断した。
(24) 原語は "namāyande"。テヘラーンには前出の支店以外に代理店があったということか。なお下に述べるように，バクーに代表者がいた。
(25) 先述の「エスファハーン本部の代表者」のことか，「テヘラーンにおける会議の代表者」のことか，その両方なのか，あるいはどちらでもないのか，不明である。
(26) 「ヴァーエズ」とは「説教僧」という意味の普通名詞である。
(27) Enayat [30] p. 953では，1908年末頃に破産を宣告され，帳簿を調査した結果，帝国銀行に対して約8万ポンド，割引貸付銀行に対して（約）50万ポンドの負債があることが判明した，となっている。
Issawi [55] pp. 47-48では，彼の資産は2500万トマーン，割引貸付銀行への負債は約500万ルーブル，となっている。
(28) 前章でみた通り割引貸付銀行は金融業務のみならず輸出入業務をも行っていた。

(29) いわゆる「イラン人」と「イラン国籍の者」とは必ずしも一致しない。ただしこの場合，そもそも「イラン人」とは何か，が問題となるのであるが。この点については八尾師 [47] 81～127ページを参照のこと。

(30) Bānk-e Mellī-ye Irān [15] p. 42および [16] p. 37では「下落」ではなく「上昇」となっている。

(31) 外国銀行が設立される前にも，外国の商会やマーチャントバンカーはイランに進出しており，在来企業が，これらから信用を供与されていた可能性は十分考えられる。例えば，前述の通り，デーヴィッド＝サスーン商会はイランにおいて金融業務（在来企業に対する信用供与を行っていたかどうかは明記されていないが）も行っていた。また，第1章で指摘した通り，アミーノッザルブの金融業務は，イギリス＝ギリシャ系マーチャントバンカーであるラリ商会との緊密な関係のなかで発展していった。

(32) セイドフは，外国銀行と在来企業（彼は「民族資本」という表現を使っている）との関係を，次のように総括している。

「これらの銀行の活動は二重の性格を有していた。すなわち，一面においては，銀行は地域的な商業資本・貨幣資本の集中に，そして，サッラーフと商人との同盟に刺激を与えたが，他面においては，ほかならぬ英露金融資本が，このかまどの火を消したのであった。このような二重性は，総じて，低開発国における外国資本（特に当該期，すなわち，その東洋への積極的な進出の時期における）に備わっていた本性であった」（Сеидов [112] p. 101）。

「このように，ペルシャ帝国銀行とペルシャ割引貸付銀行の活動は，イランの商業ブルジョアジーの経済的基礎を掘り崩しつつ，その形成過程を鍛造したのであった」（Сеидов [112] p. 102）。

このような点については Nowshirvani [97] p. 569にも言及されている。

第5章
イラン立憲革命と国民銀行設立問題

本章の課題

　20世紀初頭，イランにおいてイラン立憲革命（以下，「立憲革命」）と呼ばれる民族主義運動が成就した。これにより，イラン史上初めて，憲法が制定され国民議会が開設された。この歴史的な国民議会の冒頭で審議されたものの1つとして国民銀行設立の問題がある。この問題は，立憲革命というイラン近代史のハイライトとでもいうべき出来事を構成する重要な要素の1つであり，また，イランにおける「民族資本」形成や外国との貨幣的・金融的諸関係などを考える上で非常に重要な問題である。

　ところが，これまで本邦においてこれを主題として論じた本格的研究は皆無である。目を海外に転ずれば，帝政ロシアの公文書を利用したもの（Сеидов [112]）や利権の詔勅を収録したもの（Bānk-e Melli-ye Irān [15], [16]）など，かなり詳しくこの問題に言及しているものもあるが，まだ研究はきわめて手薄であるといえる。

　そこで本章では，これら先行研究に学びつつ，ペルシャ語新聞などの同時代史料（それらのなかには先行研究が用いていないものもある）を用いて，この問題に接近していくことにしたい。

第1節　立憲革命と商人

（1）　商人とウラマーの革命

　イラン史を画する重要な出来事であるこの革命は，商人とウラマーの主導に

よって展開していった。概括的には，商人が資金面を支えウラマーがイデオロギー面でこれを先導していった，ということができる。以下，この革命の経緯を具体的にみていくことにしよう。

(2)　前史：1890年頃からの状況

　前述の通り1890年代，イラン政府は財政危機に陥り，外国からの借款に頼ることを余儀なくされた。このような状況のなか，ヒジュラ太陰暦1315年（1897-98年），宰相アミーノッドウレが財政改革に着手した。

　彼は，イランに最も求められているのは財政改革と近代的教育の導入だとみていた。宰相就任時，財政資金は底をつき，官吏および軍の俸給は数カ月にわたって支払われていないという状態であった。外国からの借款しか残された道はなかった。彼は，借款を英露以外の国から得ることを望み，パリで秘密裡に交渉を行った。だが，これは英露両国の知るところとなり，両国はイラン政府のこの試みを打ち砕いた。そこでアミーノッドウレは，仕方なく，帝国銀行にまず40万ポンド，次いで25万ポンドの借款を求めた。同行は担保としてブーシェフルとケルマーンシャーの関税を要求し，5万ポンドしか貸し出さなかった。彼の改革は，政府支出や賃金などの分配へのより直接的な支配をもたらすに違いないものであったために，官吏たちを離反させることとなった。彼は，シャーの支出に制限を加えようとさえした。

　近代的教育の導入を彼が支持していたことは，ウラマーたちの憎しみを集めた。彼は，国事へのウラマーの日常的な干渉をやめさせようとした。(Farmayan [36] p. 944)

　ベルギーからナウスら3名の官吏を招いて（1898年3月15日テヘラーン着）の税関改革は成果を上げ，関税収入は6年ほどで3倍に増えた。

　この税関改革は，関税が借款の抵当とされていたことから，貸し手としての英露の利益とも合致していた（Destrée [29] p. 124, Farmayan [36] p. 943, Martin [79] p. 176）。

　バーザール商人たちはベルギー人官吏たちをロシア寄りとみていた（Amanat [4] p. 167）。ベルギー人官吏は関税行政をより厳格に執行した。これ

第 5 章　イラン立憲革命と国民銀行設立問題

図 5-1　仮装舞踏会でウラマーに扮するナウス

（出所）　Shuster [118] between pp. 62 and 63.

によって自らの利益を侵害されたと感じた主導的商人たちは，1900年から，タブリーズ・テヘラーン・シーラーズといった主要都市でデモンストレーションを組織した（図 5-1，Martin [79] pp. 176-177）。

　1905年，テヘラーンで商人たちが反対運動を組織し，資金提供を行ったが，その主要なスポークスマンに，ベフバハーニーというモジュタヘドがいた。この人物は，立憲革命史を代表する高位のウラマー 2 名の内の 1 人である。もう 1 人が，同じくモジュタヘドのタバータバーイーであるが，同年11月には両者の間に同盟が成立した（Martin [79] p. 177）。

（ 3 ）　革命の勃発からシャー＝アブドルアズィーム廟へのバストまで

　1905年12月12日，テヘラーン知事が，砂糖価格をつり上げたかどで商人 2 名を足裏打ちの刑に処した。

　これは，反対運動側にとって，公然たる反抗のための格好の口実となった。翌日，バーザールは一斉閉鎖され，ベフバハーニーとタバータバーイーを頂く民衆が，テヘラーン知事の罷免を求めてマスジェデ＝シャーというモスクに集

結した (Martin [79] p. 177)。前章で述べた説教僧ジャマーロッディーン＝ヴァーエズが民衆に説教を始めると，同モスクの主導的説教僧である保守派モジュタヘドのハージー＝ミールザー＝アボルカーセム＝エマームジョムエの支持者たちが，説教を聴いていた民衆を襲撃した。

　2日後，ベフバハーニーとタバータバーイーは2000人ほどの人々（そのほとんどは下級ウラマー）を率いて，テヘラーンの南にあるシャー＝アブドルアズィームという廟にバストした（Martin [79] p. 177）[2]。

　このバストは当初はバーザールの商人から資金を提供されており，また王位を狙っていたある王族と皇太子モハンマド＝アリー＝ミールザーもこれを支持していた。皇太子は，宰相エイノッドウレに不信を抱いていて，このバストが宰相に向けられたものと信じていたのであった。事態が進展していくなかで，高官の中にもこのバストを支持する者があらわれた。政府は，贈賄と強要によってバストをつぶそうする試みに失敗するや，ウラマーたちに要求を尋ねた。彼らの主な要求は，ナウスおよびエイノッドウレの罷免とアダーラトハーネ（「正義の家」の意味のペルシャ語）の開設であった。政府は前2者を拒絶し，後者のみを受け入れた。

　このアダーラトハーネという語が具体的に何をあらわしているかは必ずしも明らかではないが，広く，行政に対する不平の種を除去することを目的とするものであった。このアダーラトハーネという語の具体的内容の曖昧さは，政府とバスト勢力（その中のウラマー）との間の妥協をあらわしているといえる。前者は，ナウスとエイノッドウレの罷免という，より強い要求を受け入れることができなかったのであり，後者は，資金が底をつきつつあり，この妥協によって成果を得たとの面目が立つわけであった。1906年1月10日，アダーラトハーネ設立許可の勅令が発せられ，その2日後ウラマーたちはバストを解いた（Afari [1] p. 52, Martin [79] p. 177）。

（4） 革命の新たな展開と革命成就

　その後しばらく事態は動かなかったが，同年晩春に反対運動は新たな展開を見せる。すなわち，タバータバーイーが，支持者たちに促されてシャーとエイ

ノッドウレに約束を守るようにとの手紙を送ったのだが，返信がなかったのであった。さらに，ある人物が扇動のかどで捕らえられ虐待を受けるという事態が起こり，6月，タバータバーイーが，専制支配の停止とアダーラトハーネの開設を求めて長い説教を行った。

7月11日，エイノッドウレが，テヘラーンの主導的説教僧シェイフ＝モハンマド＝ヴァーエズ＝エスファハーニー（彼の説教は特に扇動的であった）の逮捕を命じた。神学生たちが彼を助け出そうとしたところ，その内の1人が，護衛隊によって射殺された（Martin [78] pp. 81, 88, [79] p. 178）。

遺体はマスジェデ＝ジャーメというモスクに運ばれ，多くの人々がそこに集結した。ベフバハーニーとタバータバーイーもいた。政府は，抗議のためのバーザール一斉閉鎖を阻止すべく軍を派遣したが，成功しなかった。モジュタヘドたちは事態を鎮静化しようとして，人々に，略奪をしないように，そして肉屋とパン屋に，店を閉めないように，と呼びかける触れ役をバーザール中に回らせた。

この時点で，反対運動に，初めて保守派のモジュタヘド，シェイフ＝ファズロッラー＝ヌーリーが合流した。彼はテヘラーンで最有力のウラマーで，シャーを支持していたが，家に集まった群衆によってマスジェデ＝ジャーメに行くことを余儀なくされたのであった。ここに，少なくとも外見的には，主導的ウラマーの合同が達成された（Martin [78] p. 88, [79] p. 178）。

シャーは，不平の種の除去を約束する勅令を発したが，エイノッドウレの罷免（それは依然として反対運動の主要な目標であった）は拒否した（図5-2）。

7月12日，状況に変化はなかったが，その翌朝，この運動は宗教的シンボルを身に纏うに至った。すなわち，神学生たちが，死んだ神学生の血に染まったシャツを棒で高く掲げ，街を練り歩いた。そのなかには経帷子を着た者たちもいた。反対運動は，今や「殉教者」を得たのであった。行進に軍が発砲し，12人ほどが死んだ（Afari [1] p. 54, Martin [78] p. 88, [79] p. 178, Wright [137] pp. 199-200）。

14日，政府と主導的ウラマー（彼らは軍隊に包囲されてマスジェデ＝ジャーメにとどまっていた）との間で交渉が行われた。彼らの要求は，依然としてエイノ

図5-2 モザッファロッディーン=シャー

(出所) Browne [23] between pp. 98 and 99.

ッドウレの罷免とアダーラトハーネの設立であった。交渉は翌15日も続けられたが成果が得られず，その日，ウラマーたちは抗議のためにテヘラーンを出発して，アタバート（メソポタミアにあるシーア派の聖地）へと向かった（費用の点から，翌日，目的地をコムに変更した）。

シェイフ=ファズロッラー=ヌーリーも，もしテヘラーンにとどまったならばテヘラーンの民衆への影響力を失うとおそらく考えて，3日後，コムへと出発した。これは，すなわち，エイノッドウレがシェイフ=ファズロッラー=ヌーリーの支持を失ったことを意味した。なお，テヘラーンでは，ウラマーの多数が不在となったため法の執行がほとんど行われなかったという。

同じ頃，テヘラーンのイギリス公使館に1万4000人もの人々がバストするという事態が起こった。これは，旧体制の打破すなわち革命の決定的な出来事であった（図5-3，Martin [78] pp. 87, 89, [79] p. 178）。

このバストは，ベフバハーニーによって起こされたものであることは間違いないようである。彼は長年，イギリスとの間に結びつきを有しており，7月9日にイギリスの代理公使に手紙を送った。その手紙で，彼は，人々は政府を打倒する用意があると述べ，金銭的援助を求めたが，断わられた（Martin [78] p. 88, [79] p. 178）。

同月18日には，イギリス公使館に平和裡にバストすることができるかどうかを尋ねる手紙が，同公使館に送られた[3]。代理公使は，彼自身はそれを望まないとしながらも，バストという習慣がイランで一般に認められているものである

図 5-3　イギリス公使館へのバスト

(出所)　Wright [136] between pp. 92 and 93.

ことなどに鑑み，もし来るならばこれを拒むことはできない，と答えた。

　これは，イギリスの評判と影響力を傷つけたくないとの判断だったと思われる。反対運動側は，イギリスは自分たちの味方でロシアはシャーと保守派の側だとみなしていたのであった。

　また，イギリスにとって，ベルギー人（前述の通り，ベルギー人官吏はロシア寄りとみられていた）の関税行政に反対する運動を支持することは，さしあたり合理的なことであった。

しかしながら，イギリス外相グレイ（*Sir* Edward Grey, 1st Viscount Grey of Fallodon）はこれを不安に思った。すなわち，彼は，このことが英露関係を脅かすのではないかと恐れたのである（Afari［１］p. 55, Wright［137］pp. 198, 200）。

　翌19日，50名ほどの商人・神学生が，ベフバハーニーの命令に従ってイギリス公使館にバストした。ベフバハーニーは，おそらく，このバストで，反対運動側とシャーとの間の仲介者として行動するようイギリスに圧力をかけることを意図していた。また，彼は，改革に同情的な貴顕たちと話し合いをもったようである。

　その後，バスト参加者の数は増えていき，8月2日までには1万4000人ほどに達した。これは，テヘラーンの労働力のほぼ3分の1に相当する。

　公使館の敷地にはギルドごとのテントが設営され，食事は共通の厨房で調理され，並はずれて大きな釜から供された。その費用のほとんどは，アミーノッザルブ2世・アルバーブ＝ジャムシード・モイーノッッジャール・ハージー＝モハンマド＝エスマーイール＝アーカー＝タブリーズィーなどの商人たちが負担した（Afari［１］p. 55, Martin［79］p. 178）。

　前章でみた通り，19世紀末からイランにおいて在来企業家層が生成するわけであるが，そのことが立憲革命と直接的なつながりを有しているということをここにはっきりと見て取ることができる。

　国民議会開設の要求が生まれ展開していったのは，このバスト期間中においてであった。7月23日，イギリス代理公使は，バスト参加者たちの最初の要求（エイノッドウレの罷免とアダーラトハーネの開設など）をシャーに伝えた。その3日後，エイノッドウレと主導的商人たちとの間の話し合いで，国民議会開設の要求が初めて示された。さらに交渉が行われた後，シャーは国民議会開設を基本的に受け入れ，7月29日にはエイノッドウレが辞任した。

　バスト参加者の中にはバスト区域を去ろうとした者もいたが，バストのリーダーたちにとどまるよう言われた。国民議会をいかなるものとすべきか，すなわち，国民議会の内実をめぐる闘いがまだ残っていたのであった。具体的には，その中心的問題は，改革はどの程度イスラーム法によって導かれるべきものな

のか，ということであった（Martin [79] pp. 178-179）。

コムのウラマーはシャーに要求を伝える電信を送った。8月5日には，ギルドの成員を含むあらゆる階級から選ばれた代表によって構成された国民議会の開設を許可する勅令が発せられたが，反対側はこれを，あまりにも漠然としているとして拒絶した。さらに，宰相モシーロッドウレ（ミールザー＝ナスロッラー＝ハーン＝モシーロッドウレ）と主導的商人たちとの間で話し合いが行われるなどして，8月10日，シャーは国民議会開設を許可する勅令を（再び）発するに至った。ほとんどすべてのバスト参加者がイギリス公使館を去り，コムにいたウラマーたちは8月14日に帰還した（Martin [79] p. 179）。

第2節　第1次国民議会と国民銀行

（1）　第1回国民議会選挙

引き続いて，国民議会開設の準備作業が進められ，9月9日に選挙法が公布された。この選挙法は，代議員の数を156名とした。内60名はテヘラーンに割り当てられたが，これは国民議会開設の迅速化を期してのことであった。テヘラーン代表の内訳は，ギルド代表が32名，商人が10名，地主が10名，ウラマーが4名，カージャール王家から4名であった（Martin [78] p. 101, [79] p. 179）。

9月29日，テヘラーンにて選挙が行われ，10月7日，イラン史上初めての国民議会が開かれた。

初代議長となったのは，サニーオッドウレであった。12月初めまでに，国民議会の中に，意見の異なる2つの勢力（まだ，政党といえるようなものではなかった）が存在していたと認められる。サニーオッドウレ率いる穏健派と，サアドッドウレが率い，主として商人とギルドの成員からなる急進派である（Martin [78] p. 105, [79] p. 179）。

サニーオッドウレは前述の宰相アミーノッドウレに近い高級官吏で，ベルリンで教育を受けた人物であり，国民議会開設の準備作業にも携わった。

サアドッドウレは日和見主義的政治家で，商人とギルドの成員の不平を代弁することに自らの権力基盤を置いていた。彼はそれを，サニーオッドウレ攻撃

のために使った。サニーオッドウレは，国民議会議長として，政府との妥協を見いださなければならないという難しい立場にあった。両名とも改革派のエリートで，1905年12月のシャー＝アブドルアズィーム廟へのバストに資金提供していた。

　代議員の大部分は立憲主義の何たるかをほとんど知らず，個人的利益の追求に走るか，少数の野心的な者の影響下に入るかのどちらかであった（Martin [78] pp. 52, 71, 106, [79] p. 179）。

（2）　財政問題と国民銀行設立案

　開設当初議論された主要問題は，まず第1に，憲法の諸問題であった。そのなかで最も激しく争われたのは上院議員の任免権の問題であったが，シャーと国民議会との間で妥協が成立し，1907年1月1日（あるいは前年12月30日），シャーは憲法に署名した。立憲政府の定義および宗教権力の役割についての論議も国民議会が直面していた重要問題であったが，これはシャーの勅令発布によってひとまず解決した。

　いま1つ，国民議会が開設当初より取り組まなければならなかったのは財政の問題である。当時，イランの財政は，改革を遂行するための税収の不足や官吏への俸給の遅配といった問題を抱えていた。

　11月に英露借款による資金調達の試みがなされたが，失敗した。ウラマーたちが，国を脅かすとしてこれに反対し，そして商人の代議員たちが，政府がその金を適切に使うかどうかという点で疑念を抱き反対したためであった（Afari [1] p. xviii, Martin [78] p. 107, [79] pp. 179-180）。

　1907年3月には，サニーオッドウレや主導的商人の代議員たちによって構成された財政委員会が，財政はヨーロッパ的な方針に沿って再組織し，税は直接，国庫へと納め，(4) すべての官吏に俸給を支払うべきである，と建議した。

　徴税の際にモダーヘルと呼ばれる贈物を渡し，そして官職への任命の際にその見返りとしてシャーにピーシュキャシュと呼ばれる贈物を渡すという古いシステムは公的に廃棄された（Floor [42] pp. 471-473, Martin [79] p. 180）。

　財政や借款の問題に密接に関わるものとして国民銀行設立問題があり，これ

も国民議会における最初の議題の1つであった（Basseer [17] p. 700）。すなわち，外国からの借款に代わるものとして，アミーノッザルブ2世・モイーノットッジャール・ハージー＝モハンマド＝エスマーイール＝アーカー＝タブリーズィー・アルバーブ＝ジャムシードといった主導的商人の代議員たちが国民銀行の設立を提案したのであった（Martin [78] pp. 108-109, [79] p. 180）。アミーノッザルブ2世は国民議会副議長として，大きな権力を振るっていた（Bayat [21] p. 155）。

（3） 国民銀行設立の布告

1906年11月末，国民銀行設立の布告が発せられた。その大要は以下の通り（Bānk-e Melli-ye Irān [15] pp. 75-76, [16] pp. 65-66）。

① 政府は国民銀行設立のための資金を英露に求めようとしたが，国民議会がこれに反対した。
② 人々は，外国からの借款は，たとえ好意に基づくものであれ受けるべきではなく，必要な金額は自分たちが寄付すると表明した。
③ そこで，国民議会の代議員は，国民銀行を人々の出資によって設立すべきであるとした。
④ シャーはこの計画に同意した。
⑤ 資本金は1500万トマーン（5000万トマーンに増やすとの規定つき）で，設立者100名は，おのおの5000〜5万トマーン出資する。
⑥ 各人の資力に応じて5トマーン以上出資して下さるようお願いする。

出資によって調達された資金は政府へと貸し付けられるとされた（Martin [72] p. 109）。

人々はこの布告を熱狂的に歓迎した。国民議会では，布告発表当日にこの布告が読み上げられ，代議員たちは支持を誓った。地方や外国から布告を歓迎する電報が殺到した（Bānk-e Melli-ye Irān [15] p. 76, [16] p. 66）。

アミーノッザルブ2世・アルバーブ＝ジャムシード・トゥマニャンツといった有力商人の店舗が出資の受付窓口となった（*Habl al-Matin*, January 6, 1907, p. 6）。多数の人が，それぞれ5000トマーンを応募した。それ以上の金額を応募

する者もいたし，なかには3万トマーン応募する者もいた。貧しい人々もこれに貢献した。学生——神学生のことであろう——は本を売り，女性は装身具を売った。テヘラーンだけで100万トマーンが応募され，アーザルバーイジャーンからも100万トマーンの応募が見込まれた（Browne［23］p.132）。

しかし，事態の進展に障害が立ちはだかることとなった。

すなわち，まず第1に，シャーが出資の条件として200万トマーンを即座に貸し付けることを要求したのであった。

そして，第2に，帝国銀行と割引貸付銀行の妨害である。両行は，人々による貨幣の入手をできるだけ困難にしようと努めた。なぜならば，600万トマーンの資本金を有する国民銀行が設立されれば自分たちの商売が奪われ，退くことを余儀なくされると考えたからであった（Browne［23］p.132）。この国の貨幣の大部分は，独占的発券権を有する帝国銀行の手中にあり，コインの流通量は少なかった（Martin［78］p.109）。

第3の障害は，大口の出資が期待される商人たちの反応が消極的であったことである。11月の最後の週（ということは，布告発表と同じ頃）に，主導的商人たちは応募用紙を回したが，大口のものは集まらなかった。エスファハーン・シーラーズ・タブリーズでは，商人たちは，担保がないとの理由で出資を拒否した（Martin［78］p.109）。

（4） 設立利権の詔勅

このように，さまざまな障害が存在したために，必要な金額は集まらなかった。そこで，商人たちは，国外在住のイラン人（特に，インド在住のゾロアスター教徒）に出資を働きかけることとし，そのために，1907年2月1日（Browne［23］p.136）あるいは4日（Сеидов［112］p.210），おおよそ以下のような内容の利権の詔勅が発布された（Bānk-e Mellī-ye Irān［15］pp.76-79,［16］pp.66-68, *Habl al-Matīn*, April 8, 1907, pp.21-22, *The Times*, February 7, 1907, p.3）。

① 同行はイラン国民によって設立され，各人は出資した額に応じた株式を受け取る。

② 歳入はすべて同行に預け入れられる。同行は大蔵大臣の小切手によって，

すべての政府支出の支払いを行う。
③　同行は，イスラーム法に従い，農産物を売買し土地を抵当に取ることができる。また，同行は，内国と外国の手形を売買することができるし，関係当事者の合意により，割引と貸付をすることができる。
④　同行は，帝国銀行に与えられた利権期間の満了後は，独占的発券権を有する。
⑤　同行はイラン全土に鉄道を建設することができる。また，すでに他の者に与えられたものを除いて，道路を建設することができる。
⑥　同行は，荒蕪地と政府所有地において鉱物を探査・採掘することができ，純利益の10パーセントを政府に支払う。
⑦　政府は，ペルシャ湾における真珠採取権を同行に与え，利益の10パーセントを受け取る。
⑧　同行は造幣所に銀を売却する優先権を有する。
⑨　同行は，政府関係の業務を行い将来は銀行券を発行するわけであるから，政府は監査役を2名任命する権利を有する。
⑩　この文書中のいかなる利権も，外国人あるいは外国の会社に売却あるいは譲渡してはならない。株式も同様である。所有者の国籍変更あるいは遺贈によって株式が外国人によって取得された場合は，その株式は1年以内にイラン人に売却されなければならない。
⑪　政府が資金を必要とした場合には，同行は，資本金の5分の1に相当する額を政府に貸し付ける。
⑫　これらの利権は110年にわたって有効である。

ここに，同行の中央銀行としての性格，民族主義的性格，経済開発の推進者としての性格を，さしあたり読み取ることができるであろう（これについては後でも述べる）。

銀行の幹部には，アミーノッザルブ2世やアルバーブ=ジャムシードが選ばれた。

同月15日，宰相と蔵相臨席のもと，同行設立会議が開かれた。その席で，政

府に対する300万トマーンの信用供与が提案された（Сеидов [112] pp. 211-212)。

第3節　国民銀行設立失敗の要因

（1）　資金管理

　以上のように，株式の販売は順調に進まなかった。国民議会における国民銀行の審議は真剣なものではなく，大衆向けのポーズであった。このようにして，1908年初めまでには，政府および国民議会において国民銀行に関する話題は出なくなった（Сеидов [112] pp. 216-219)。

　なぜ失敗したのかについては上でも述べたが，ここでは，商人たちの問題を中心に，いま少し掘り下げて論じていくことにしたい。すなわち，帝国銀行・割引貸付銀行の妨害といった問題もさることながら，設立の推進者・推進階層としての商人たち自身に問題がなかったのか，という点である。

　まず，集まった資金の管理に大きな問題があった。資金がどのように支出されたのかを示す帳簿が存在しなかったのである。そして，それらの資金は，設立失敗の後にすべて消えてしまった。多くの人が出資金の返還を要求した。帳簿を見せるよう求めた者もあった（Fraser [43] p. 165)[6]。

　この資金管理の問題は，単なる技術的・能力的未熟さといった問題ではなく，あるいはそれのみならず，商人たちの倫理的誠実さの領域に属する問題であると考えるのが自然であろう。すなわち，簡単にいえば，商人たちが「浄財」を着服したのである[7]。もっとも，「浄財」といっても，「その大部分は，さまざまな種類の圧力のもと，支払われたものであった」(Fraser [43] p. 165) のだが。

（2）　国民の一部による国富の独占

　商人たちの倫理的誠実さに関しては，次のような事実もある。

　前述の通り，同行には政府から利権が与えられたわけであるが，その際商人たちは，自分たちが要求する同行利権を構成するすべての項目（個別利権とでもいうべきか）が与えられなければ政府への貸付を行わない，との条件を付けたのであった（Bayat [19] p. 72, [21] p. 155)。

この利権には，先ほども述べた通り，その性格の1つとして経済開発の推進者としての同行の性格を読み取ることができる。鉄道建設や鉱山採掘の条項がそうである。鉄道建設も鉱山採掘も銀行業務ではない。銀行業務ではないもの，しかも非常に大きな規模のものがなぜ銀行利権に含まれるのか。民族主義の気運が頂点に達してその熱が冷めない内に国民のものにしてしまおう，すなわち外国人の手に渡らないようにしよう，という判断があったのかもしれない。あるいは，もう1つ考えられるのが，商人たちが自らの私的利益のために，この機会を利用して国民銀行の名を隠れ蓑にして，できる限り多くの利権をわがものにしようとしたのではないか，ということである。この可能性はかなり高いと思われる。

　この利権は，鉄道建設・鉱山採掘といった項目が含まれている点で1872年のロイター利権と共通している。ロイター利権は，前述の通り外国人への利権供与ということで国内外の反対を喚起し廃棄された。この国民銀行設立利権に対しても反対がなかったわけではない。国民議会の，宗教界出身の代議員のなかには，国民全体の利益のために用いられるべき国富の源泉を利用する権利がごく少数の者に与えられるのはイスラーム的でないとして反対を試みる者もあったが，大きな力とはならなかった。代議員の大部分は商人たちの要求を支持した（Bayat [19] p.72）。

　前出のジャマーロッディーン＝ヴァーエズは，前章で述べた通りかつて商人たちの会社設立に積極的に関与したが，今や彼らへの批判へと転じた。彼は，国民銀行は国民の経済的利益を守らずに設立者たちの事業と利益を守っているのだから国民的なものではない，と断言した。また彼は，自身がその設立に大きな役割を果たしたエスラーミーイェ社の資金が，その設立者の1人によって詐取・着服されたことを，大衆に向けて暴露した（Bayat [19] p.72）。

　ある新聞は，廷臣も大臣もそして商人でさえも国民銀行の資本金調達に力を尽くさず，自己の利害や資金を犠牲にしようとはしない，と不満を述べている（Bayat [19] p.73）。

　趣旨に賛同し資金を拠出したくても，それが着服される可能性があるとなれば，躊躇するであろう。また，以上では着服など設立推進者の問題に焦点を当

てて述べたが，政治情勢の不安定も，資金の拠出をためらわせる要因として挙げることができる（Bagley [12] p.58）。そして，イランの政治情勢は，同国が英露の角逐の場であるということに大きく規定されていた。本章が考察の対象としている時期にイランをめぐる英露の角逐に新たな展開があった。1907年8月31日の英露協商がそれである。これは，イラン・アフガニスタン・チベットにおける両者の勢力圏を定めたものであった。すなわち，英露による世界分割の画期をなすものなのであった。次章では，この英露協商前後以降のイランを，英露両国の世界分割のなかに位置づけて論じ，そのなかでの帝国銀行・割引貸付銀行の役割を究明することにしたい。

注
（1） 覚え書き程度のものとしては，水田 [85] がある。
（2） ここでは，革命の展開を主に Martin [79] に依拠してまとめたが，同稿には諸事実が十分に整理されていない点があるとの印象を受けた。それらについては Afari [1] などで補った。
　　また，ここでの叙述には，第2章第3節（2）と矛盾とはいわないまでも，細かい点で完全には一致しない点もあるが，これは，依拠した文献の違いによるものである。
（3） なお，それまでもイランの人々はイギリス公使館へのバストを行っており，したがってこの要求は決して過大なものではなかった（Afari [1] p.55）。
（4） 具体的な内容は不明。カージャール朝期，地方から中央への税の送金がしかるべくなされていなかった。Floor [42] にもこのことは繰り返し指摘されており（pp. 436, 440, 442, 468, 474, 475, 477, 478, 480），したがって，このことが常態であったことが窺われる。同書は次章で述べるアメリカ人財政顧問シャスターの在任期，徴収された税が着服されたり，高利でサッラーフへと貸し出されたりしたという事例を伝えている。シャスターは，すべての税務官吏に，徴収した税など，すべての資金の送付を帝国銀行などの「きちんとした銀行」を通じて行うよう指示した。これを無視した官吏もいたが，シャスターはそれらの者を解雇した。このことによって，すべての資金取引が銀行を通じて行われるようになったという（Floor [42] p.480, Shuster [118] pp.249-250）。
（5） 布告の金額と一致しない。なぜなのかは不明である。
（6） 本史料には，この後，次のような記述が続いている。
　　「率直にいって，ペルシャ人はお互いに信用していない，というのが本当のところである。そして，国民銀行についての彼らの経験は，この不信が理にかなったものであることを示すのみである」（Fraser [43] p.165）。
　　この記述は，その著者の観察対象への偏見がここに含まれていないかどうかを確認する作業を読者に求める性格のものである。そして，もし仮にこれが偏見に基づくものであるとするなら，その直前の記述，すなわち本文で取り上げた記述の客観性にも疑問が生じることになる。

だが，管見の限り，本文で取り上げた記述と矛盾するような記述は，いかなる史料にもみあたらない。

ちなみに，本史料の著者は，イギリスの『タイムズ』紙の特派員である（Fraser [43] p. vi）。

（7） Floor [42] p. 471でも，国民銀行設立失敗の原因は着服に帰せられている。

第6章

英露協商とイランの借款問題

本章の課題

　1906年10月7日，イラン史上初めて国民議会が開かれた。この国民議会が開設当初より取り組まなければならなかった問題の1つが，財政問題であった。当時，イランの財政は，改革を遂行するための税収が不足し，官吏への俸給が遅配するなど，危機的な状況にあった。11月に英露借款による資金調達の試みがなされたが失敗した。ウラマーたちが，国を脅かすという理由でこれに反対し，また，商人の代議員たちが，政府がその金を適切に使うかどうかという点で疑念を抱き反対したためであった。商人の代議員たちは，外国からの借款に代わるものとして，国民銀行の設立を国民議会に提案した。前章でみた通り，国民銀行は，設立の布告や利権の詔勅が発せられ設立会議が開かれるなど，設立に向けてかなりの段階にまで進んだが，結局は（この時期には）実現しなかった。他方，財政問題は解決されないままであった。したがって，外国からの借款に頼らざるをえないという構造にも何ら変化はなく，この時期以後も借款問題はイランをめぐる英露の角逐の基軸でありつづけた。

　イランの財政をめぐって以上のような動きが展開するなかで，英露両国は1907年8月31日，英露協商という秘密協定を結んだ。これは，イラン・アフガニスタン・チベットにおける両者の勢力圏を定めたものであり，これらの地域をめぐる英露の角逐の一大転換点をなすものであった。そして，この英露協商という英露両国の戦略的枠組みが，この時期以後のイランをめぐる借款問題を大きく規定していく。

　本章はこの借款問題を1912年まで跡づけ，それにより，特にそこでの英露の

諸銀行の役割や，それらと各国政府との関係，さらには，シティーの金融商会（マーチャントバンカー）の利害を解明することを目的とするものである。

研究史を回顧するならば，本邦ではこのようなテーマを扱った研究は管見の限り皆無である。⁽¹⁾一方海外では，Ананьич [6], Kazemzadeh [66], McLean [73] といったすぐれた研究の蓄積がある。本章では，これら先行諸研究に依拠しつつ，若干の未公刊文書を用いて，この問題に接近していくことにしたい。

第1節　概　観

以下，まず本節で全体の大きな流れを概観した上で，次節以下でそれを詳細に論じていくことにしたい（出典は次節以下に記す）。

1907年8月の英露協商は，その後のイラン史の展開の大きな枠組みとなった。第2節以下で詳しく検討していく借款問題も，さまざまな曲折を経つつも，基本的にこの枠組みに大きく規定されたものであったという意味においては，一貫していた。

前章第2節（2）でみた通り，1907年11月，英露借款の試みが開設当初の国民議会の反対によって失敗した。翌年6月，国民議会は反革命クーデターによって解散された。その後この問題は再び表面化し，1909年4月，英露は条件つきでの借款供与をイランに提案したが，結局は実現しなかった。

1910年2月初め，英露は，イラン政府に対して40万ポンドの借款を供与することで合意したと発表したが，それにはイランにとって非常にきびしく屈辱的な条件が付けられていた。イラン政府はこれをあえて国民議会の審議にかけず，英露以外からの資金調達を試み，ドイツの資本家から借款供与の申し出があったが，英露によって阻止された。

この頃から，サミュエル商会（M. Samuel and Company）・クリスプ商会（Crisp and Company）・ボールトン（Boulton）商会・インターナショナル゠オリエンタル゠シンジケート（International Oriental Syndicate, Limited）といったシティー諸（金融）商会（City houses）が対イラン貸付に関心を示すようになる

が，これらは英露協商の推進者であるイギリス外相グレイの考えでは，英露の公的支援のもとでのイランの再生という彼のグランドデザインを危険にさらすものであった。そこで，イギリス政府は彼らに圧力をかけ，引き下がらせた。

だが，これ以後，イギリス政府は，セリグマン商会（Seligman Brothers）という，上記諸商会よりはるかに名声の高い企業を相手にしなければならなくなる。

1910年6月，セリグマンは120万ポンドの借款をイラン政府に提案した。セリグマンは事前にイギリス外務省に接触したが，認可を得られなかった。グレイはイギリス駐在ロシア大使に，イギリス政府のセリグマン不支持を明言した。

一方，帝国銀行もテヘラーンで借款交渉をしており，イギリス政府はセリグマンに対し，政府は帝国銀行をイランの債権者として選ぶ，と伝えた。セリグマンの動きに危機感を抱いた帝国銀行は，対イラン借款を急いで引き受け，このためセリグマンは退却することとなった。

グレイはアウトサイダーのセリグマンではなくイギリス政府の政治的道具であった帝国銀行を支持したのであった。政府は民間金融の世界に干渉しない，という原則はここに捨て去られた。

このように，イギリス外務省の干渉によって，イラン政府はセリグマンとの交渉を中断した。同じ頃，ロシアは短期貸付の借り換えをイラン政府に要求した。その際，英露は財政問題に関する対イラン政府交渉で完全に一致して行動した。借り換え交渉はロシア側に好都合に終わり，このことにより，帝国銀行は，イラン政府との取引を実現した（1911年5月8日に借款調印）。

1911年春，セリグマンはイラン借款の新案を持って登場した。今回は，ロシア大蔵省と話をつけた上でのことであった。すなわち，ここに，イランをめぐってロシア政府とシティー商会とが結びつく，という新たな展開が現出した。そして，このセリグマンとロシアとの結びつきは，セリグマンとイギリスとの結びつきを基礎としてなされたものであった。セリグマンは1911年3月にペテルブルグで開始されたロシアとの交渉で「英露と完全に合意して」活動する，と請け合った。ロシア外務省は，イランでの鉄道利権に関してセリグマンが仲介の口を利いてくれることを期待してセリグマン支持を約束した。

だが，それほど時日が経たないうちに，ロシア政府の態度は変化しはじめた。この変化は，イギリス政府がセリグマンと協力しなくな（り帝国銀行を支持するようにな）ったという展開を契機とするものであった。もはや，ロシア側としても，先のペテルブルグでのセリグマン支持の約束に拘束されるものではなく，イギリスが帝国銀行を支持したのと同じく，ロシアは割引貸付銀行を支持する，ということになった。このように，ロシア政府は割引貸付銀行による借款を選択したのであったが，それは現実には，（割引貸付銀行単独ではなく）同行とセリグマンとの対イラン共同借款の案という形を取ることとなった。セリグマン側は対等の資格での参加を望み，ロシア側はセリグマンをあくまでも単なる資金調達先として利用するつもりであった。ロシア政府は，セリグマン単独でのイラン借款の実施は，イラン北部へイギリス勢力を導き入れることになると恐れたのであった。

　ロシア側には，セリグマンはイギリスとかドイツとかアメリカといった特定の国に属していないとして，この点で今回の共同借款を，ロシアの保護下にある国際的借款とみなしてこれを支持する向きもあった。これはイギリス駐在ロシア大使の考えであるが，この考えは，ロシアの外務大蔵両省のセリグマンへの態度に何らかの影響を与えたに違いなかった。

　1911年10月，ペテルブルグでロシア蔵相ココフツォフ（Владимир Николаевич Коковцов）とセリグマンとの間で，借款交渉が再開された。この場でセリグマンは，イランでのいかなる政治的利益も求めないことを約束し，そして，ココフツォフの起債案（すなわち，割引貸付銀行のみが借款締結の当事者となるという案）は簡単には実現できない，と訴えた。ココフツォフはこれにより考えを改めたが，最終合意には至らなかった。

　この共同借款には，『ノーヴォエ＝ヴレーミヤ（*Новое время*）』という新聞が反ユダヤ主義的論調で反対する社説を載せた。これは英露接近に反対してのことであった。

　この間，1911年10月下旬，割引貸付銀行＝セリグマン対イラン共同借款の問題は，前シャーの弟の財産を没収することに端を発したイラン・ロシア間の関係の緊迫化のため，陰に隠れてしまった。この関係緊迫化は，英露の派兵とい

第 6 章　英露協商とイランの借款問題

う事態にまで至り，このことは，同年12月の反革命クーデターの成功に寄与することとなった。

　11月から12月にかけて，割引貸付銀行とセリグマンとの間でやっと合意条件が練り上げられたが，結局はこの借款は実現しなかった。

　1912年1月，すなわち反革命クーデターの直後，イラン政府は再度英露にクレジットの依頼をした。英露両国はこれを受け入れたが，それにはこれまで両国が出したいかなる条件をもしのぐきびしい条件が付けられていた。イラン政府は，今後自らの政策を英露協商の原則に一致させること，そして，軍の再組織化を英露両国使節団と審議することなどを約束させられた。イラン政府は条件への回答を引き延ばしたが，3月初めには受け入れざるをえなくなった。帝国銀行と割引貸付銀行とから10万ポンドずつ供与されたが，4月までには使い果たされてしまった。

　この信用供与は，今後の大型借款を当てにした前渡金として行われたものであった。この大型借款への準備交渉も，すでに1912年1月から行われたが，これに関連して，セリグマンの参加の問題が浮上した。だが，ロシア政府は，セリグマンではなく，イランにおける鉄道建設問題に関心を示していたパリ＝オランダ銀行（パリバ銀行，Banque de Paris et des Pays Bas）をリーダーとするフランス金融グループの参加を望んだ。これは，ロシア政府が，このグループの援助を得て，イラン財政のために必要な資金のみならずイランの鉄道建設利権をも手に入れようと計算してのことであった。

　イギリス政府は今度はセリグマン支持に回った。パリ＝オランダ銀行は，イギリス系のベアリング商会（Baring Brothers and Company）が参加しセリグマンが秘密裡に参加するという妥協案を提示した。セリグマン側も決してあきらめてはおらず，パリ＝オランダ銀行の取締役たちやベアリング商会のレヴルストーク卿（E. G. Baring, Lord Revelstoke）と会うなどした。セリグマン側は，その席でのレヴルストーク卿の言葉に安心したが，これは現実的根拠のない楽観主義にすぎなかった。大型借款は締結されず，ペテルブルグでは，セリグマンとの関係はすでに過去のものとみなされていた。

133

第2節　英露協商と対イラン英露共同借款

(1) 緩衝国イランと英露協商

　1904年から翌年にかけての極東の事態は誰も予想できなかった。ロシアと日本との間で戦争が起こることはあるいは予想可能だったかもしれないが，結果はまったくの驚きであった。ツァーリは自分の帝位を維持するのに汲々としていた。ストライキ・示威行動・暴動の混乱のただなかで，ロシア帝国は解体の瀬戸際にあるように思われ，ヨーロッパの政治の舞台から消え去ろうとしていた。中央アジアへの進出は，一時，中断された。ロシアは，中央アジアにおける調和を求めてのイギリス政府の提案を無視できない状況になった。

　時代をさかのぼって，1890年代，イギリス首相兼外相ソールズベリー（Robert Arthur Talbot Gascoyne-Cecil, 3rd Marquess of Salisbury）は，ロシアとの関係改善を図った。彼は，それが，ヨーロッパにおける均衡を保つための最良の策だとみていた。しかし，ロシアは，イギリス側からの対イラン共同借款での協力についての打診（1899年と1901年）を断わり，イランをめぐる意見交換の申し出（1903年）にも反応しなかった。

　ロシアがイギリスと合意を結ぶ用意があることを表明したのは，日露戦争後の1905年10月になってからのことであった。これ以後，英露協商締結までの約2年間で，ロシアは，ペルシャ湾岸の港町バンダル＝アッバースに領事を任命し，スィースターンにエージェントを派遣したことにみられるように，イランにおける地位を回復した。協商締結の時点で，ロシアがまだ妥協を必要としているか疑問に思う向きもあったに違いない。ロシアをイギリスとの協調へと駆りたてたのは，主に，ドイツのイランへの介入の恐れであった（McLean [73] pp. 73, 79）。

　1907年8月31日，イギリスとロシアとの間で，イラン・アフガニスタン・チベットにおける両者の勢力範囲を定めた英露協商が締結された（図6-1，図6-2）。

　この協商で，イギリスとロシアはそれぞれイランの東南部と北部を自らの勢

第❻章　英露協商とイランの借款問題

図6-1　内外の敵に脅かされる国民議会（赤子）とイラン（母）

（出所）　*Молла Насреддинъ*, March 31, 1907, p.1.

力圏と定め，互いに相手の勢力圏では「政治的・商業的性格を有するいかなる利権（例えば，鉄道・銀行・電信・道路・運輸・保険などの利権）」も求めず，相手の「政府によって支持された，この地域における同様の利権の要求に」反対しないこととした（第1条・第2条）。両勢力圏の間には中立地帯が設けられ，そこでは，ロシアは「イギリス臣民に対するいかなる利権供与にも反対しないこ

135

図6-2 英露協商によるイランの分割

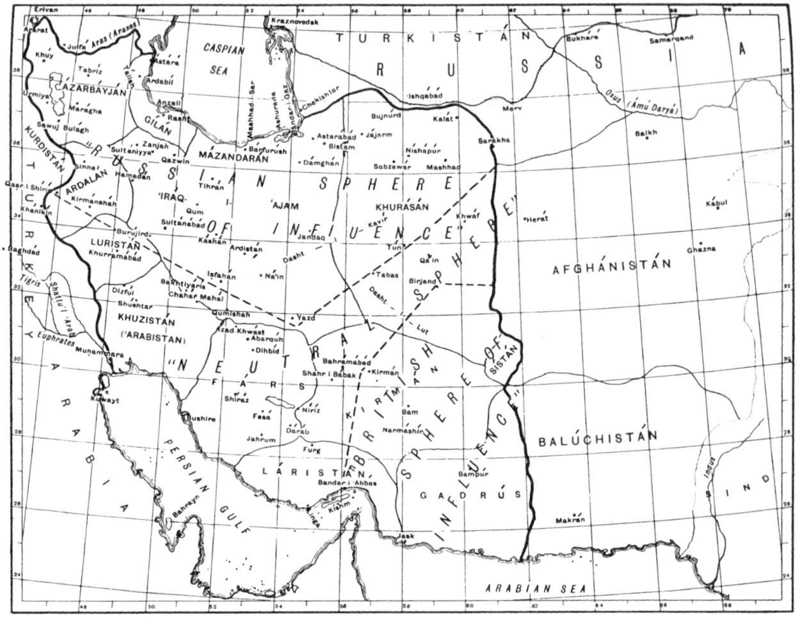

(出所) Browne [23] between pp. 172 and 173.

とを約束する」し、イギリスも「ロシア臣民に対する利権供与に関して同様の約束をする」とされた(第3条)。そして、これまで割引貸付銀行と帝国銀行がイランに対して行った借款の担保が相手側の勢力圏にある場合には、差し押さえる際に、両国は「友好的な意見の交換」を行うこととされた(第5条, Hurewitz [51] vol. 1, pp. 265-267, Kazemzadeh [67] p. 50, [68] pp. 68-70)。

この協商は、単なる「ペルシャ問題の解決」以上のものであった。というのは、アフガニスタンとチベットが含まれていたこともさることながら、これが、以下にみるように、イギリスの外交政策全体に新たな方向を画するものであったからである(McLean [73] p. 73)。

この協商のイギリス側の推進者は、外相グレイ・外務事務次官ハーディング(*Sir* Charles Hardinge, 1st Baron Hardinge of Penshurst)・ロシア駐在大使ニコルソン(*Sir* Arthur Nicolson, 1st Baron Carnock)であった。

第6章　英露協商とイランの借款問題

　ニコルソンは，この協商が世界に15～20年に及ぶ平和と休息を与え，イランの平和裡の再生を促す政治的フレームワークを与えることになるだろう，とみていた。グレイによれば，この協商はイギリスに大変有利なものであった。ロシアの勢力圏と定められた北部諸州は，すでに事実上ロシアの影響下に置かれていた，というのがその理由であった。フランス大使はグレイに次のように外交上の祝辞を述べた。すなわち，イギリスは東南部の広大な広がりへのイギリスの支配をロシアに認めさせ，他方，それへの見返りとしては，北部の山岳と砂漠の広大な広がりへのロシアの影響力を追認したにすぎなかった，と (McLean [73] p.74)。

　しかしながら，同協商はイギリスの弱さの表現でもあった。イギリスは，北部におけるロシアの支配を認めることによってのみ，それ以外の地域を，自らの経済的企てのためのフィールドとして，そして，ペルシャ湾におけるイギリスの地位を守るための中立地帯として，保持することができた。イギリスは，緩衝国イランはロシアの協力と自制によってのみ維持されうるということを受け入れたのであった。(2)

　ロシアとの合意に対しては，以下にみるように，英露協商締結以前から，イギリス側にかなり広範に批判者が存在した。

　インド総督カーゾン (George Nathaniel Curzon, 1st Marquess of Kedleston) は，1900年代初めに，このような取引に対する反対を表明していた。ロンドンおよびカルカッタのインド当局者もカーゾンと同じ意見であった。彼らの考えでは，イギリス外務省は，ロシアの拡張に対して譲歩を行うことによってインドの西北国境の安全を危うくしたのであった。イランのような国では「勢力圏」はすぐに「保護国」になりえ，ロシアはこの機を逸することなくイギリス勢力圏の境界に至るすべての地域を占領するであろう，というのが彼らの懸念であった (McLean [73] p.75)。

　イラン駐在イギリス公使および彼のスタッフのほとんど全員も，英露協商に反対であった。ロシアは「休戦」を望んでいるだけであり，ひとたび，ペルシャ湾への出口というゴールへ向けて前進するのに十分なほど強大になるや，自らの自由へのいかなる束縛にも甘んじないであろう，と彼らは主張した

(McLean [73] pp. 75-76)。

　また，イギリスの勢力圏があまりに小さく，その経済的企ての主要地域であったカールーン川のある西南部が含まれていないことに立腹する向きもあった。

　これらの批判は，グレイら英露協商推進者にしてみれば，視野の狭いものであった。彼らによれば，この協商は，ヨーロッパにおける，さらには全世界における英露関係の改善という文脈のなかに位置づけるべきものなのであった（McLean [73] p. 76)。

　グレイは，1906年の段階で，ロシアは弱体であるとみていた。ペテルブルグのニコルソンは，ツァーリが生き残れるか，そして，ロシアがヨーロッパの強国としての地位を取り戻すことができるか疑問をもっていた。グレイの政策は，ヨーロッパの国際関係におけるロシアの地位を再び確立することであった。ロシアなしには中央ヨーロッパにおいてドイツがあまりにも強大になり，フランスはドイツの軍事力の矢面に立たされることになる。グレイは外交上の「東部戦線」を必要としていたのである。当然のことながら，実際の戦争が起こった場合にこの「東部戦線」が必要であるということもグレイは認識していた。このような，ヨーロッパにおける均衡についてはすでに1890年代にソールズベリーが述べていたところであるが，日露戦争が実質的にこの均衡を破壊した。グレイは，良好な英露関係を育て上げることにより，そして，シティーをロシア政府へと開放することにより，この不均衡を修正しようと望んだのであった（McLean [73] p. 80)。

（２） 1907年対イラン政府英露共同借款の「復活」に向けての交渉とモハンマド゠アリー゠シャーの退位：借款供与と政治的圧力

　1907年，英露共同でイラン政府に渡される前渡金（借款の内金）500万フランの支払いは，国民議会の反対によって中止された。翌年6月，反革命クーデターの結果国民議会は解散したが，この問題は再び表面化し，イランに関する英露外交往復文書の中で，1909年秋まで議論の対象として残った（Ананьич [6] pp. 148-149)。

　1909年1月16日，ロシア外務省はイギリス政府に対してイランにおける一般

第 6 章　英露協商とイランの借款問題

図 6-3　モハンマド゠アリー゠シャー

（出所）　Shuster [118] between pp. 44 and 45.

的合意活動計画（イギリス大使宛の覚書）を提案した。両国はシャーに対し次のように助言することとされた。まず，有能で精力的な人材を政府に登用すること，そして議会制度をイランに確立すること，さらに，国民議会に関する法律の作成に着手することであった。

ロシア政府は，明らかにモハンマド゠アリー゠シャー（第 6 代イラン国王，在位1907～1909年）にヨーロッパ型立憲君主制に近い政治体制を押しつけたかったのであった（図 6-3）。シャーが英露の助言に従うという決意を十分に証明した場合，500万フランの前渡金，次いで巨額の借款が提供されることになっていた。資金の支出は，特別委員会の管理下で行われる必要があり，その委員会には，在イランの英露の諸銀行の取締役たちが参加する予定であった（Ананьич [6] p. 149）。

しかしながら，イギリス政府は，イラン内政の圏外に立ち，国内でどの勢力が優勢になるかしばらく様子をみることにした。ロンドンでは，果たしてシャーがこれを聞き入れるか懐疑的であった。シャーが聞き入れなければ，英露政

139

府側からどんな援助も与えないと脅して，決められた期限内での議会制度の導入をきびしく要求すべきであり，いずれにしても，国内の政治状況がはっきりするまではイランへの信用供与を急がないほうがよいと考えた。

結局，1909年4月22日，シャーに手渡された英露共同覚書の項目の1つには，シャーが両国の勧告を受け入れた場合，20万ポンドの前渡金を供与し，次の借款の手配を整えることが規定されていた（Ананьич［6］pp. 149-150）。

モハンマド＝アリー＝シャーは覚え書きへの返事を遅らせた。だが，国内の革命運動の進展に影響されて，4月末，再び国民議会を召集し，覚え書きの一連の勧告を実行すると声明せざるを得なかった。この結果，1909年5月，ロシア政府はシャーとの前渡金に関する交渉を再開した（Ананьич［6］p. 150）。

シャーへの前渡金供与の条件として，ロシア外務省は，対イラン信用供与に関する1906年のイギリス・ロシア・イラン間の交渉時につくり上げられたものを考えていた。一方，イギリス政府は，国民議会が承認するまで前渡金供与への参加を拒否する，とした。シャーには前渡金のロシアの分だけ，すなわち，総額の半分が供与されることになった。資金（250万フラン）はロシアの管理下で，軍隊への未払い金，外務省職員の給与，国民議会召集関連費用の支払いに使われることとされた。取引の最終的条件と資金使途のプログラムがシャーに手渡された。しかしながら，まもなく，取引は行われないことが明らかになった。すなわち，政治情勢の危機の激化の影響で，モハンマド＝アリー＝シャーの状況がますます不安定になり，大臣たちは，国民議会に対する責任を恐れてロシア政府から資金を借りることに踏み切らなかったのであった。軍隊との清算をするためにシャーは，割引貸付銀行から自分の貴金属を担保に5万トマーン借り入れた（Ананьич［6］pp. 150-151）。

1909年7月上旬，モハンマド＝アリー＝シャーは退位させられ，後継者として，7月18日，未成年の皇太子アフマド（第7代イラン国王，在位1909～1925年）が即位した（図6-4）。退位させられたシャーは1909年9月9日，アンザリーを経てオデッサへ出国することを余儀なくされた。

モハンマド＝アリー＝シャーの割引貸付銀行への個人的負債は，退位時には約300万ルーブル，帝国銀行へは約100万ルーブルであった（Ананьич［6］p.

第6章　英露協商とイランの借款問題

図6-4　アフマド＝シャー

（出所）　Shuster [118] between pp. 202 and 203.

151）。

（3）　英露の対イラン政府借款供与の合意声明：1910年2月

　新政府には財政上の困難が待ち受けていた。国家の緊急の需要や改革の実行のために資金が必要だったが，国庫は空だった。(3)

　イラン政府はイギリスから，王室の財宝を担保にして借入をしようとした。1909年8月，この条件で帝国銀行から10万トマーンを借りることに成功した。しかしながら，イギリス政府は，ロシアが参加しない，より巨額の取引は拒否した（Ананьич [6] pp. 151-152）。

　その後1909年末，イラン政府のイニシアティヴで英露共同金融取引に関する

2つの問題が提示された。すなわち，債務の借り換えのための巨額借款と250万トマーンの前渡金である。1910年2月初め，英露は「この国に秩序を再確立し，行政に火急の改革を導入することへと振り向けられるべき」（FO 371 / 947, p. 411）対イラン政府40万ポンドの前渡金供与の合意を声明した。しかし，その条件はまったくきびしいものであった。債権者たちの要求は下記の通り。

① 金融統制委員会の設置。そのメンバーは税関長を財政顧問に，国民議会から2名，委員会に従って総支出を承認するイラン大蔵省の代表2名からなる。

② フランス人財務官7名をイランで採用する。彼らは執行権をもち，財政顧問参加の下で作成され，同意を得た指示に従って活動する。

③ 事前に英露の合意を得て採用された外国人指導員の援助のもとで，通商路の警備に十分な軍隊を組織化する。

④ イラン政府は，英露に事前に提案することなく，民族資本で取引するイラン国民以外，誰にもイランでの鉄道建設の利権を提供しない。

⑤ タブリーズ道路会社にオルーミーイェ湖航行の利権を与える。

⑥ 予定された前渡金は次期借款の最初の支払いとする。これが締結されない場合には，前渡金は金利7パーセントの均等払い，10年間で返済されるべきである。担保は税関と造幣所の収入とする（Ананьич [6] p. 152, FO 371 / 947, p. 486 [12], Kazemzadeh [66] pp. 550-551）。

第3節　シティーとイラン

（1）　シティー諸商会による借款の試みとその失敗

英露が提示した条件は非常にきびしく屈辱的なものだったので，イラン政府はあえて国民議会の審議にかけなかった(4)。そして，英露以外で借款の手配を整えようと試み，1910年春には，ドイツの資本家たちから借款が提案されたが，イラン駐在のロシア公使ポクレフスキー＝コゼル（P. A. Поклевский-Козелл, 以下，「ポクレフスキー」と表記）とイギリス公使バークレー（Sir George Barclay）によって阻まれた（Ананьич [6] pp. 152-153）。

第❻章　英露協商とイランの借款問題

　この頃から,シティー諸商会が対イラン貸付に関心を示すようになる。それ以前は,「ロシアの傀儡であるシャーに金を貸したいと思う投資家はいなかった。だが,立憲政体となれば話は違う。特に,その指導者たち,そしてまさに国全体がイギリスを賞賛と感謝の目で見,イギリスに導きを求めていた場合は」。また,この国の政治的・経済的状況が改善する見込みもあった。さらに,新政権が船出したばかりの試練の時期に,資金供給という形で恩を売っておくという計算もあった（McLean [73] p. 96）。

　グレイの考えでは,これらシティー諸商会には,1つの共通点があった。すなわち,それらは,すべて,英露の公的支援のもとでイランを再生するという彼のグランドデザインを危険にさらしたのであった。

　そのような会社の1つが,サミュエル商会であった。このマーチャントバンカーは,1909年,多数のイギリス商会が漢口から広東までの重要幹線を建設する権利を入手していた時,中国の鉄道金融の分野に参入しようとしたが,失敗した。1910年3月,同社の代表1名が50万ポンドを上限とする対イラン政府貸付という案をもってイギリス外務省を訪れた。ハーディングは,それは英露共同前貸への害になる,として奨励しないことに即座に決め,サミュエル商会側には,イギリス政府は英露共同前貸の担保と競合するいかなる対イラン貸付にも同意しない,と伝えられた。

　対イラン貸付への関心を示したもう1つの金融商会がクリスプ商会であった。同社は,本質的には株式仲買人であり,その主要な利害関係は,ロシア（特に,1900年代におけるロシア鉄道金融）に存していた。イギリス外務省は,共同前貸が考慮中である限り,そして,イラン政府が英露両政府および在イランの英露両行への債務返済を滞納している限りは,イランの歳入を抵当に入れることをいかなる民間前貸にも認めない,と彼らに即答した。

　ボールトン商会という,主にベネズエラに関する業務を行っていた企業が対イラン貸付へのイギリス政府の態度について尋ねた時も,まったく同じことを言われた（McLean [73] p. 97）。

　1910年4月,インターナショナル＝オリエンタル＝シンジケートが同様の提案をもってイギリス外務省に接近した。このシンジケートは,一般に,冒険的

143

事業以上のものではない，とみなされていて，テヘランで代表を務めていたのは，オズボーン（Osborne）という「胡散臭い」人物であった。同シンジケートはイラン政府にまだ抵当に入っていない国家収入，特にバフティヤーリー人居住地の石油企業からの収入を担保とする50万ポンドの貸付金を提案した（Ананьич［6］p. 153, FO 371 / 954, pp. 121-122, McLean［73］pp. 97-98）。

グレイは，同シンジケートに次の3条件の実行を要求した。
① イランの対英露債務の担保である国家収入源は，予定されている借款の担保にはしない。
② もっぱらイギリス資本である。
③ 一流イギリス企業のみが参加する。

しかしながら，オズボーンは借款の担保として英露借款の担保である税関収入を当てにしており，さらに，同シンジケートが供与する借款の一部はイランの対英露債務の返済に使われる予定だった。また，一部は鉄道建設用だった。借款の条件と使途は英露のイラン政策の趣旨にまったく合わないものであったので，オズボーンの試みは不首尾に終わった（Ананьич［6］p. 153）。

時間をさかのぼって，同年3月15日，イラン駐在の英露両公使はイラン政府に，同シンジケートとの取引締結に対する警告の覚え書きを手渡した(5)。ロシアの覚え書きは，イラン政府が1900年と1902年の借款を完済するまでロシア政府の同意なしに外国から借款を得ない義務を負っていることに注意を促していた。

英露通告はイランの内閣に危機をもたらした。すなわち，同シンジケートとの交渉に関与した大臣たちが辞表を提出したのであった。

イラン政府は，回答文書で次のように述べ，理解を求めた。1900年と1902年の借款の締結に際し，外国政府と借款の締結をしない約束はしたが，民間人や外国企業と交渉する権利はある，と（Ананьич［6］pp. 153-154）。

金融問題に関するイラン政府の交渉を，英露の公式代表以外は誰とであろうと禁止することは，国際関係の現実においては行き過ぎたものであった。それゆえ，1910年4月7日付の英露共同通告では，イラン政府が第三者から貸付を受ける権利を認める用意があると表明された。ただしその条件として，英露の借款の保証であるどの収入項目も新たな債務の担保に使用しないこと，既存の

債務を整理・統合すること，そして，英露のイランにおける政治的・戦略的利益を損なう利権を他の外国人に提供しないこと，この3点が付けられた（Ананьич［6］pp. 154-155）。

オズボーンの失敗は，イラン政府の債権者として第三者が登場するとしたら，それは英露両国政府の協力のもとでしか目的を達成できないということを証明した(6)（Ананьич［6］p. 155）。

イギリス外務省は，シティー金融業者と取引をしないようイラン政府にいつでも十分な圧力をかけることができる，と実感していた。それまでのところ，シティー金融業者は，政府高官からやめるよう説得されれば，全員，引き下がった。だが，これ以後イギリス外務省は，セリグマン商会というはるかに名声の高い企業を相手にしないといけなくなった（McLean［73］p. 98）。

(2) セリグマンの対イラン政府借款の提案とイギリス政府の反対：1910年6月

1910年6月，ロンドンのセリグマン商会が120万ポンド（期限37〜40年，価格84パーセント，金利5パーセント）の借款をイラン政府に提案した(7)。担保には南部税関の収入があてられた。借入金の大部分はイラン政府の帝国銀行への債務の返済に使用され，さらに，政府の自由裁量下に35万ポンド残るとされた（Ананьич［6］p. 155, FO 371 / 958）。

セリグマンとイラン政府との交渉はペテルブルグでもロンドンでも当初から，ドイツの諸銀行とアメリカの銀行家シフ（Шифф）(8)との関係を疑われ警戒された（Ананьич［6］pp. 155-156）。

すでに同年5月，セリグマン商会はこの取引についてイギリス外務省に知らせ，借款はイギリス政府の同意を得ている，と借款についての通告の中で触れる許可を求めた。しかし，そのような許可は出なかった。外務省は，もし契約を是認できるとしたらそれは以下の場合のみであると述べた。すなわち，その条件がイギリス政府によって受け入れ可能と認められる場合，そして，取引がロシア側からの反対に遭わなかった場合である（Ананьич［6］p. 156）。

グレイはセリグマンに，「英露両政府が先取特権を有している歳入は，いかなるものであれ，担保として与えられてはいけない」と話した（同じことは帝

国銀行・割引貸付銀行にも当てはまるとされた)。1910年5月31日，セリグマンは，「英露政府による共同前貸の交渉が進行中の間は，いかなる民間貸付も認可されない」と知らされた (FO 371 / 958, McLean [73] p. 98)。

また，グレイはイギリス駐在ロシア大使ベンケンドルフ (A. K. Бенкендорф) に，イギリス政府はセリグマン商会の借款を支持しておらず，セリグマン商会はイギリス外務省と関係なく活動していると明確に伝えた。

10月下旬，セリグマン商会はイラン債券をイギリス市場以外では発行しないつもりであるとイギリス外務省に知らせた。これに対してイギリス外務省は，すでにテヘラーンで借款の交渉をしている帝国銀行をイラン債権者として選ぶと回答した (Ананьич [6] p. 156, FO 371 / 958)。

セリグマン商会の意図は帝国銀行取締役会を不安に陥れた。彼らは，テヘラーンでの銀行の影響力が他者の手に移らないかと心配したのであった。このため，彼らは対イラン借款の実現を急いだ。セリグマン商会は退却するしかなかった。帝国銀行はイランに深く根を下ろしており，外務省の支持なしでもセリグマン商会と張り合うことが出来た。ロンドンの同行取締役会のメンバーは支配階級に属していた[9]。取締役会長のジャクソン (*Sir* Thomas Jackson) と取締役のゴードン (*General Sir* Thomas Edward Gordon) は政府高官と，そしてイギリス帝国の利益と緊密に結びついていた (Ананьич [6] p. 156)。

これに対して，セリグマン商会はアウトサイダーであった。また，ジャクソンとゴードンはグレイに，セリグマン商会の本店がニューヨークにあることを微妙なニュアンスで示し，これよって同商会が「イギリス企業と対立する外国企業」であると印象づけようとした。そして，「誰もこのことは言わなかったけれども」セリグマンと彼の仲間 (イランで企業活動に従事しようとしたがうまくいかなかった者たち) はユダヤ人であり国際的なつながりがあった，という点も，おそらく，彼らに不利に働いた。

このような反ユダヤ主義もそれなりの役割を果たしたかもしれないが，グレイの帝国銀行支持の主な理由は，イギリス政府の政治的道具として機能することもあった同行の政治的信頼性であったといえよう (Ананьич [6] p. 157, Kazemzadeh [66] pp. 558-559)。

(3) ロシア借款の借り換え

このようにして1910年10月，イラン政府はセリグマン商会との交渉を中断し，帝国銀行からの借款の準備を始めた（Ананьич［6］p. 157, FO 371 / 965, p. 21）。

イギリス外務省はセリグマンに対し，もし中断しなければ，それはイギリスの利益を害しているとイギリス政府はみなすであろう，と明言した。グレイは帝国銀行を，セリグマン貸付を阻止するために使ったのであった。

セリグマンの貸付は，下記の諸点で，グレイの政策に対する脅威であった。

第1に，それは，英露政府による共同前貸を妨害することになったかもしれなかった。

第2に，セリグマンの申し出には，いかなる条件も付いていなかった。すなわち，その資金が，イラン全土の効果的行政と秩序の確立のために使われるという保証は，まったくなかった。

第3に，セリグマンの貸付は，南部の関税へのイギリス政府および帝国銀行の先取特権を妨げることになったかもしれなかった。

このように，セリグマンの貸付は，いかにしてイランを強化するか，というグレイの考えに合わなかったため，彼は躊躇することなく，その阻止を試みた。イギリス外務省は，イラン政府が英露共同前貸を受け入れないであろうと悟るや，イランにおける最も信頼すべきエージェントたる帝国銀行を頼ったのであった（FO 371 / 965, McLean［73］p. 100）。

同じ頃，ロシアは，（1900年・1902年次借款での取り決めの条件で）1904～05年にイランに供与された総額6億ケラーンの短期貸付の借り換えをイラン政府に要求した。1910年秋，財政問題に関するイラン政府との交渉で英露は完全に一致して行動した。そして，帝国銀行は，借り換え交渉がロシア側に好都合に終わったことにより，イラン政府との取引を実現した。すなわち，1910年末にロシア短期貸付の借り換えが実施された後[10]，1911年初め，イラン政府は帝国銀行から12万トマーンの前渡金を受け取ったのであった。そして，1911年5月8日には，帝国銀行と125万ポンドの借款協定に調印した（図6-5，Ананьич［6］pp. 157-158, FO 371 / 1184, p. 82 鈴木［126］10～12, 36ページ）。

第一次世界大戦に至るまで，イギリス政府は民間の取引への徹底した非介入

図6-5 1911年イラン政府債券

(出所) Jones [63] between pp. 296 and 297.

をその基本方針としていたが，この帝国銀行の対イラン政府借款供与は，ロンドン金融市場における外国政府債発行の歴史におけるごく少数の例外の1つであった（McLean [73] p. 100, 鈴木 [124] 197ページ, [128] 26, 33-36ページ)。

第6章　英露協商とイランの借款問題

第4節　シティーとロシア

（1）　セリグマンの対イラン借款の新案：セリグマンとロシアとの結びつき
（英露政府の許可を求めての交渉）

　セリグマン商会は1910年秋に得た教訓のゆえに，より慎重に行動するようになった。同商会は1911年春に，ロシア大蔵省を通してその準備がすでに始められていたイラン借款の新案を提示したのであった。セリグマン商会とロシア大蔵関係官庁との仲介は，同商会関係者と親戚関係にある大蔵省の駐ワシントン代理人ヴィレンキン（Г. А. Виленкин）が引き受けた。

　1911年2月末，ヴィレンキンは蔵相ココフツォフ宛の特別書簡にセリグマン商会の提案を記した。書簡の大部分はイランの政治状況の評価にあてられており，一方，当該借款については，イラン政府が国内に秩序をもたらすのを助長し，「英露の重大な条約上の権利」を保障する方法として評価されていた。

　この書簡でヴィレンキンはセリグマン商会を，英露の影響力の庇護のもと「より冷静で穏健な気分」がイラン内政で優勢になるための擁護者，と紹介した（Ананьич〔6〕p. 158）。

　そして，セリグマン商会は借款の使途に関する問題の解決を英露に任せる用意があると強調したばかりでなく，両国の対イラン政策の精神に合った資金使途プログラムをも提示した。ヴィレンキンは次のように書いている。

　　「シンジケート〔セリグマン商会〕は，イラン政府は英露への既存の債務の少なくとも一部を返済する考えを断念し，借款を主に以下のものに使うべきであると考えている。

　　第1に，いくつかの先送りできない国内改革と中央政府および地方当局の権威の復興のための変革。第2に，社会的安全，とりわけ通商ルートを維持するに足りる軍隊の組織化。第3に，いくつかの公共事業。たとえば，灌漑や交通路などの生産的企業。交通路の建設は英露の政治的・戦略的利益を損なわないからである。」

　さらにヴィレンキンは，セリグマン商会の代表者が借款の条件について交渉

するためペテルブルグに行く用意があることを伝え，同商会は「予定されている対ペルシャ巨額借款に関して当面，イギリス外務省との交渉に入らない。ペテルブルグからの返事を受け取るまでそのようなことは差し控える」と述べた (Ананьич [6] p. 159)。

1911年3月，セリグマンはイギリス陸軍大佐ベッドス (Colonel H. R. Beddoes) とともにペテルブルグを訪れた。ココフツォフと，外務省のネラトフ (А. А. Нератов) とがこれを出迎え，交渉が行われた。この交渉で，セリグマン商会によるイラン借款供与は，総額3000万ルーブル，担保は土地所有税と関税収入とされた。セリグマンは「英露と完全に合意して」活動する，と再度ネラトフに請け合った。しかし，「借款をペルシャ国民からみて分かりやすいものにするために」帝国銀行や割引貸付銀行への「ペルシャ債務の，たとえいくらかでも返済するために借款の一部を使う権利を与えなければならない」とも述べた (Ананьич [6] pp. 159-160, Shuster [118] p. 131)。

ロシア外務省は，セリグマン商会を好ましく思っていなかったにもかかわらず同商会への支持を約束した。これは，イランでの鉄道利権獲得で仲介の口を利いてくれることを期待してのことであった。ただし，ネラトフは「ペルシャ人たちによる英露債務の完済は容認しがたい」と思っていた。彼の考えでは，どんな借款であろうとも英露を無視して取引するべきではないことをイラン政府に承服させる必要があった。セリグマン借款へのロシアの支持の基礎には，同借款へのイギリスの支持があった。セリグマン商会はイラン駐在の英露両公使に交渉の事情を知らせる義務を負った (Ананьич [6] p. 160)。

ペテルブルグから帰国後，セリグマンは，精神的支持を約束したイギリス政府からの書簡を手に入れた。続いて，同商会の代表者とベッドスはイラン政府との交渉のため，テヘラーンを訪れた。ベッドスとアメリカ人であるイラン財政顧問シャスター (W. Morgan Shuster) によって，400万ポンド，金利5パーセント，2回分割の債券のロンドン市場での発行の条件が作成された。200万ポンドは近い将来に発行され，残りはイランの政治情勢が変化した後に予定された (Ананьич [6] pp. 160-161)。

（2） ロシア政府の態度の変化：割引貸付銀行＝セリグマン対イラン共同借款案

ベッドスのイラン登場までに，セリグマン商会借款へのロシアの外務省と大蔵省の態度は変化しはじめていた。イラン駐在ロシア公使ポクレフスキーは，交渉の初めからこの取引に対する敵意を隠そうとはしなかった。彼はベッドスがテヘラーンに到着する前に，ペテルブルグに次のような書簡を送った。

> 「セリグマン商会には特別な信頼感を感じない。彼と親しい関係を結ぼうとする試みは，イギリスの急進的マスコミによる種々の暴露や，イギリス議会での質問によって潰えるかもしれない。ここでの借款締結に同商会が失敗した結果，昨年イギリス政府に関して起こったように，である。」

ポクレフスキーは，ロシア権益の立場から，イラン債券の募集はロシアが行うことがより好都合と考えた。貸付貯金局（ссудо-сберегательная касса）を通してであれ，フランス市場においてであれ。なぜならフランスはこれまでロシアからの指示にすべてにおいて従っており，イランへのあらゆる貸付金を拒否していたからである。ポクレフスキーはベッドスに次のように意思表示する許可をペテルブルグに求めた。すなわち，割引貸付銀行は借款の実施については「自分のところに確保する」つもりであり，また，「ペルシャが，行政の改善をせず，資金横領を予防するためにしかるべき措置を講じない間は，他のいかなる金融取引も好ましくない」，と（Ананьич［6］p.161）。

ポクレフスキーの提案はペテルブルグでは好意的に迎えられた。ネラトフはフランス資本に優先権を与える根拠を認めなかった。彼の見解ではイランでの優先権は英露の資本がもっているべきであった。しかし，それと同時に，イギリス政府がセリグマンと協力をしなくなり，帝国銀行を支持しつづけている今となっては，セリグマン商会の借款を支持するという先のペテルブルグでの約束にもはや拘束されているとは考えなかった。ネラトフは次のように述べた。

> 「それゆえ，我々には，セリグマンに関するいかなる約束からも自由であると考える根拠，そして，イギリスの例に従って，ペルシャ人から依頼があれば，わが割引貸付銀行に債券の現金化をゆだねる根拠が十分にある。何らかの外国資本が必要な場合，その件への参入はわが銀行次第である」

（Ананьич［6］pp.161-162）。

セリグマンとのペテルブルグ交渉の過程でなされた約束を拒否するというロシア政府の意向は，テヘランではかなり速く知れ渡った。ヴィレンキンは大蔵大臣官房長リヴォフ（Е. Д. Львов）に，ベッドスまで届いた噂が事実と一致するのかどうか知らせるよう依頼した。噂とはすなわち，ロシア政府はセリグマン借款の趣旨に同意せず，借款が割引貸付銀行により直接行われるほうを選ぶ，というものである。ヴィレンキンの書簡を受け取った大蔵大臣官房は，ヴィレンキンを心配させた噂を否定する返事を準備した。最初の返事は不適当であるとして退けられ，根本からつくりかえられた。そして，7月18日，噂の信憑性を裏づける手紙が，ヴィレンキンに送られた。リヴォフは，イギリス政府が支援したのがセリグマン商会ではなく，次期借款を当てにしたいくらかの前渡金をイラン政府に支払った帝国銀行であったことにヴィレンキンの注目を向けさせた。「この事実は宮内官ココフツォフや四等文官ネラトフとセリグマンとのペテルブルグ交渉時の状況を本質的に変えた」（Ананьич [6] p. 162）。

イギリスが対イラン政府信用供与を「自国の銀行を通して」行ったので，ロシアも新たな信用供与が自国の割引貸付銀行を通して行われることを要求した。リヴォフはイラン共同借款についてロンドン市場で発行する（もしセリグマン商会が望むなら，パリ市場でもよい）という条件で割引貸付銀行はセリグマン商会と合意する用意がある，とヴィレンキンに伝えた。このようにして，まったく新しい条件でのペテルブルグ交渉の継続がセリグマン商会に提案された（Ананьич [6] p. 163）。

この間1911年8月までに，ベッドスはテヘランにおいて400万ポンドの次期借款の契約案の準備をしていた。セリグマン商会のために7.5パーセント値切ったものだった。契約は事前にテヘランで，そして，6カ月後最終的にロンドンで調印されることになっていた。起債の時期と価格は国民議会の同意を得て決定されねばならなかった。半分は半年後，残り半分はそのさらに1年後に発行される予定であった。シャスターとの交渉を終えて，ベッドスは，ロシア政府の次期借款に対する態度について，事前契約調印後5カ月以内にセリグマン商会に知らせるよう，ポクレフスキーに依頼した。そして，自ら細部検討のためペテルブルグへ行く用意があると述べた。ポクレフスキーはイラン駐在

イギリス公使から,「イギリス政府はこの取引に原則的には反対しない」ことを知らされていたので,セリグマン商会の対イラン借款の運命は今や最終的に,ロシアの大蔵・外務関係官庁の決定に完全にゆだねられた。一方,ペテルブルグでは,次期借款の細部について審議する雰囲気ではなく,この取引がベッドスとシャスターの間の事前協定で合意されたものとはまったく別の原則で実行されるということが問題とされた（Ананьич [6] pp. 163-164）。

9月23日,ヴィレンキンは割引貸付銀行との共同債券発行にセリグマン商会が合意する,とリヴォフに知らせた。セリグマン商会は対等のパートナーとしてこの取引に参加することを望んでいたが,ペテルブルグでは同商会を,単なる資金調達先として利用することしか考えていなかった。

9月下旬,ココフツォフはネラトフに次のように述べた。

「借款の契約はもっぱらロシアの銀行が調印するべきだ。債権者の利益の担保としてペルシャ政府から是非獲得すべきあらゆる権利が,その銀行の利益のために確保されるべきだ。債券が有効な間,わが銀行は借款問題に関するペルシャ政府との実質的仲介者でなければならない。」

ココフツォフはペルシャ債券をロシアで現金化することが不可能であることを理解していたので,債券の実質的発行をセリグマンに任せたかった（Ананьич [6] p. 164）。

（3） セリグマンの民族的帰属と英露の角逐

ココフツォフはイランでのいかなる権利であれ,それをセリグマン商会へ提供することは,イギリスの会社への譲歩,すなわち,ロシアの影響力への損害とみなした（Ананьич [6] p. 164）。

1910年秋,イラン駐在ロシア公使はセリグマン商会の,ドイツの諸銀行およびシフとの関係を疑ったが,1911年9月,ロシア大蔵省で,事は次のように理解された。すなわち,もし,イラン借款実施についての同商会の単独参加を許すなら,それはイラン北部でのイギリス勢力の道案内人になりうる,と。この見解はおそらく外務省でも同様であった（Ананьич [6] pp. 164-165）。

セリグマン商会へ少し異なった立場をとったのは,イギリス駐在ロシア大使

ベンケンドルフであった。彼は，イラン政策においてロシアは「組織的妨害の位置から退去」しなければならないことを，ネラトフに対し論証しようとした。なぜなら，このような政策は結局悪循環になり，「占領」の危険性を孕んでいるからである。そして，それはヨーロッパにおける戦争への第1歩になるかもしれない。ベンケンドルフが考えるに，もしイランが資金不足になるなら，借款の実施を促進しなければならない。また，ロシアで借款を実施できないなら，手を組む相手をさがすことが必要だ。セリグマン商会は民族的にどこかに属するということはないので，同商会をイラン債券発行に引き込むことが有利である，とベンケンドルフは強調した。

ベンケンドルフはネラトフに宛てて次のように書いている。

「当初から，私がセリグマンの側に立っていたとするなら，それはこの会社が他の会社よりも国際的性格をもっていたからである。ニューヨークにあるアメリカの会社，ロンドンにあるイギリスの会社，ドイツにあるドイツの会社，それらは民族的な直接の支援をまったく受けていない。〔中略〕シャスターについても同様である。彼はアメリカ人であるがアメリカではない。中国でのアメリカの金融資本家と代理人の活動は政治的性格を帯びている。これは明らかだ。ペルシャに関して私はそう思わない。アメリカは貪欲な視線をこんなに遠くへは投げてこない。」

ベンケンドルフは今回の共同借款全体をロシアの保護下にある国際的借款とみなした。ベンケンドルフの見解は，ロシアの大蔵省と外務省のセリグマン商会への態度に明らかに何らかの影響を与えた（Ананьич [6] p. 165）。

(4) ペテルブルグでの交渉と割引貸付銀行＝セリグマン共同起債案

1911年10月中旬，ペテルブルグでセリグマンとの借款交渉を再開した時，ココフツォフは「ペルシャ政府の借款締結の当事者」には割引貸付銀行だけがなるべきであるという考えであった（Ананьич [6] pp. 165-166）。

セリグマンは，ココフツォフが提案した条件を受け入れられないとして，イラン政府との借款条約はセリグマンと割引貸付銀行の双方の名で調印されることを要求した。ココフツォフとの交渉で，同商会は，イランでのいかなる政治

的利益も求めないこと，そして，ココフツォフが提案した起債案は簡単に実現できないことを立証しようとした。ココフツォフの案に関して，ゼリグマンは，ロンドンの有名な法律顧問の判断を提示した。それは，「ペルシャ政府と直接の契約関係にない」企業が発行した債券の公式取引への参加には，ロンドン取引所長がおそらく同意しないというものだった。さらにセリグマンは，イギリス国民の間に割引貸付銀行はまったく知られていないことを強調し，もしこの銀行がロシアの「半官半民」の企業体であることが分かれば，マスコミの注目するところとなり，債券に対する人々の信頼は揺らぎ債券募集の成功にも影響する，と述べた。

このセリグマンの主張によってココフツォフは考えを改め，共同起債案を受け入れた。ただし，ココフツォフは政治的性格をもつすべての権利が割引貸付銀行の利益のために確保されるべきであるという主張は取り下げなかった。その権利とは，債券の代金の使途管理の権利であり，また「ペルシャ政府の支払いが滞る場合に借款の保証である収入源を管理する」権利である（Ананьич [6] p.166）。

おそらく，この10月のペテルブルグ交渉の際，セリグマンはイラン政府との交渉過程で準備された借款契約案をココフツォフに提示したのであろう。この案は，ロシア側の要求を考慮してつくりかえられはじめた。今や，セリグマン商会と割引貸付銀行はともに取引当事者とされなければならないのであった。特に，ココフツォフは，借款返済までシャスターの地位を維持するという点（明らかにシャスターが前もってセリグマンに話しておいた）を契約案から削除するよう要求した（Ананьич [6] p.167）。

(5) 英露接近への反対と反ユダヤ主義宣伝

1911年10月のペテルブルグ交渉は紛糾した。それは，セリグマンの訪問を契機として，『ノーヴォエ゠ヴレーミヤ』紙が反ユダヤ主義宣伝を行ったためであった。10月30日，同紙はペテルブルグ交渉を取り上げた社説を発表した。この社説では，予定されている対イラン借款はシャスターの利益のために行われ，だが負担するのはロシア政府であり，しかもその庇護のもとで行われる国際的

性格のペテンの取引であるとされた。そして，この主張は，次のように，あからさまな反ユダヤ主義によって彩られていた。

「著名なユダヤ系アメリカ人の銀行家セリグマンとわが大蔵省の宮廷付きユダヤ人は，テヘラーン政府の宮廷付きユダヤ人であり悪名高いアメリカ人シャスターの窮境を救うためにロンドンからわが首都へやって来た。シャスターはテヘラーン駐在ロシア公使の支持を得てペルシャ大蔵省の顧問に選ばれた。彼らはテヘラーン政府が現在の危機的状況から何とか脱出できるように，4000万ルーブルの借款を手に入れようと奔走している」（Ананьич ［6］ pp. 167-168）。

また，同紙は，ポクレフスキーが辞職し，後任にはロシアの利益を理解し主張することができる外交官が就くことへの期待感を表明した。社説の挑戦的トーンと公使や大蔵省代理人に対する侮辱的攻撃は，政府筋で注目されずには済まなかった。ヴィレンキンは，個人的に自分に言及されていると思い，その日の内にココフツォフに手紙を送り辞職する用意があると述べた。また彼は，セリグマン商会はアメリカの商会ではなくイギリスの商会であり，シャスターはユダヤ人ではなく「純粋な」アメリカ人である，と述べ，自分はロシアの利益のために行動したと強調した。ヴィレンキンの意見によれば，『ノーヴォエ＝ヴレーミヤ』の社説は英露接近に反対する者の利益になったに違いなかった。彼は，イギリス外務省が「ペルシャにおけるロシアとの共同政策」に対する国会と出版物の非難に対して「敏感に反応した」ことについて，次のようにココフツォフの注意を喚起した。

「近刊の『ブルー＝ブックス（*Blue Books*〔イギリス議会文書〕）』はペルシャ借款問題でのイギリス政府の行動について詳細な報告をしている。それは，イギリス政府がペルシャの生産力の発展を妨害しないことをイギリス世論に証明するためであり，そのようにして，英露共同のペルシャ借款が失敗した場合，あらゆる責任逃れをするためではないか。この公算は非常に大である」，と（Ананьич ［6］ pp. 168-169）。

すなわち，ヴィレンキンは，『ノーヴォエ＝ヴレーミヤ』の社説は英露関係を悪化させるのみならず，対イラン英露共同政策のあらゆる責任をロシアに押

しつける機会をイギリス政府に与えるものである，と言いたいのである。

ヴィレンキンの手紙に関係なく，ココフツォフ自身，政府の名誉を傷つけた記事に対して無関心ではいられなかった。10月31日，大蔵大臣官房で覚え書きが準備され，当日，新聞社へ送られた。覚え書きには，セリグマンのペテルブルグ来訪は，イラン借款の締結がロシアの利益に損害をもたらさない条件を明らかにするためのものである，との釈明が述べられていた。翌日，『ノーヴォエ＝ヴレーミヤ』はこの反論を掲載した（Ананьич［6］p. 169）。

第5節　反革命クーデターとロシアのフランス金融グループへの接近

（1）　ロシア＝イラン関係の緊迫化と反革命クーデター

この間10月下旬，割引貸付銀行とセリグマン商会との対イラン共同借款の問題は，ロシアとイランの先鋭化した関係のため，陰に隠れてしまった。紛争の原因になったのは，イラン政府によるショアーオッサルタネの財産の没収であった。彼は，退位させられたモハンマド＝アリー＝シャーの弟であり，1カ月前のモハンマド＝アリー＝シャーの王位復帰の試みを積極的に支持していた。このことへの報復として，国民議会は10月4日，彼の財産の没収を命じたのであった（Afari［1］pp. 326-327，Ананьич［6］p. 169）。

国庫ジャンダルメリー（Treasury Gendarmerie，シャスターが徴税のためにつくった部隊）が財産目録を作成するためにショアーオッサルタネの屋敷に到着したが，ロシア総領事が派遣したコサック旅団によって阻止された。翌日には，ロシア総領事は国庫ジャンダルメリーの逮捕を命じた。ショアーオッサルタネはロシア臣民であるわけではないので，ロシア側のこのような行動は不法なものであったが，ロシアは，ショアーオッサルタネの財産がロシアの銀行の抵当に入っているとしてこれを正当化した（Afari［1］p. 327）。

この頃までに，別の問題が発生していた。1つは，シャスターがセリグマン商会から鉄道建設のための借款を得ることをロシアが妨害したことであり，もう1つは，シャスターが地主や政治家たち（その多くはロシアと親密な関係にあった）に，未納の税を納めるよう圧力をかけたことであった（Afari［1］pp.

327-328)。

　このほかに，国庫ジャンダルメリー指揮官の人選をめぐる問題も，シャスターとロシアとの間の争いの種となっていた。彼はロンドンの『タイムズ』紙およびロイター通信社とのインタヴューでこの人選問題のことを話し，この件についての，イギリスのロシアに対する「完全な黙認」への不満を述べた。『タイムズ』紙がこのシャスターの告発に「不当」とのラベルを貼るや，彼は同紙へ公開状を送った (The Times, November 9, 1911, p. 4, November 10, 1911, p. 4)。

　この公開状は，彼がイランに着任して以来の英露両国の政策の詳細にわたる暴露であり，両国，特にロシアの彼の改革プログラムへの妨害活動を告発するものであった。これらは，ヨーロッパの自由主義者たちに大きなインパクトを与えた。イギリスの議会は，外務省と外相グレイをイランにおけるロシアの行動を支持しているとして非難した。しかし，英露の外交官たちにしてみれば，シャスターの行為は，自分の言い分を直接公にさらすという外交慣例の侵害にほかならなかった (Afari [1] p. 328)。

　さらに，シャスターが，レコフル (M. Lecoffre) というフランス系イギリス人をアーザルバーイジャーン出納長に任命するという問題が生じた。レコフルはイランの民主主義勢力に強い共感を寄せており，ロシア嫌いで知られていた。また，イラン外務省と帝国銀行に勤務した経歴をもっていた。このような人物をロシア勢力圏内部に任命することは，ロシアにとって，絶対に受け入れられないことであった (Afari [1] pp. 328-329, Ананьич [6] p. 170, Shuster [118] pp. 61, 77, 160, 173, 196)。

　これらのこと，なかんずくシャスターの『タイムズ』紙への公開状によって，ロシア政府は，「シャスターによって引き起こされた」問題の唯一の解決策は，イランへの直接的軍事介入であると確信するに至った。11月10日，すなわち『タイムズ』紙にシャスターの公開状が載った日，ロシアは，ショアーオッサルタネの屋敷に配置されていた国庫ジャンダルメリーにコサック旅団が取って代わることや，イラン内閣の公式の謝罪などを要求した (Afari [1] p. 329)。同月17日には，ロシアはイランとの外交関係を断絶した。そして，軍隊をさらに派遣すると宣言した。これは事実上の宣戦布告といってよいであろう

(Afari [1] pp. 329-330)。

　11月22日，ロシア軍数百名がラシュトに入った。ここに至り，グレイは，ロシアのイラン占領の可能性を心配するようになった。彼は，ベンケンドルフに，もしそのようなことになれば自分は辞任する，と伝えた（Afari [1] p. 330)。

　11月29日，ロシアは以下の3点をイランに要求する最後通告を突きつけた（Afari [1] p. 331, Ананьич [6] p. 170)。

① シャスターとレコフルの解任
② 英露の同意なしに政府のいかなる役職にも外国人を雇い入れないこと
③ ロシア軍のイランへの派兵費用を補償すること

　イランの内閣は，イギリス公使館との間で行った検討，それにグレイからの助言を踏まえて，ロシアの最後通告を受け入れる意向であり，外相も早急の妥協を切望したが，国民議会は，この最後通告を外国の強国への従属を認めることであるとして，12月1日，全会一致で否決した（Afari [1] p. 331)。

　この頃までに，ラシュトだけでも2500名を超えるロシア軍がいた。ロシアの将校たちは，この地域の占領の長期化を予想して，ラシュトとアンザリーに家を賃借した。ロシアによるギーラーンおよびタヴァーレシュ占領のニュースがテヘラーンに届くや，同市では大衆的抗議運動が始まった。5万人を超える人々が街へと繰り出し，他のいくつかの都市でも示威行動が行われた。アンジョマンの多くがその活動を復活ないし強化させた（アンジョマンは，立憲制が危機にさらされていないと思われていた時期には活発ではなかった）。マシュハドとテヘラーンでは武装抵抗の準備がなされた。全国的にヨーロッパの商品とサービス（例えば路面電車への乗車）のボイコットが行われた。

　立憲派のウラマーもこのボイコットを支持した。シーラーズでは高僧たちが帝国銀行券を不浄と宣し，同銀行券が1日当たり2万トマーン，同行に還流した。ナジャフとキャルバラーの高僧がジハードを宣言した（Afari [1] p. 332)。バフティヤーリー人（約2000名）・アルメニア人（約300名）・国庫ジャンダルメリー（約1100名）からなる抵抗部隊が組織されはじめたが，シャスターは，兵力5万のロシア軍を相手に勝ち目はないとして，正面切った対決は避けるよう助言した。英露両国は，すでに，ロシアのイラン占領について論じつつあった

(Afari [1] p. 333)。

　ロシアの最後通告への反対の声は非常に大きくなり，トランス＝コーカサス・インド・エジプト・トルコ，そしていくつかのヨーロッパ諸国でも抵抗の呼びかけが聞かれた。12月の間中，ヨーロッパの急進派の人たちがイラン国民議会支持の集会を開き，示威行動を行った。19日，ロシアの社会民主主義者たちはパリに1800名の支持者を集めた。これにはロシア社会民主労働党やフランスの社会党（マルクスの孫が出席），ロシアの社会革命党，ドイツの社会民主党などの代表者が参加していた（Afari [1] p. 334)。

　ロシアによるイラン北部占領と，イギリスによる南部諸都市の占領は，1911年12月の反革命クーデターの成功に寄与した。すなわち，ここに立憲革命は幕を閉じたのであった。

　当然のことながら，このように緊迫した情勢においては，いかなる借款も話題になりえなかった。セリグマンとの借款締結は「英露による財政管理」を免れるチャンスとイランではみなされていたので，借款がロシアの参加と管轄下で実行されることが広く知れ渡ったとき，借款への関心は著しく弱まった（Ананьич [6] p. 170)。

（2）　割引貸付銀行＝セリグマン共同借款の失敗

　この間，1911年の11月から12月にかけて，割引貸付銀行とセリグマン商会の間でようやく合意条件が練り上げられた。この案はセリグマン商会が作成し，ロシアの大蔵大臣官房で変更が加えられたものであった（Ананьич [6] p. 170)。

　セリグマン商会は借款への関心を失わなかった。彼らは，「どんな政党がテヘラーンで力をもとうがペルシャは資金を必要としており，借款なしにはやっていけない」ので，割引貸付銀行との関係を調整し，「ペルシャの秩序が回復したらすぐに市場の好況を利用して債券の発行」を急ごうと考えた（Ананьич [6] pp. 170-171)。

　この合意では，400万ポンドの債券の発行を予定していた。得られた資金は，イラン政府の割引貸付銀行への債務6000万ケラーンの返済と，灌漑システム・

通商・農業の発達，通商路改善等関連の「生産的公共事業」の経費の支払いにあてることとされた。初めは半分の200万ポンドのみが募集される予定であった。期限と価格はイラン大蔵省と国民議会の合意で決定されねばならなかった。割引貸付銀行とセリグマンはイラン政府の対等の契約者とされた。

　契約案はもっと改善することができたかもしれない。借款締結の実現性が高かったなら，イラン政府の契約者間の特別な合意を補足することも可能であったかもしれない。しかし，セリグマン商会のイラン債券発行への期待は，割引貸付銀行と共同であったにもかかわらず，むなしいものとなった（Ананьич［6］p.171）。

（3） イランにおける反革命クーデターと英露借款

　イラン政府は，1912年1月，すなわち反革命クーデターの直後，再度英露にクレジットの依頼をした。資金は緊急に必要であった。それゆえ以前と同様，交渉の対象となったのはその後の大型借款の内金としての前渡金であった。英露は年利7％，20万ポンドの前渡金をイラン政府に供与することに即座に同意した。帝国銀行と割引貸付銀行はそれぞれ10万ポンドずつのクレジットをイラン政府に設定した。割引貸付銀行はこの額をルーブル（94万5750）で供与しなければならなかった。

　クレジットの条件はこれまで英露両国が出したすべてをしのぐきびしいものであった。債権者たちは，前渡金の支出は「出納庁長官の管轄下で〔両国〕公使館の賛同したプログラムによって」行われ，その大部分がジャンダルメリー（Gendarmerie）の組織化に向けられることを要求した。イラン政府は次のように約束しなければならなかった。すなわち，今後，自らの政策を英露協商の原則に一致させること，そして，既存の正規軍などを解散し，新たに小規模の正規軍を組織することを両国公使館と審議すること，さらに，前国王モハンマド＝アリー＝シャー（1911年7月ひそかに帰国し前述の通り王位への復帰を試みた）のイランからの出国を許可し，彼に年金を支給し，彼の支持者に恩赦を与えること，この3点であった（Ананьич［6］pp.171-172）。

　イラン政府は，英露が提示した要求への回答を3月初めまで引き延ばした。

しかし，結局それを受け入れざるをえなかった。前渡金20万ポンドは，1912年4月までに使い果たされてしまった。新たな英露前渡金問題の検討が始まった。今度は5万ポンドであった（Ананьич［6］p. 172）。

（4） ロシアのイラン鉄道利権への関心とフランス金融グループへの接近

英露は1912年1月から，大型借款（上記の前渡金を内金とする）への準備交渉も行った。これに関連してセリグマン商会の参加の問題が浮上した。しかし，ロシア外相サゾノフ（С. Д. Сазонов）はロシア駐在イギリス大使のブキャナン（Sir George Buchanan）に次のように告げた。ロシア政府はセリグマン商会が関係するイラン借款実施問題に戻ることはしたくないので，「両国政府の利益の見地からより受け入れやすい別の提案をする」つもりである，と（Ананьич［6］pp. 172-173）。ロシア外務省の目論見では，トランス＝ペルシャ鉄道建設問題調査会社（Общество по изучению вопроса о строительстве Трансперсидской железной дороги）に参加したパリ＝オランダ銀行をリーダーとするフランス金融グループがセリグマン商会とかわるべきであった。ロシア政府はパリ＝オランダ銀行取締役ベナク（А. Бенак，原綴不明）を通して働きかけ，このグループの援助を得てイラン財政に必要な資金のみならず，イランの鉄道建設利権をも手に入れようと計算していた。イギリス政府は，今度は，予想に反しセリグマン商会の擁護に回った。セリグマンとの交渉は「突然中止して，他者の手に借款事業を渡すにはあまりにも深く」入り込んでしまったというのがその口実だった。ベナクは妥協案を提示した。パリ＝オランダ銀行とつながりがあった著名なイギリスの金融商会，ベアリング商会が取引に参加し，債券の一部はイギリスで募集されるはずであったので，ベナクはセリグマンの「ある程度秘密裡の参加」は提案できると考えた（Ананьич［6］p. 173）。

セリグマン商会は次期イラン借款をめぐって繰り広げられている交渉に無関心ではいられなかった。1912年初め，ロシア外交筋で，セリグマン商会が取引への参加を断念するつもりであるという噂が広まるや否や，ヴィレンキンはサゾノフとの交渉できっぱりとそれを否定した。サゾノフはこの情報をパリのロシア大使館から得たので，ヴィレンキンはロンドンへの途次パリに大使イズヴ

第 6 章　英露協商とイランの借款問題

ォリスキー（Александр Петрович Извольский）を訪ね，噂は事実無根であることを納得させた。イズヴォリスキーの助けによって，ヴィレンキンはパリ＝オランダ銀行の取締役であるネツリン（Edouard Noetzlin）やベナクと会い，その後彼らの助言に従って，ベアリング商会のレヴルストーク卿と会った。ヴィレンキンとパリおよびロンドンの金融界の有力者たちとの交渉の対象となったのは，セリグマン商会のイラン借款への参加であった。レヴルストークはヴィレンキンに請け合った。セリグマン商会は「ペルシャ・ロンドン・ペテルブルグでの交渉を行って，借款に対する一定の道義的権利をもっている」，と。このことをレヴルストークは，ヴィレンキンと会った翌日，セリグマンに会った時にも繰り返し，「借款に関しては，ロンドン市場では両方の企業が合意している」と明言した。1912年3月，ヴィレンキンは，レヴルストークとセリグマン商会がロンドンで募集される債券を等分に分けると決めてかかり，セリグマン商会の次期イラン借款への参加はもう片がついたとみなした。ベンケンドルフも同月，レヴルストークは結局セリグマンと合意に達するであろう，と考えた（Ананьич［6］pp. 173-174）。

　この楽観主義には現実的根拠がないことが分かった。テヘラーンでの大型借款締結は来る月も来る月も延期された。イラン政府は重大な政治的譲歩と引き換えに英露から渡される前渡金に満足していた。ペテルブルグでは，セリグマン商会との関係はすでに過去のものとみなされ，関係回復への動きも見られなかった（Ананьич［6］p. 174）。

　1911年12月のクーデターによってイランの政治状況が変化したこと，そして，イラン政府が英露協商の精神に従うという約束をしたことは，ロシア政府にイランでの新たな可能性を開いた。それは，1910年以後，ロシアでは常に関心が示されるようになった鉄道建設の利権を求める道も含めてであった。1912年までに著しく改善されたロシア自身の財政状況は，イランでの金融取引でより自由に活動する条件をロシア政府にもたらした。フランス金融界との伝統的協力はココフツォフを『ノーヴォエ＝ヴレーミヤ』のような影響力をもつマスコミの非難から守った（Ананьич［6］p. 175）。

注
（１）　ただし，この直前から英露協商にかけての時期を取り扱い，本章と密接な関係を有するものとして，高田［128］がある。
（２）　いうまでもなく，ロシアの南下はインドへの深刻な脅威であり，この時期イギリスは，イランに，ロシアの進出に対する緩衝の役割を果たすことを期待していた。
（３）　イランでは国家収入の１つの部門，すなわち税関収入だけが正常に運営されていると考えられていた。1909年の初め，ロシア外務省の情報によるとその額は年間500万ルーブルであった。この半分は借款の返済に使われた。借款は割引貸付銀行に総額3200万ルーブル，帝国銀行に250万ルーブルであった（Ананьич［6］p. 151）。
（４）　第２国民議会は1909年11月召集された（Ананьич［6］p. 153）。
（５）　これに至る経緯について，同シンジケートから外務事務次官ハーディングに同年４月８日付で送られた書簡に，以下のように記されている。

　　同シンジケートはサミュエル商会にも参加を働きかけた。サミュエル商会は，このビジネスに大変関心を示したが，イギリス外務省からの支持が得られるか確かめたい，と言い張り，外務省を訪ね，話をロシア政府には一切知らせないとの約束を取り付けた上で，このビジネスについて説明した。だが，外務省は，約束を破りすべての情報をロシア政府に伝えた。さらには，テヘラーン駐在の英露の両公使に，イラン政府に申し立てを行うよう打電がなされた。

　　なお，同シンジケートがサミュエル商会に参加を働きかけたのは，同商会が以前，日本の財政を再編成し，そのことが，「今日，その国とイギリスとの間に存在する緊密な政治関係に道を開いた」ことが念頭にあったからであった（FO 371 / 954, p. 121）。

　　サミュエル商会と日本との関係については，鈴木［126］42，66～67，70～71，74，84～86，98，151～152，154，158，224ページに詳細に述べられているし，Chapman［24］pp. 37-38（邦訳72ページ），鈴木［128］32ページにも言及されている。
（６）　なお，ここではMcLean［73］に従って，上記のサミュエル商会（単独）の件とインターナショナル＝オリエンタル＝シンジケートの件を別のものとしておいた。しかし，注５で述べたことからするならば，さらに，時期的に重なっていることからするならば，McLean［73］で，同シンジケートへのサミュエル商会の参加の件を，サミュエル商会単独のものと誤って受け取られている可能性があるようにも思える。
（７）　この提案は，同社のテヘラーンにおけるエージェントであったイギリス人ムーア（W. A. Moore）を通じて行われた。この人物は，1909年のタブリーズ包囲の際の，民族主義者側の英雄であった。このため，同社は国民議会から好意的にみられていた（McLean［73］p. 98，Shuster［118］pp. 36，122-123，131，138）。
（８）　クーン＝ローブ商会（Kuhn, Loeb and Company）のシフ（Jacob H. Schiff）のこととみて間違いないであろう。シフについては，邦語の文献では，例えば，鈴木［125］180，185～188ページや鈴木［127］67ページに言及されている。
（９）　これについてはJones［63］および水田［80］を見よ。
（10）　1910年12月31日に締結された協定により，イラン政府の割引貸付銀行への債務は長期債に切りかえられ１つにまとめられて総額6000万ケラーン，年利７％となった。債務は，1910年７月14日から1925年７月14日までの15年償還。償還と金利の支払いは年２回均等払いで実施される。

年間支払総額は652万4559ケラーン。担保とその返済の保証はファールスとペルシャ湾岸を除くすべての税関収入であった。ただし，これらの収入でまず，1900年・1902年の借款の167万194ルーブル20コペイカに対する毎年の支払いが行われ，さらに，毎年総額510万7000ケラーンの北部税関収入から，いくらかのイラン政府の必要経費が支払われるという条件が付けられた（Ананьич [6] pp. 157-158）。

(11) 詳しくは Shuster [118] pp. 118-119, 144-156を見よ。
(12) 既述のもののことか，あるいはそれ以外のもののことかは明らかではない。
(13) "главный казначей"をこのように訳しておく。後出の出納庁は"главное казначейство"。これは大蔵省の外部につくられたハザーネダーリー（khazānedāri）という省（Floor [42] p. 475）のことかとも思われるが，確証はない。
(14) 地方警備隊あるいは地方警察とでもいうべき部隊。前出の国庫ジャンダルメリーの後身。

第7章
第一次世界大戦前のイランの開発と英露の金融

本章の課題

　20世紀初頭，イランにおいて石油が発見され，これを基にイギリス系のアングロ＝ペルシャ石油会社が設立された。石油以外にも，この頃，道路や鉄道などイランの開発の試みが英露両国によって積極的に推進された。こうした開発事業は，それぞれの事業によって程度の差こそあれ，全体としては英露の対イラン外交政策と緊密な関係を保ちながら展開していった。したがって，いうまでもないことであるが，当時の英露のイランへの進出の本質を解明するのにこれら開発の問題は避けて通ることはできない。

　ところが，これまで本邦において，この問題はイラン史の概説書などで簡単に言及されることはあっても，これを主題として正面から論じた研究は管見の限り皆無である。一方，海外においては，ここに書名や論文名を列挙することは避けるが豊富な研究の蓄積がある。そこで，本章では，このような先行諸研究の中で特にすぐれていると思われ，かつ筆者の問題意識と共通する点が多いАнаньич［6］とMcLean［73］から学びつつ，ごくわずかではあるが未公刊文書も用いてこの問題に接近していくことにしたい。

第1節　緩衝国から〈第2の緩衝圏〉へ：イギリスにとってのイラン

（1）　緩衝国の崩壊

　1912年のイランは，崩壊寸前の状態になってしまっていた。1911年に財政顧問のシャスターが去った後，中央政府の存在はほんの名ばかりのものであった。

ロシア軍が北部諸地方を占領しており，この国の独立は単なる見せかけのものにすぎなかった。財政は破綻し，軍隊と官吏は俸給を支払われず，したがって，政府は広まりつつあった無秩序を鎮圧することができなかった。

多くのイギリス当局者たちは，今や安定の回復のためにはイランの財政のヨーロッパによる管理が不可欠であると信じていた。だが，これには，イランがそのようなことを拒否しロシアが建設的協力に何ら熱意を示さなかった，という問題があった。

イギリスは依然としてイランを緩衝国とする政策をとっていたが，この緩衝国は単なる最前線の防衛線になりつつあり――面から線へ――，イギリスのペルシャ湾における権益を守る手段ではますますなくなっていった。イギリス外務省は，すでにランズダウン（Henry Charles Petty-Fitzmaurice, 5th Marquess of Lansdowne）のもと，ペルシャ湾岸から内陸にかけての地域に〈第2の緩衝圏 (a second buffer zone)〉――緩衝国を〈第1の緩衝圏〉とみて――を創設することを試みていたが，1906年以降この試みは強化された。すなわち，イギリス政府は，ロシアの影響力が北部勢力圏に限定されえないという事態に備えて，その注意を南部に集中させたのであった。

南部におけるイギリスの地位を強化するために，1900年代初め，ランズダウンは次のような経済的手段を使い，グレイもこれにならった。

① 湾岸諸港の関税収入を貸付の担保として使うことについてのイギリスの支配力を強化する。
② 南部および中部におけるイギリスの貿易の成長を促進するための措置を講ずる。
③ 帝国銀行を支持する。

以下，それぞれについてみていくことにしよう。

南部税関に関する限り，グレイは，多数の金融商会の対イラン政府貸出を事実上阻止することにより（第❻章），イギリスの先取特権が侵害されないよう努めた。1908年，イラン政府がテヘランにおけるドイツの学校に補助金を与えようとしたところイギリス外務省が反対したが，その理由は，その補助金が南部関税収入によって保証されているから，というものであった（McLean

[73] p.106)。

　先取特権は，債務が返済されるや消滅する。したがって，先取特権を保持するというイギリスの立場からするならば，返済が遅いほうが，さらには返済されないほうが都合がよかった。1910年10月，帝国銀行がイラン政府と貸付交渉を始めたが，その際，インド省は先取特権を50年間有効とすることなどの条件を求めた。ある高官は次のように述べた。

> 「この条件の目的は，できる限り長い間我々が関税への先取特権を保持すること，そして，そのようにしてドイツなどを立ち入らせないでおくことを我々に可能にすることである。これは政治的目的なのである」(FO 371 / 956, pp. 324-328, McLean [73] p.107)。

次に南部および中部におけるイギリスの貿易についてであるが，道路が通行可能であることが貿易存立の前提であることはいうまでもない。だが，1910年頃，イラン南部は無政府状態にあった。各道路は盗賊たちによって支配されており，エスファハーンの地元支配者はこれにいかなる手段も講ずることができなかった。ブーシェフル゠エスファハーン道路は，武装した護衛なしには通行不能であった。郵便物の強奪がたびたびであり，部族間抗争も激しかった。さらに，インド゠ヨーロッパ電信局 (Indo-European Telegraph Department) の線がスィースターンで破壊され，イギリス人スタッフが逃げ去るという事件も起こっていた。1911年8月，イギリス外務省のある高官は，「イギリスの貿易は1年以内にペルシャから完全に消え去る」と予想した (McLean [73] pp.107-108)。

　この問題は，イギリスによるイラン南部の占領によって解決されうると思われた。占領すれば，イギリス軍が法と秩序を導入し道路を巡視することができる。しかし，これは，莫大な費用かかることやロシアの反応といった点などから考えて，不可能であった (McLean [73] p.108)。

　そこでイギリス政府はある「非常に特異な妥協案」を出した。すなわち，中立的な外国であるスウェーデンの将校のもとでのジャンダルメリーの創設がそれであった。グレイはこの計画をうまくスタートさせるためにあらゆる手を尽くした。ジャンダルメリーを組織し装備を施すためにイギリスからイランへの

前貸が行われた。だが，ジャンダルメリーは期待された成果を上げることができず，1914年11月，イギリス政府はこの企てを放棄した（McLean [73] pp. 108-110)。

帝国銀行への支持という点でもグレイはランズダウンの先例に従った。これは，前述の〈ペルシャ湾関税収入への排他的先取特権維持〉の一部をなすものであったが，以下にみるようにこれにとどまらなかった。1906年3月，割引貸付銀行が帝国銀行への取り付けを組織した際，ペテルブルグのイギリス大使館はロシア政府に断固たる抗議を行った。その1年後，イギリス外務省は，イランの国民銀行の設立を阻止した。1910年11月，帝国銀行は，来るべき対イラン貸付に関して，同行が貸付の担保である湾岸諸港の関税収入を徴収する際にはイギリスの外交的援助を受ける，との約束をイギリス外務省から得た（McLean [73] p.110）。

イギリス政府は帝国銀行を，その競争者たちよりも好んだ。すなわち，レッセ＝フェールの原則は制限された。公的にはイギリス企業間におけるイギリス政府の不偏が強調されたが，実際は，外務省の次の見解にみられる通りであった。

「同行は，長年我々が協調してきた，古くに設立されたイギリスの会社であり，ペルシャの国立銀行である。したがって，当然我々は，ペルシャ政府に対するいかなる貨幣貸出業務も，他のグループによってよりは同行によって行われることを望むべきである」(FO 371/958, p.485, McLean [73] pp. 110-111）。

(2) 南部の利権と開発

以上では，イギリスのイラン南部における諸政策について，ランズダウンとグレイの両外相の在任期に基本的に共通するものを検討してきたわけであるが，以下，グレイの在任期に絞って論ずることにしよう。

グレイは，南部でのイギリスの支配力を強化する機会に，前任者よりもはるかに恵まれていた。その理由は，第1に，南部で利権獲得活動が活発に展開されておりこれをイギリスの利益拡張のために利用できたこと，第2に，鉄道建

設禁止のイラン゠ロシア合意が1910年に失効すること，すなわち鉄道を建設することができる時が近づきつつあったこと，この2点である（McLean [73] p. 111）。

（A） 鉄　道

〈戦略的目的のための鉄道建設〉ということから思い起こされるのは，普通，イギリスではなくドイツ（バグダード鉄道）やロシア（ザカスピ鉄道・シベリア鉄道）かもしれないが，イギリスも決して後れを取っていたわけではない（McLean [73] pp. 111-112）。

例えば，インド西北国境地域ほど鉄道——それが存在しないことも含めて——が軍事的・戦略的機能を有していた地域は他にあまりないであろう。インドの当局者たちは，陸路によるインドへの接近を困難にするために，鉄道建設の阻止に努めていた。この方針はインド総督カーゾンによって転換された。彼は鉄道をヌシュキまで進めた。さらに，カーブル・カンダハール間の国境地域まで鉄道を延ばす計画が立てられた。これは，国境地域の諸部族をインド軍の支配下により実効的に組み入れるためであり，また，ロシアが進出してきた場合に軍隊と兵站をより迅速に前線へと移動させるためであった。この鉄道建設と国境防衛の問題は，1914年に至るまで，インド当局者たちの関心事でありつづけた。また，アフリカにおいては，喜望峰からカイロへの鉄道が構想されていた。これは，第1に，東アフリカにおけるイギリスの領土を一体化するためであり，第2に，アフリカを東西に横断するフランスの路線を阻止するためであった。中国やトルコでも，イギリス政府は鉄道を戦略的見地からみていた（McLean [73] pp. 112-113）。

イランについては，すでに1880年代中頃，イギリス外務省は，テヘラーンからペルシャ湾への路線の利権を獲得しようと，そしてそのためのシンジケートをロンドンでつくろうと試みていた。1890年には，イラン駐在イギリス公使が，バルーチスターンからスィースターンへのイギリスの鉄道について賛成の議論を行った。その議論では，この鉄道がイラン東南地方におけるインド政府の権力を大きく強化する，という戦略的価値が前面に出ていた。

1888年，イギリスはシャーから，もし北部において何らかの鉄道利権がロシ

171

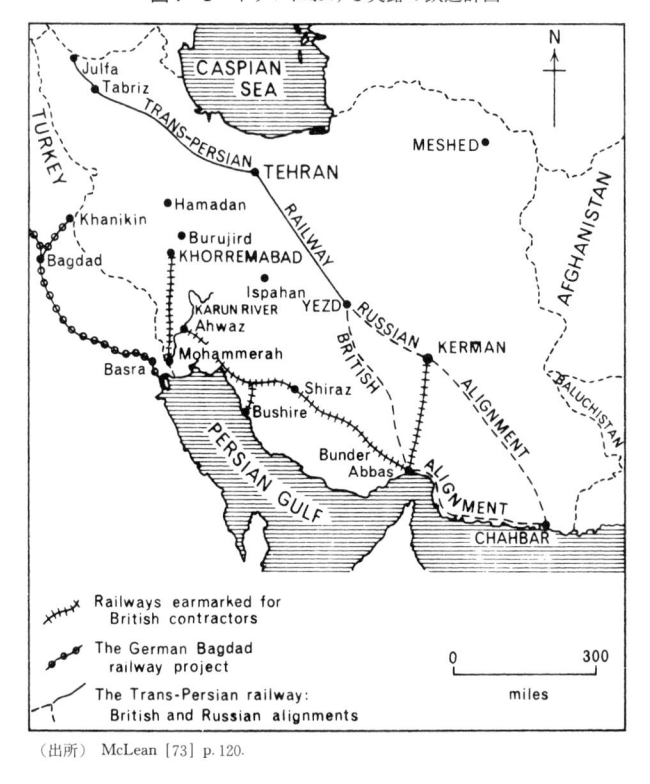

図7-1 イランにおける英露の鉄道計画

(出所) McLean [73] p. 120.

アに与えられたならば，イギリスにテヘラーンからペルシャ湾までの路線が与えられるとの約束を得ていた（この約束は1900年に確認された）。ロシアが北部で鉄道を建設するや否や自分たちは南部で鉄道を建設するというのがイギリス外務省の政策の根幹であったが，同時にイギリスの高官たちは，イランにおける鉄道建設禁止（1890年と1900年のロシア・イラン間の合意）を好都合なものとみていた。というのは，北部にロシアの鉄道ができれば，同地方がロシアの支配下により強固に組み入れられることになるからであった（McLean [73] p. 113）。

鉄道は，貿易の流れの転換を引き起こすことがある。もしロシアがイラン北部を貫く鉄道を建設すれば，イランの中部全体の貿易は北へと向きを転じ，したがって，イギリスの貿易は打撃を受けるであろう。逆——すなわち，「もし

第 7 章　第一次世界大戦前のイランの開発と英露の金融

イギリスが」――もまた真なりである。

　イギリスの高官たちが最も重視しロシアの協力を期待した路線が，モハンマレ・ホッラマーバード間の路線であった（図 7-1）。ロシアはこの路線を原則的に了承したが，貨物料金を，北部においてイギリス製品がロシア製品より低価格とならないような水準に固定するよう明確に要求した。この路線が完成していたら，イランにおける英露の商業上の争いがロシア勢力圏にまで入り込むことになったであろう。そして，銀行および領事エージェントを通じたロシアの政治的浸透の速度が弱められたことであろう（McLean [73] p. 114）。

　モハンマレ＝ホッラマーバード鉄道は，また，ペルシャ湾におけるイギリスの至上権を守る一要因でもあった。イギリスの高官たちはこの路線を，バグダード鉄道への 1 つの対応たりうるもの，とみなしはじめるようになった[1]。1914年に至るまでイギリスは，ドイツの鉄道がメソポタミアを貫いてペルシャ湾まで走るという見込みに直面していた。これは，いうまでもなくイギリスの貿易への脅威にほかならなかった。もしドイツが，イギリス製品に不利になるよう貨物料金を設定したならば，ペルシャ湾から北部へと送られるイギリス製品は，鉄道で運ばれるドイツ製品と太刀打ちできない。モハンマレ＝ホッラマーバード鉄道ができれば，この問題が生じることを防ぐことができる。また，イギリスは，外国の商業的浸透からペルシャ湾を守るという観点から，バグダード鉄道建設に参加してバグダードからペルシャ湾に至る部分を自分のものにしたいと望んでおり，モハンマレ＝ホッラマーバード鉄道はバグダード鉄道への参加のための交渉力を強化することにもなる（McLean [73] pp. 114-115）。

　次に，この鉄道の実現可能性についてであるが，まず，資金調達が困難であるという問題があった。イラン（特に南部）が混沌状態にある限りは，いかなる民間資本ももたらされないであろうことは明白であった。投資家たちがその気になるとすれば，それはイギリス政府の保証がなされた場合のみであったが，それはまったく期待できなかった。また大蔵省は補助金を出すことを検討しようともしなかった。この点に関しては，公的資金の投入を支配していたルールは，1900年代初め，ランズダウンがイランの道路建設を推進するために機密費を使うことを余儀なくされた時とほぼ同じであった（McLean [73] p. 115）。

173

このような資金調達の困難さ，それにイラン政府・ロシア政府の反対といった点から考えて，この鉄道の実現は困難であった。だが，イギリス政府にとっては，ドイツがバグダード鉄道を完成させる兆候を示さない限りは，そしてロシアが北部で鉄道建設を始める動きを見せない限りは，モハンマレ＝ホッラマーバード鉄道建設に着手できなくてもいっこうにかまわなかった。当面イギリス政府が望んでいたのは，この路線への選択権のみであった（McLean [73] pp. 115-116）。

この路線以外にもイギリス政府は，ケルマーンからバンダル＝アッバースへの，バンダル＝アッバースからシーラーズを経由してアフヴァーズへの，そしてブーシェフルからバンダル＝アッバース・アフヴァーズ間のルート上の１地点への鉄道の選択権を欲したが，それは，他国による鉄道建設の可能性から南部を密封するためであった。イギリスの目的はドイツを立ち入らせないことであり，さらに10年間，イランにおける鉄道建設の可能性を排除することであった（上述の通り，当時，鉄道建設禁止の期限切れが近づきつつあった，McLean [73] p. 116）。

しかし，このイギリスの態度は，ロシアが勢力圏の境界まで鉄道を建設するであろうことが明らかとなった1910年以後，いくぶん変わった。イギリス外務省は，もはや鉄道建設を差し控えることはできない，と認めた。イラン駐在イギリス公使バークレー（*Sir* George Barclay）とイギリス外務省は，民間金融商会を説得してモハンマレ＝ホッラマーバード鉄道利権獲得に向かわせる可能性について論議した（McLean [73] pp. 116-117）。

ロシア政府は，この鉄道をロシア商業への脅威とみなし反対していたが，1912年９月になって反対を撤回した（McLean [73] pp. 117-118）。

残るはイランであるが，イランの国民議会は，以下の２つの点でこれに反対していた。第１に，イランにおける外国の主導権はいかなるものであれ嫌悪すべきものであるということ，第２に，この鉄道はペルシャ湾からロシア勢力圏の境界までの路線であるから，もしこれを認めれば，イランの英露両勢力圏への分割，すなわち1907年の英露協商を認めることになってしまうこと，この２点である（ちなみに，それまでイランのいかなる政権も英露協商を認めていない）。つ

まり，第1の理由にせよ第2の理由にせよ，民族主義の立場からの反対である（McLean [73] p. 118）。

イギリス外務省は，イランとの交渉は行き詰まったと悟り，最良の策はこの鉄道建設を純粋に商業的な案件としてイラン政府に働きかける民間企業を見つけることだ，と思うに至った。1913年2月，ロシアにジョルファー＝タブリーズ鉄道利権が与えられたが，イギリスのモハンマレ＝ホッラマーバード鉄道にはその選択権さえ与えられる兆候はなかった。グレイはこの取り扱いの不公平さに遺憾の意を表明した。彼は，すでにイラン政府に働きかけていたあるイギリス民間会社にイラン政府が選択権を与えることがこれ以上遅れることは許容できなかったであろう。

くだんのイギリス民間会社は，ペルシャ鉄道シンジケート（Persian Railway Syndicate）という会社であった。同シンジケートは，アングロ＝ペルシャ石油会社・帝国銀行・ペルシャ輸送会社・イギリス＝インド蒸気船航行会社（British India Steam Navigation Company），それにロンドンの諸投資会社からなっていた。取締役には，これらすべての会社の代表者が名を連ねていた。また，同シンジケートはケルマーン地方におけるイギリスの重要な採掘権とも結びついていた（Issawi [55] pp. 191-194, McLean [73] p. 119）。イギリス外務省はこのシンジケートを積極的に支持した。その結果，同シンジケートに，モハンマレ＝ホッラマーバードルートを調査する権利と建設の2年間の選択権が与えられた。このようにして，イラン南部における最も重要な路線がイギリスの請負業者たちに確保されたのであった（McLean [73] p. 119）。

イギリス政府は，鉄道利権の「所有権を示すための目印をつける（ear-mark）」ことを目指していたので，必然的に，鉄道利権に関与していた金融業者たちと関わり合いになることになった。イギリス外務省は1911年7月，同シンジケートに，ゲージ，申し込むべき利権，そして，イラン政府に資金を貸し出す場合の担保として何を充てるべきか，という3点について助言した。それどころか，イギリス外務省は，同シンジケートの設立それ自体を導いた。同省は，イラン南部に利害関係のある主要諸企業が鉄道建設の目的で一致団結することを熱望していたのであった。同シンジケートは，イギリス政府がイラン南

部におけるその至上権を主張するための手段の1つであった（McLean [73] pp. 119-121）。

モハンマレ＝ホッラマーバード路線などの南部の鉄道と同じく重要なのが，イランを横断しロシアとインドの鉄道網を結びつけるトランス＝ペルシャ鉄道であった。これは，この鉄道についての英露協調の提案という形でロシアから切り出された（McLean [73] p. 121）。

グレイはこれを断われなかった。というのは，グレイは英露の協調が続くことを望んでいたし，また，もし断わったならば，ロシアを中東における鉄道建設に関してドイツとの協調のほうへと追いやってしまうことになるからであった。トランス＝ペルシャ鉄道はザカスピ鉄道やシベリア鉄道と同様ロシアの拡張の手段となるであろう，と考える者がロンドンに，そしてインドにいた。だが，このトランス＝ペルシャ鉄道が具体化しつつあるからには，そしてロシアが自国艦隊に大金をつぎ込もうとしているからには，ロシアと事を構える余裕はなかった。グレイはリスクを取ることを決断した。イランを不妊化しようとする政策は，鉄道に関する限りは，ここに表面上は放棄された（McLean [73] pp. 121-122）。

トランス＝ペルシャ鉄道についてイギリスがロシアと合意したのには，上記のほかに，次のような理由があった。
① ロシアと協力することによって，イギリスはこの鉄道についての発言権をもつことができる（そうしないと，ロシアは北部〔すなわち自らの勢力圏〕と中立圏に自らの路線をつくり，イランにおけるイギリスの影響力は消滅してしまう）。
② ヨーロッパからインドまでの直通の鉄道は不可避である。
③ これを，モハンマレ＝ホッラマーバード鉄道へのロシアの同意を得るための誘因とする（McLean [73] p. 122）。

だが，イギリスは，トランス＝ペルシャ鉄道について二心ありつづけた。グレイにしても，この鉄道が建設されることを望んでいたわけではなかった。したがって，イギリスは，この鉄道についての最初の提案があった1909年から1914年の戦争勃発まで故意にぐずぐずした。イギリス外務省にはこの鉄道が実

現可能と思う者は誰もいなかったし，また，同省は，必要ならばいつでもこの計画をつぶすことができると思っていた。

数カ月の内に，イギリス外務省はこの計画を全面的に変更することに成功し，ロシア政府およびそれに関係していたイギリス金融グループの測量作業開始の試みなどをくじいた（McLean [73] p. 123）。

ここでもイギリス外務省はイギリスの金融家たちの活動を非常にきっちりと監督していた。というのは，トランス＝ペルシャ鉄道は，当局の指導から自由であるにはあまりにも重要な問題であったからである。イギリスの戦略はこの鉄道の建設をできる限り遅らせることであった。トランス＝ペルシャ鉄道は，〈陸路でのインドのヨーロッパからの隔離〉というイギリスのイランについての伝統的政策への執着の見事な例である。イギリスは，イランをもはや長い間独立国の状態に保っておくことはできないということを1912年までに悟ったが，それでもなおペルシャ湾に接する地域に自らの経済的根拠地と政治的権力を保持することができる，と信じていた（McLean [73] pp. 124-125）。

（B） 鉱物資源・道路・電信線・灌漑

このイギリスの全般的政策，すなわち〈イラン南部におけるイギリスの地位の強化〉は，鉄道のみに依拠するものではなかった。鉱物資源が発見されていたこと，そしてイギリス海軍による保護が常に手近にあるという安心感があったこと，この2つにより，この地域には1900年代末，投資の機会がより大きくなっていた。実際，1914年以前にいくつかの重要なイギリス企業がこの地域で事業活動を始め，それらのすべてがイギリス政府と緊密に協調していた（McLean [73] p. 125）。

1909年4月，アングロ＝ペルシャ石油会社が設立された（第2章第3節（1）参照）。主要株主は，ビルマ石油会社・コンセッションズ＝シンジケート・ストラスコーナ卿で，資本金は200万ポンドであった。イギリス政府は1914年，同社の資本の支配持分を獲得し，取締役2名を任命する権利を得た（McLean [73] p. 126）。

石油の発見は，明らかに単なる〈イラン南部におけるイギリスの影響力〉といった問題を超えるものであったが，だからといってイギリス政府は石油を，

この問題との関係で捉えることを軽視したわけでは決してなかった。外務事務次官ハーディングは,「石油の発見はこの地域に繁栄をもたらすであろうし,西南ペルシャにおける我々の利益を大いに増やすであろう」と述べた。イギリス外務省は,石油開発により多くのイギリス企業を誘い込むために何らかの計画を案出することを商務省に依頼することを考えたこともあった。1913年,アングロ゠ペルシャ石油会社のロイヤルダッチ゠シェル (Royal Dutch-Shell Group) による吸収の交渉が進行していたが,イギリス政府はそれを望まなかった (McLean [73] pp. 126-127)。

アングロ゠ペルシャ石油会社は,1914年まではあくまで私企業であったが,イギリス政府は,1905年に海軍省がビルマ石油にこの利権の救出を頼んだという事情からして,そして,海軍省にとっての重要性およびイラン南部における政策という観点からの重要性からして,アングロ゠ペルシャ石油会社に深く関与していった。テヘラーンのイギリス公使館は,しばしばイラン政府に対して同社の利害を代弁したし,イラン南部が混沌としていた1907年には,同社の設備を守るために小規模な兵力がアフヴァーズへと派遣された (McLean [73] pp. 127-128)。

道路もまた政治的に依然として重要であったが,1900年代初めほどではなかった。というのは,近い将来に鉄道建設が見込まれるという状況のなかで道路の重要性は相対的に減少していたし,また,無秩序がはびこっていたため未完成の道路の完成に向けての工事が不可能であったからであった。しかし,それでもなおイギリス外務省はペルシャ輸送会社を見捨てなかったし,道路利権獲得にも関心を示しつづけた。鉄道と同様,イギリスにとって最も重要なことは,このような重要な資産が敵対者の手に落ちることを阻止することであった (McLean [73] pp. 128-129)。

同じことは電信線にも当てはまる。1908年,イギリス大蔵省がアフヴァーズ・ボラーズジャーン間の線を購入するために公的資金を使うことを拒否した際,同外務省は,ドイツが購入するのではないかと恐れた。グレイは大蔵省に遺憾の意を伝えた (McLean [73] p. 129)。

1912年以後,ケルマーン採掘会社 (Kerman Mining Company) というイギリ

ス企業が中立圏における鉱物資源開発に関与していた。イギリス公使館は、同社を全力を尽くして支援するよう指示されていた。同社は健全な経営の会社で、取締役会を通じて、アングロ゠ペルシャ石油会社およびペルシャ鉄道シンジケートとつながっていた。ここでもイギリス外務省は、例えば同社の株がロシアやドイツの手に渡るといったことがないことを、すなわち、同社がまぎれもないイギリスの企業でありつづけることを望んだ（McLean [73] pp. 129-130）。

ペルシャ湾でもドイツが足がかりを築く可能性があった。この地域における鉄の赤酸化物については、イギリスの2社が利権獲得を争った。イギリス外務省としては、利権を得るのがどちらの会社であろうとどうでもよかった。イギリス外務省は両社がシンジケートをつくることに全力を尽くした。シンジケートはできなかったが、少なくともドイツによる利権獲得は達成されなかったわけであり、その限りにおいてはイギリス外務省にとって満足すべきことであったといえる。この〈非イギリス利権の阻止〉という政策は、レンゲ（ペルシャ湾岸）付近の硫黄鉱床についても、そして、カールーン川の灌漑事業についても明白であった（McLean [73] pp. 130-132）。

1900年代末、イギリスの高官たちはペルシャ湾におけるドイツの海運業と貿易の展開に不安をつのらせていた。1914年5月、外務事務次官ニコルソンは、前年ドイツがカールーン川の貿易を事実上すべて手中にした、と不安を表明し、モロッコのようになってしまうのではないか、とまで述べている。1908年、すでにインド総督が警鐘を鳴らしていた。当時、ペルシャ湾におけるドイツの貿易が増大しつつあり、バグダード鉄道のペルシャ湾岸までの完成が大きな脅威であった（McLean [73] p. 132）。

以上にみた通り、イギリス政府は、鉄道・石油その他イラン南部の開発に助言し、それを組織し、推進した。海外で事業を行っていた企業への「公式の肩入れ（formal commitments）」は、特に財政負担が必要とされる場合には、まだ避けるべきとされていたことを考えれば、この時期のイラン南部の開発へのイギリス政府の関与のあり方はたいへん注目に値する。それは、〈金融の事柄への非介入〉という1890年代のソールズベリーのルールとの明確な断絶であった。民間企業への援助の許容範囲は、ほとんど元の面影もないほど広げられたので

あった（McLean [73] p. 133）。

（3）〈第2の緩衝圏〉と南部の部族

　この時期のイラン南部におけるイギリスの政策は，上述の開発の奨励にとどまらなかった。イギリスは〈部族長たちとの良好な関係の保持〉という旧来の政策を維持していた。もっとも，状況は以前より複雑になっていた。すなわち，バフティヤーリー人が1909年のモハンマド゠アリー゠シャーの打倒に重要な役割を果たし，この国の中央政府において有力な地位を得たのであった。もはや，彼らは単なる〈ロシアの拡張に対する防波堤〉としてのみならず〈テヘラーンにおける政治〉という観点からみなければならなくなったのである。イギリス外務省は，バフティヤーリーの部族長たちがイギリスから離れてロシアにつくのではないかと恐れていた。というのは，革命中バフティヤーリーの部族長たちがテヘラーンに居を移したことによって，初めてロシアと接触することになったからである。バフティヤーリーが北部におけるロシアの権力に強い印象を受けたとしても不思議ではない（McLean [73] pp. 133-134）。

　イラン駐在イギリス公使タウンリー（*Sir* Walter Townley）は次のように述べた。

>　「我々のバフティヤーリーの保塁は深刻に掘り崩されつつある。南部におけるロシアの影響力は，諸部族──過去，我々は彼らの忠誠に頼ってきた──への我々の支配力を深刻に弱めるであろう。」

　イギリス外務省は，バフティヤーリーの「領土（territory）」で石油開発を行おうとしていたアングロ゠ペルシャ石油会社にバフティヤーリーが「だまされないことを確実にするため」全力を尽くした。1907年7月，ある高官は次のように述べた。

>　「バフティヤーリーの部族長たち──彼らの友好は，全般的観点からみてイギリスの利益にとって重要である──が公平に取り扱われるように気をつけることは，政治的・道徳的理由により我々の務めである。」

　また，バフティヤーリーの「領土」を通るアフヴァーズからエスファハーンへの道路を通れる状態にしておくために，バフティヤーリーの部族長たちに補

助金が支払われた (McLean [73] p. 134)。

　イギリスは，モハンマレの首長 (Sheikh of Mohammerah) との関係も1900年代末に強化した。彼の「領土」はペルシャ湾の奥，カールーン川がシャットルアラブ川に流れ込むところに位置しており，インド省がこことクウェートとを「ペルシャ湾においてイギリスの巨像の足――おそらくは粘土の足――が位置している2つの地点」と述べているほどイギリスにとって重要な地点であった (McLean [73] pp. 134-135)。

　イギリス外務省はこの地域の灌漑事業を重視し，この点でモハンマレの首長と協調した。これによってイギリスは他国をこの地域に立ち入らせないことに成功した。イギリス外務省は，強いイギリスのシンジケートがこのカールーン川の灌漑事業を担うことを望み，そして，これに対する同首長による是認も得られるであろうと思っていた。というのも，もし巨額のイギリス資本が彼の「領土」に投資されれば，彼は，これまで以上にイギリスの支持を得られると確信するであろうと思われたからであった (McLean [73] p. 135)。

　すでにイギリスはアフヴァーズ＝エスファハーン道路，石油利権，それにカールーン川上流の航行権を有していた。そして，モハンマレ＝ホッラマーバード鉄道もまもなく実現するとイギリスはみていた。カールーン川の灌漑事業は，これらと相俟ってペルシャ湾の奥にイギリスの堅固な根拠地を築くことになる，というのがイギリスの期待であった (McLean [73] pp. 135-136)。

　このように，バフティヤーリーの部族長たちとモハンマレの首長は，イギリスの政策において重要な地位を占めていた。彼らのイギリスへの忠誠は，ペルシャ湾沿岸から内陸に商業的・政治的至上権の圏，すなわち〈第2の緩衝圏〉を創設するというイギリスの計画にとって不可欠のものであった。

　グレイは，表向きはイランを独立の緩衝国の状態に保つという方針に忠実であったが，内心はイランが独立国でありつづける可能性を，前任者たちよりも，少ないとみていた。したがって，彼がイラン南部におけるイギリスの利益を強化するというランズダウンの努力を継続したことは何ら驚くにあたらない。

　〈イランの領土的統合〉という「幽霊 (spectre)」は，〈南部における権力〉の代替物とはなりえなかったのであった (McLean [73] p. 136)。

第2節　国家主導の対外経済浸透：割引貸付銀行とイランの開発

（1）　割引貸付銀行と道路建設

　イランでのロシアの道路建設は，すべてアンザリー＝テヘラーン道路会社とタブリーズ道路会社の管轄下にあった。

　アンザリー＝テヘラーン道路会社は，カスピ海沿岸から首都までの幹線（380露里）以外に，ピールバーザール支線（7露里）・カズヴィーン＝ハマダーン道路（217露里），そしてアンザリー港建設も管理した。第3章でみた通り，1902年末までにロシア政府は，同社の株670万ルーブルの内，78パーセントを取得して，経営権を握った。これ以後，同社は建設作業をかなり速めた。すなわち，この頃まではハマダーンへ向けての道路建設作業は，ただ単に利権を形式的に保持するためにごく小規模でしか行われなかったし，また，アンザリー港の改修工事はほとんど着手されていなかったが，これらは，アンザリー＝テヘラーン道路と同様に，竣工させなければならない事業となった（Ананьич［6］p. 180）。

　1903年10月，閣僚委員会の決定でアンザリー＝テヘラーン道路会社に総額548万1000ルーブル以内の新たな株の発行が許可された。同社株の内，543万2000ルーブルはロシアの国立銀行によって購入された。これによって得られた資金はアンザリー＝テヘラーン道路の改修，港の掘り下げと設備の取り付け，カズヴィーン＝ハマダーン道路の建設などに使われた（Ананьич［6］pp. 180-181）。

　このようにして，アンザリー＝テヘラーン道路会社の株式資本は1213万2000ルーブルとなった。その内，150万ルーブルは民間の，残りは国立銀行のものであった。

　1903年，アンザリー港の建設関係の作業は商業航海港湾総局の運営下に移された。しかし1911年，通産大臣チマシェフ（С. И. Тимашев）の強い要求により，アンザリー港は再びアンザリー＝テヘラーン道路会社の運営に移った。1911年12月16日，閣僚会議は，1000万ルーブルの基金から115万7000ルーブル

をアンザリー港の船舶航行に関する改善に割り当てることについての決議を採択した。港の設備は5年間で完成させなければならなかったが，割り当てられた資金では足りなかった。なぜなら，戦時中に物価と賃金が上昇したからであった。同社は完成のためにさらに24万8000ルーブルを支出することを余儀なくされた。1917年頃，アンザリー＝テヘラーン道路会社の経営下にあるものの内，アンザリー港は唯一の未完成の建設施設であり，道路はすべて（586露里余りの長さ）完成していた（Ананьич［6］p. 181）。

　タブリーズ道路会社は，1903年以後建設工事に取りかかった。前年の4月2日，前述の通りペルシャ保険運輸会社（割引貸付銀行）は，ジョルファーからテヘラーンまでの道路の利権を取得し，タブリーズ道路会社を設立して，同社に道路の建設と利用に関するすべての権利と義務を譲渡した。会社の定款は，1902年7月，閣僚委員会によって承認され，その後政府によって発布された。固定資本は900万ルーブルと定められた（Ананьич［6］pp. 181-182）。

（2）　割引貸付銀行と鉄道建設

　ロシア政府はタブリーズ道路建設利権を得る際，鉄道建設禁止期間満了後に鉄道の路盤建設の利権をまさにこの方面で得る予定であったので，車道を鉄道の仕様で建設した（Ананьич［6］p. 182）。

　ロシア政府へのジョルファー＝タブリーズ鉄道建設の利権供与に関する問題が提起されたのは，1912年中頃のイラン政府への資金供与の交渉に関連してであった。すなわち，ロシア大蔵省は，イラン政府に新たな前渡金を供与することを断らず，その見返りに利権供与を要求しはじめたのであった。1912年5月，割引貸付銀行は，前イラン税関所長（シャスターの出発後出納長に任命された）に総額200万ケラーンの特別勘定口座を開設させた。この口座は，北部イランの主要都市の（関税収入以外の）国庫収入を担保としていた。1912年夏，ロシアは，もしジョルファー＝タブリーズ鉄道とそこからオルーミーイェ湖への支線建設の利権をロシアに与えるなら，イラン政府に10万ポンドまでの前渡金を供与すると表明した（Ананьич［6］pp. 182-183）。

　1912年8月上旬，イラン政府は利権の交渉開始に同意し，割引貸付銀行で前

渡金のロシア分担分 2万5000ポンドを受け取った。同月，イラン政府は再び，20万ポンドの前渡金について英露両政府に依頼した。ロシア大蔵省は，ジョルファー＝タブリーズ鉄道建設利権に関する協定調印後の1913年初めにこの取引を可能であると認めた。そして，イラン政府がロシアにオルーミーイェ湖航行利権を与えた後，1913年春に資金の受け渡しが行われた。しかも特恵条件で，であった。割引貸付銀行へのジョルファー＝タブリーズ鉄道（オルーミーイェ湖への支線を含む）建設の利権供与は，イラン外相ヴォスーコッドウレと，アンザリー＝テヘラーン道路会社・タブリーズ道路会社・ペルシャ保険運輸会社の会長で技師のポドグルスキー（C. K. Подгурский）との間で調印された契約として正式に手続きされた。閣僚会議の決議によって，タブリーズ道路会社はタブリーズ鉄道会社と改称され，定款が変更され補足された（Ананьич［6］p. 183）。

ジョルファー＝タブリーズ鉄道の建設は第一次世界大戦中に始まった。1916年2月21日，タブリーズの住民は駅で一番列車を迎え，4月に開通式が行われたが，最終的な完成は戦後になってのことであった。

道路（鉄道）から両側60露里の地帯の鉱物資源開発とオルーミーイェ湖での汽船運行操業が割引貸付銀行に任された。タブリーズ鉄道会社の株は国立銀行の所有であった（Ананьич［6］p. 184）。

（3） 割引貸付銀行の危機の基本構造：政治的・長期・無担保

1913年末まで，割引貸付銀行は依然として危機的な状況にあった。1913年11月，ロシア蔵相ココフツォフは同外相サゾノフに，外務省が同行に必要な支援をするよう要求した。

12月15日には「ペルシャ割引貸付銀行の活動に関する諸問題を審議するための会議」がココフツォフを議長として招集された。

会議では，この銀行の国家的性格が審議にかけられた。まさにそれが危機の原因であったと認められたからである。会議で指摘されたのは，この銀行は明らかな政治的色合いをもっているということであり，その理由は「ロシアの国家資金で設立された機関として，同行は，ペルシャでイギリスと競争する政策

における外務省の重要な手段の1つであった」からということであった（Ананьич［6］p.185）。

　会議の参加者たちは，この銀行が次のような問題を抱えていることを理解した。まず，同行の資金のきわめて大きな部分は，政治的な長期貸付と借款として固定されたものであった。顧客は，業務上の理由からではなく政治的判断によって選ばれた。取引が無担保であっても，銀行上層部は心配しなかった。なぜなら，万一の場合にはイラン政府の援助に頼って顧客からいつでも取り立てられると考えたからであった。だが実際は，イラン政府の影響力は革命によって弱まっていた。その上「社会的地位の高い」顧客のなかには政権内部の者もおり，彼らはあらゆる手をつくして返済を引き延ばした。最上の場合でも銀行の手には不動産しか渡らなかった。それらは，イラン政府の抵抗を考えるならば，同行は処分できなかった（Ананьич［6］pp.185-186）。

　同行は，「債務者を支払う気にさせる」いかなる手段も奪われていた。なぜなら，イランでは手形に関する権利がなく，裁判に訴えても債務者に影響を与えることはできなかった。訴訟手続き制度はあらゆる遅滞の無限の可能性を与え，裁判官は自分の同胞に好意的に接した。もし，債権者が好都合な判決を勝ち取ったとしても，政権には判決を実行する力がなかった。また，債務者はバストすることによって支払いを逃れるという非常手段をもっていた（Ананьич［6］pp.186-187）。

　また，同行は，債務者の不動産を自己の管理下に置いても処分できなかった。なぜなら，イラン政府はトルキャマーンチャーイ条約の特別協定第5条を，ロシア国民のイランでの不動産所有の権利を奪ったものと解釈していたからであった（Ананьич［6］p.187）。

（4）　割引貸付銀行の現地通貨不足と内国税歳入代理業務

　割引貸付銀行には，現地通貨であるケラーンが常時不足していた。イランの関税収入は金融機関に持ち込まれた。1912年6月，ベルギー人のモルナール（Joseph J. Mornard）——彼はシャスターのイランからの追放ののちそのポストに就いた——は割引貸付銀行に，北部の関税収入のみならずビールジャンドを

含めた北部の内国税を徴収する権利も与えた。このことによって，同行への通貨流入が増え，これに対して今度は，同行がモルナールに200万ケラーンのクレジットを設定した。関税収入および内国税の徴収と，そのイラン政府との決済との間には時間的なずれがあるわけであるから，その間，同行はある程度までケラーンの残高の必要を満たすことができた。しかし，関税収入と内国税が同行の手中にあったのは短期間のことであったので，同行は，ケラーンの現金を恒常的に維持するために金貨を売りに走らざるをえなかったが，帝国銀行以外に買い手が見つからない場合があった。この競争相手への「依存関係」は1913年，割引貸付銀行に破滅的な影響を与えた。内国税徴収についてのモルナールと割引貸付銀行との合意は一時的なものであることが明らかとなった。すなわち，この合意はイギリスの勢力圏内のビールジャンドへは及んでいなかった。そして，1913年，割引貸付銀行にとってまったく思いがけずモルナールがアーザルバーイジャーンを除く北部イランの内国税徴収権を帝国銀行に渡した。割引貸付銀行取締役会は，モルナールが帝国銀行の株主であり同行と密約を結んでいたとの情報を有していた（Ананьич［6］pp. 187-188）。

(3)

（5）　帝国銀行のイラン金融市場支配と為替操作

　以上のように割引貸付銀行が危機に瀕していたのに対し，帝国銀行はイランの金融市場で支配的地位を得ていた。同行は，設立時より銀行券発行の独占権をもっていた。1909年，帝国銀行はケラーン鋳造用に銀を納入するようになり，さらにモルナールのおかげで主要な通貨流入源を管理する機会を得た。1913年，帝国銀行は銀行券の発行を減らし，ケラーンの鋳造をやめて，まさにそれによってケラーンのレートを空前の高さまでつり上げ，割引貸付銀行と決済をするためにつくられた状態を利用して，安い相場でルーブルを買い占めはじめた（Ананьич［6］pp. 187-188）。

　割引貸付銀行は，帝国銀行からしかけられたケラーンに対するルーブル相場低下のゲームに対して無力であった。1913年10月，同行取締役会長は次のように述べた。

　　「ペルシャ割引貸付銀行は，今後の存続を脅かすきわめて重大な危機を体

験した。弊行の困難な状態は，現在の状況でイギリスのシャーハンシャー銀行〔帝国銀行〕との競争がまったく不可能であることと流動資金不足とにより引き起こされた。シャーハンシャー銀行はペルシャで貨幣流通の最高権力を有する支配者であり，私たちと隣接したペルシャ北部地方からさえロシアの銀行を完全に排除しようとした」（Ананьич［6］pp. 188-189）。

（6）　割引貸付銀行の危機と外務省からの援助

　帝国銀行の為替操作に関連して，ロシア蔵相ココフツォフは1913年の早くも5月に，次いで6月にも，割引貸付銀行を支援するように（特に北部イランでの内国税徴収権を同行に取り戻すように）外相サゾノフに依頼した。

　1913年12月の会議で大蔵省の代表者は，外務省が同行の活動を援助するよう断固として要求し，次のように述べた。

　　「もし援助が何らかの原因によってなされなければ，その時は，このことから論理的かつ必然的に起こる決定を行うことが不可欠だ。すなわち，それは，同行を整理することと，ペルシャでのロシアの仕事の実行をある外交関係官庁(4)だけに任せることである。」

　しかし，サゾノフは同行を整理することにも，あるいは他人の手に渡すことにも反対した。彼は，「このようなやり方はペルシャ全体をイギリス人たちの手に，そしてドイツ人たちの手にも渡すことになり，〔ロシアの〕競争者による〔中略〕ペルシャの経済的隷属を招くであろう」，と強調した（Ананьич［6］p. 189）。

　ロシア外務省は会議開始前に始めたイギリス側との交渉で，割引貸付銀行に帝国銀行と同等の権利を，内国税の徴収とテヘラーン造幣所用の銀の納入に関して与えるよう要求した。会議では，割引貸付銀行を危機から救う唯一の手段として，外務省側から同行にかなり思いきった支援をするという次のような特別決議が採択された（Ананьич［6］pp. 189-190）。

　①　割引貸付銀行取締役会は次のような文書を作成する。
　　a　不良な取引先からの債権取り立ての現状と今後の動向についての見解
　　b　請求がうまく清算され，今後，事業が発展するために望まれる解決策

② 前項で指示された文書を受け取り，銀行の代表者とともに今後の行動方法を論議した後，イラン駐在公使館はより早い債権の回収と銀行にとってより重要で原則的な問題の解決に協力する。
③ イランで不動産を所有するロシア国民の権利についての基本的な問題の解決へ今は取り組まず，公使館は次のことを援助する。
　a ロシアの国民と機関が，不良な取引先への債権の担保として不動産を受け取り，その不動産を一定期間にわたって差し出すという約定を交わして，その所有者となる。
　b この点で銀行の利権を補充する。
④ 公使館はイラン暦の来年の初めからロシア勢力圏でのすべての内国税の徴収を割引貸付銀行に任せるよう措置を講ずる。必要な場合には外務省がイギリス政府との外交交渉によってこのことに協力する。
⑤ 割引貸付銀行は公使館の協力を得て，モルナールを自分側に引き入れるための措置を講ずる。この方法が失敗した場合，外務省がモルナールにかわる他の人での方法を見いだす。
⑥ 外務省は帝国銀行と対等に割引貸付銀行をテヘラーン造幣所用の銀納入の仕事に参加させることについてイギリス政府と始めた交渉を継続する。詳細は英露の銀行間の協定により定められる（Ананьич［6］p. 190）。

このように，この12月の会議では，同行を救済する方法としては，外務省からの援助が決められたのみであった。会議の参加者たちは，同行の危機の原因はかなりの程度その本質と政策にあるとはっきりと理解していたけれども，今後の同行の組織改編についていかなる決定もなされなかった。大蔵省と外務省は，国立銀行の支店でありつづけたこの銀行の活動にいかなる変更も加えるつもりはなかったようである（Ананьич［6］pp. 190-191）。

この会議の決議から，同行がかなり競争力を失っていたということが分かる。1913年末から1914年初めにかけて，割引貸付銀行の取締役たちは借款で固定された資産を自由にし，失われた貨幣収入源を取り戻そうと全力を尽くした（Ананьич［6］p. 191）。

第3節　債権者たちの領土要求と英露協調

　1914年7月初めにイラン外相アリー゠コリー゠ハーンは，イラン駐在ロシア公使コロストヴェッツ（Коростовец）にイギリスと共同で出納庁に30万トマーンの貸付をするよう依頼した（出納庁は資金がなく，そのためモルナールは辞表を出しさえした）。この依頼に対して割引貸付銀行臨時支配人ヴィデマン（Видеман）は下記の諸条件を持ち出した（Ананьич［6］p. 191）。

① 北部の内国税の払い込みはロシアの機関へ行う。
② 帝国銀行と同様に割引貸付銀行にイラン銀貨の納入と鋳造の権利を与える。
③ 1910年の借り換えを始めなかったモハンマド゠アリー゠シャーの債務と，「政府の性格をもった」他の人物たちの債務の問題を調整する。
④ アミーノッザルブ2世の債務の件は終える。
⑤ 訴訟手続きと判決の執行を整備する。また，1年間判決執行が行われなかった金額をイラン政府の資金から差し引く権利を同行に与える（Ананьич［6］pp. 191-192）。

　これらの条件は，ロシア外務省でさえこれを法外だと判断した。同省は，これらの条件を減らし，内国税のロシアの機関への納入と一部の債務返済とアミーノッザルブ2世の訴訟終了，この3つを要求することは可能であるとみた。この取引は，イギリス側が貸付分担分の対価として利権供与を要求するつもりであったため，成立しなかった。

　ロシア政府は，イギリスの参加なしで貸付を行うことを試み，今度はモガーン（イラン西北部）の灌漑利権の供与という1つの条件のみにとどめた（Ананьич［6］p. 192）。

　しかし，テヘラーンでは事はロシア政府の思惑通りには運ばなかった。1914年9月，イラン政府はイギリス公使タウンリーに高額の借款を依頼した。タウンリーは，借款は「ペルシャ湾の一部の島々の譲渡で」可能であると「ほのめかした」。イラン政府はこの提案をかわそうとして，ロンドンとペテルブルグ

に，借款について交渉するため代表を派遣した。しかし，ペテルブルグでは，イランに直ちに高額を供与するという考えには好意的でなく，ヴィデマンは銀行上層部に，イランへの高額借款供与は銀行のためにもロシアのためにもならない，と警戒するよう訴えた。なぜなら「ロシア公使館と銀行は正当な要求をペルシャ人に実行させるための自らの主要な武器を長期間にわたって奪われるであろう」からであった（Ананьич［6］p. 193）。

再び，ロンドンでイギリスにペルシャ湾の島々を売ることについての問題が提起された（100万ポンド）。深刻な財政状態であったが，イラン政府は領土の売却は避けたかった。そこで，イラン政府は，ロシアに，1900年と1902年の借款の債務返済を1年間猶予することを求めた。同時に，イラン政府は，出納庁の赤字を埋め合わせ，「国家統治が正常に機能を果たすこと」を保障するために，300万トマーンの英露共同前渡金を請求した（Ананьич［6］pp. 193-194）。

これに対して，イギリス政府は，ペルシャ湾の島々を売ることを要求しつづけた。領土の譲渡はイランのいかなる省も行わないと言明されたにもかかわらず，イギリス公使タウンリーは再びこの要求を提起したのであった。ロシア公使コロストヴェッツも，ロシアもイギリスにならってこの種の要求をすべきであろうか，と本国政府に問題を提起した。

このように，第一次世界大戦が始まる頃には英露は信用供与の対価として領土を譲渡するようイラン政府に公然と要求しはじめた。信用供与を，「イランの生産力増強のため」といった美しい言葉で正当化することも，もはやしなくなった（Ананьич［6］p. 194）。

イランに対する英露の金融は，ここに，その本質の少なくとも一部と思われるものをあらわにしたのであった。

注
（1）バグダード鉄道については杉原［122］を見よ。
（2）モルナール（後述）のことであろう。
（3）権利として得るには得たが，実際はこの権利を行使できなかった，ということであろう。
（4）具体的に何を指すのかは不明である。

参考文献

1 未公刊史料

BT: Records of the Board of Trade and of Successor and Related Bodies (Public Record Office, U. K.)

FO: Records Created and Inherited by the Foreign Office (Public Record Office, U. K.)

IBP Archives: Imperial Bank of Persia Archives (Hongkong Bank Group)

2 未公刊学位論文

Basseer, Potkin A., "The Role of Financial Intermediaries in Economic Development: The Case of Iran, 1888-1978", Dissertation, The George Washington University, 1983.

Fairlie, Susan Elizabeth, "The Anglo-Russian Grain Trade, 1815-1861," Dissertation, University of London, 1959.

3 イギリス議会文書

(1) タブリーズからの領事報告（年次順）

Dickson, "Report by Mr. Dickson, British Acting Consul-General at Tabreez, on the Province of Azerbijan, and on the Trade of Tabreez for 1859", *Great Britain, Parliamentary Papers, Accounts and Papers*（以下 *GB*, *PP*, *AP* と略す）, 1861, LXIII [2896]（＝1859年報告）.

Abbott, "Remarks by Mr. Consul-General Abbott on the Trade of Tabreez for the Year ending 20th March, 1863", *GB*, *PP*, *AP*, 1864, LXI [3393]（＝1862年報告, Amanat [2] にも収録）.

―――, "Report by Mr. Consul-General Abbott on the Trade and Commerce of Tabreez for the Year 1864", *GB*, *PP*, *AP*, 1865, LIV [3518]（＝1864年報告, Amanat [2] にも収録）.

―――, "Report by Mr. Consul-General Abbott on the Trade and Commerce of Tabreez, for the Year 1865", *GB*, *PP*, *AP*, 1866, LXX [3729]（＝1865年報告, Amanat [2] にも収録）.

Abbott, Keith, "Report by Mr. Consul-General Keith Abbott on the Trade and

Commerce of Tabreez for the Year 1866", *GB*, *PP*, *AP*, 1867-68, LXVIII [3953]（＝1866年報告, Amanat［２］にも収録）.

Abbott, E., "Report by Mr. Consul-General E. Abbott on the Trade of Tabreez for the Year 1867", *GB*, *PP*, *AP*, 1867-68, LXVIII [3953-VIII]（＝1867年報告）.

Jones, "Report by Mr. Consul-General Jones, on the Trade and Commerce of Tabreez for the Year 1870 [sic]", *GB*, *PP*, *AP*, 1871, LXV [343]（＝1869年報告）.

―――, "Report by Consul-General Jones on the Trade of the Province of Azerbijan for the Year 1870, *GB*, *PP*, *AP*, 1871, LXVI [429]（＝1870年報告）.

―――, "Report by Consul-General Jones on the Trade of Tabreez for the Year 1872 [sic], *GB*, *PP*, *AP*, 1872, [637]（＝1871年報告）.

―――, "Report by Consul-General Jones on the State of Trade in the Province of Azerbijan during the Year 1872", *GB*, *PP*, *AP*, 1873, LXV（＝1872年報告）.

―――, "Report by Consul-General Jones on the Trade and Commerce of Tabreez for the Year 1873", *GB*, *PP*, *AP*, 1875, LXXV [1132]（＝1873年報告）.

Abbott, "Report by Consul-General Abbot on the Trade and Commerce of Tabreez for the Year 1877-8," *GB*, *PP*, *AP* 1878, LXXV [2134]（＝1877年報告）.

―――, "Report by Consul-General Abbot on the Trade and Commerce of Province of Azerbijan for the Year 1878-79, " *GB*, *PP*, *AP*, 1880, LXXIII [2460]（＝1878年報告）.

―――, "Preliminary Report by Consul-General Abbott on the Trade and Commerce of the Province of Azerbijan for the Financial Year ended March 31, 1880," *GB*, *PP*, *AP*, 1880, LXXIV [2701]（＝1879年報告）.

―――, "Preliminary Report by Consul-General Abbot on the Trade and Commerce of the Province of Azerbijan for the Financial Year ended the 31st of March, 1882", *GB*, *PP*, *AP*, 1882, LXXI [3344]（＝1881年報告）.

―――, "Report for the Year 1885 on the Trade of Tabreez" ("Report by Consul-General Abbot [sic] on the Trade of Tabreez for the Year 1885") *GB*, *PP*, *AP*, 1878, LXXV（＝1885年報告）.

Abbott, William G., "Report for the Year 1886-7 on the Trade of Tabreez" ("Report on the Trade of Tabreez for the Financial Year 1886-87,") *GB*, *PP*, *AP*, 1888, CI [5252-18]（＝1886年報告）.

―――, Report for the Year 1887-88 on the Trade of Tabreez" ("Report on the Trade of Tabreez for the Financial Year 1887-88") *GB*, *PP*, *AP*, 1888, CII [5252-222]（＝1887年報告）.

Wood, C. G., "Report on the Trade of Azerbaijan for the Year 1900," *GB, PP, AP,* 1901, XLVIII（＝1900年報告）.

Wratislaw, "Report on the Trade of Azerbaijan for the Two Years ending March 20, 1904," *GB, PP, AP,* 1905, XLVIII [2236-52]（＝1902＋03年報告）.

―――, "Report on the Trade of Azerbaijan from March, 1904, to March, 1905," *GB, PP, AP,* 1906, LXIII [2682-32]（＝1904年報告）.

―――, "Report on the Trade of Azerbaijan from March 21, 1905, to March 20, 1906, " *GB, PP, AP,* 1906, LXIII [2682-261]（＝1905年報告）.

(2) その他

Abbott, "Report by Consul Abbott on the Trade and Commerce of Ghilan for the Year 1871," *GB, PP, AP,* 1872, LVIII [637]（＝ギーラーン1871年報告）.

Dickson, "Report on the Trade of Persia," *GB, PP, AP,* 1882, XXXIII [3409]（＝テヘラーン1881年報告）.

Maclean, H. W., "Report on the Condition and Prospects of British Trade in Persia by H. W. Maclean, Special Commissioner of the Commercial Intelligence Committee of the Board of Trade," *GB, PP, AP,* 1904 [2146]（＝商務省1903年報告）.

4　新　聞

Habl al-Matin（Calcutta）

Молла Насреддинъ（Тбилиси）

The Times（London）

5　単行本・論文

[1] Afari, Janet, *The Iranian Constitutional Revolution, 1906-1911 : Grassroots Democracy, Social Democracy, and the Origins of Feminism,* Columbia University Press, New York, 1996.

[2] Amanat, Abbas, ed., *Cities and Trade: Consul Abbott on the Economy and Society of Iran 1847-1866,* Ithaca Press, London, 1983.

[3] ―――, "Amīn-al-Solṭān, *Encyclopædia Iranica,* vol. 1, Routledge & Kegan Paul, London, 1985, pp. 949-951.

[4] ―――, "Constitutional Revolution i. Intellectual Background," *Encyclopædia Iranica,* vol. 6, Mazda Publishers, Costa Mesa, Calif., 1992, pp. 163-176.

[5] Amin al-Zarb, Hajj Mohammad Hoseyn, "Yādgār-e Zendegāni-ye Hājj Hoseyn Amin al-Zarb," *Yaghmā,* vol. 15, no. 5, 1341, zamime.

[6] Ананьич, Борис Васильевич, *Российское сатодержавие и вывоз капиталов. 1895- 1914 гг. (по материалам Учетно-ссудного банка Персии)*, Наука, Ленинград, 1975.

[7] —— (Anan'ich, B. V.) and A. L. Vainshtein, "Poliakov Family," *The Modern Encyclopedia of Russian and Soviet History*, vol. 28, Academic International Press, Gulf Breeze, Fl., 1982, pp. 181-182.

[8] Ashraf, Ahmad, *Mavāne'-e Tārikhi-ye Roshd-e Sarmāyedāri dar Irān*. Zamine, Tehrān, 1359.

[9] —— and Ali Banuazizi, "Class System v. Classes in the Qajar Period," *Encyclopædia Iranica*, vol. 5, Mazda Publishers, Costa Mesa, Calif., 1991-1992, pp. 667-677.

[10] —— and H. Hekmat, "Merchants and Artisans and the Development Processes of Nineteenth-Century Iran," in A. L. Udovich, ed., *The Islamic Middle East, 700-1900: Studies in Economic and Social History*, The Darwin Press, Princeton, 1981, pp. 725-750.

[11] Avery, Peter W. and J. B. Simmons, "Persia on a Cross of Silver, 1880-1890," in Elie Kedourie and Sylvia G. Haim, eds., *Towards a Modern Iran: Studies in Thought, Politics and Society*, Frank Cass, London, 1980, pp. 1-37.

[12] Bagley, F. R. C., "New Light on the Iranian Constitutional Movement," in Edmund Bosworth and Carole Hillenbrand, eds., *Qajar Iran: Political, Social and Cultural Change, 1800-1925*, Edinburgh University Press, Edinburgh, 1983, pp. 48-64.

[13] Bakhash, Shaul, *Iran: Monarchy, Bureaucracy and Reform under the Qajars: 1858-1896*, Ithaca Press, London, 1978.

[14] Bāmdād, Mahdi, *Sharh-e Hāl-e Rejāl-e Irān dar Qarn-e 12, 13, 14 Hejri*, Zavvār, Tehrān, 1347-57 [?].

[15] Bānk-e Melli-ye Irān, *Tārikhche-ye Sisāle-ye Bānk-e Melli-ye Irān, 1307-1337*, n. p., n. p., n. d.

[16] —— (Bank Melli Iran), *A History of the First Thirty Years of Bank Melli Iran, 1928-1958*, n. p., n. p., n. d.

[17] Basseer, P., "Banking in Iran ii. History of Banking in Iran," *Encyclopædia Iranica*, vol. 3, Routledge & Kegan Paul, London, 1988, pp. 698-708.

[18] Baster, A. S. J., *The International Banks*, P. S. King & Son, London, 1935.

[19] Bayat, Mangol, "The Cultural Implications of the Constitutional Revolution," in Edmund Bosworth and Carole Hillenbrand, eds., *Qajar Iran: Political, So-

cial and Cultural Change, 1800-1925, Edinburgh University Press, Edinburgh, 1983, pp. 65-75.
[20] ———, "Anjoman i. Political," Encyclopædia Iranica, vol. 2, Routledge & Kegan Paul, London, 1985-1987, pp. 77-80.
[21] ———, Iran's First Revolution: Shi'ism and the Constitutional Revolution of 1905-1909, Oxford University Press. Oxford, 1991.
[22] Bovykin, V. I. and B. V. Anan'ich, "The Role of International Factors in the Formation of the Banking System in Russia," in Rondo Cameron and V. I. Bovykin, eds., International Banking: 1870-1914, Oxford University Press, Oxford, 1991, pp. 130-158.
[23] Browne, Edward G., The Persian Revolution of 1905-1909, Cambridge University Press, Cambridge, 1910.
[24] Chapman, Stanley D., The Rise of Merchant Banking, George Allen & Unwin, London, 1984（布目真生・荻原登訳『マーチャント・バンキングの興隆』有斐閣, 1987年）.
[25] ———, Merchant Enterprise in Britain: From the Industrial Revolution to World War I, Cambridge University Press, Cambridge, 1992.
[26] Corley, T. A. B., A History of the Burmah Oil Company, 1886-1924, Heinemann, London, 1983.
[27] Curzon, George Nathaniel, Persia and the Persian Question, Frank Cass, London, 1966 (second impression).
[28] Dadkhah, Kamran M., "Lebas-o Taqva: An Early Twentieth-Century Treatise on the Economy," Middle Eastern Studies, vol. 28. no. 3, 1992, pp. 547-558.
[29] Destrée, Annette, "Belgian-Iranian Relations," Encyclopædia Iranica, vol. 4, Routledge & Kegan Paul, London, 1989, pp. 124-126.
[30] Enayat, Anne, "Amīn (-e Dār)-al-Żarb," Encyclopædia Iranica, vol. 1. Routledge & Kegan Paul, London, 1985, pp. 951-953.
[31] ———, "Amin-al-Żarb," Encyclopædia Iranica, vol. 1, Routledge & Kegan Paul, London, 1985, pp. 953-954.
[32] Entner, Marvin L., Russo-Persian Commercial Relations, 1828-1914, University of Florida Press, Gainesville, Fla., 1965.
[33] Ettehadiye Nezammafi, Mansoureh, "Merchants and Government, Tobacco and Trade: The Case of Kordestan, 1333 AH / 1919 AD," Iranian Studies, vol. 20, no. 1, 1987, pp. 1-15.

[34] ―――, "Ettehādīya, Šerkat-e," *Encyclopædia Iranica*, vol. 9, Bibliotheca Persica Press, New York, 1998, p. 57.
[35] European Association for Banking History E. V., *Handbook on the History of European Banks*, Edward Elgar Publishing, Aldershot, Hants, 1994.
[36] Farmayan, H. F., "Amīn-al-Dawla," *Encyclopædia Iranica*, vol. 1, Routledge & Kegan Paul, London, 1985, pp. 943-945.
[37] Feis, Herbert, *Europe: The World's Banker, 1870-1914*, Augustus M. Kelley, New York, 1964 (reprint)（柴田匡平訳『帝国主義外交と国際金融――1870-1914』筑摩書房, 1992年）.
[38] Ferrier, R. W., *The History of the British Petroleum Company*, vol. 1, Cambridge University Press, Cambridge, 1982.
[39] ―――, "Greenway, Charles," *Dictionary of Business Biography*, vol. 2, Butterworths, London, 1984, pp. 639-642.
[40] Floor, Willem M., "The Merchants (*tujjār*) in Qājār Iran," *Zeitschrift der Deutschen Morgenländischen Gesellschaft*, vol. 126, no. 1, 1976, pp. 101-135.
[41] ―――, "The Bankers (*sarrāf*) in Qājār Iran," *Zeitschrift der Deutschen Morgenländischen Gesellschaft*, vol. 129, no. 2, 1979, pp. 263-281.
[42] ―――, *A Fiscal History of Iran in the Safavid and Qajar Periods, 1500-1925*, Bibliotheca Persica Press, New York, 1998.
[43] Fraser, David, *Persia and Turkey in Revolt*, William Blackwood & Sons, Edinburgh, 1910.
[44] Gilbar, Gad G., "Persian Agriculture in the Late Qājār Period, 1860-1906: Some Economic and Social Aspects," *Asian and African Studies*, vol. 12, no. 3, 1978, pp. 312-365.
[45] 権上康男『フランス帝国主義とアジア――インドシナ銀行史研究――』東京大学出版会, 1985年。
[46] 後藤晃『中東の農業社会と国家：イラン近現代史の中の村』御茶の水書房, 2002年。
[47] 八尾師誠『イラン近代の原像――英雄サッタール・ハーンの革命』東京大学出版会, 1998年。
[48] Hairi Abdul-Hadi, "Āqā Najafī, Esfahānī," *Encyclopædia Iranica*, vol. 2, Routledge & Kegan Paul, London, 1986, pp. 178-180.
[49] Hakimian, Hassan, "Cotton ii. Production and Trade in Persia," *Encyclopædia Iranica*, vol. 6, Mazda Publishers, Costa Mesa, Cal., 1993, pp. 335-338.

参考文献

[50] Herlihy, Patricia, *Odessa: A History, 1794-1914*, Harvard Ukrainian Research Institute, Cambridge, Mass., 1986.

[51] Hurewitz, J. C., *Diplomacy in the Near and Middle East*, Van Nostrand Co., New York, 1956.

[52] 入江節次郎『世界経済史の方法と展開：経済史の新しいパラダイム（1820-1914年）』藤原書店，2002年。

[53] 石井寛治「イギリス植民地銀行群の再編——1870・80年代の日本・中国を中心に——」『経済学論集』（東京大学）第45巻第1号，1979年，19～60ページ，同第3号，同年，17～64ページ。

[54] Issawi, Charles, "The Tabriz-Trabzon Trade, 1830-1900: Rise and Decline of a Route," *International Journal of Middle East Studies*, vol. 1, no. 1, 1970, pp. 18-27.

[55] ——, ed., *The Economic History of Iran, 1800-1914*, The University of Chicago Press. Chicago. 1971.

[56] ——, *The Economic History of Turkey. 1800-1914*, The University of Chicago Press, Chicago. 1980.

[57] 伊藤正二「インドにおける財閥の出目について（19世紀～第一次大戦）」『社会経済史学』第45巻第5号，1980年，29～54ページ。

[58] 岩井秀子「近・現代イランの産業化過程」『国際大学中東研究所紀要』（国際大学）第5号，1991年，269～297ページ。

[59] Jackson, Abraham Valentine Williams, *Persia Past and Present: A Book of Travel and Research*, The Macmillam Co., New York, 1906.

[60] Jamālzāde, Seyyed Mohammad ʿAli, *Ganj-e Shāyegan*, Kāviyāni, Berlin, 1355.

[61] Jardine, Matheson & Co. (Japan), Ltd.（ジャーディン・マセソン・アンド・カムパニー〔ジャパン〕リミテッド）『日本に於ける英一番館：安政六年——昭和三十四年』ジャーディン・マセソン・アンド・カムパニー（ジャパン）リミテッド，1959年。

[62] Jones, Geoffrey, "The Imperial Bank of Iran and Iranian Economic Development, 1890-1952," *Business and Economic History*, second series, vol. 16, 1987, pp. 69-80.

[63] ——, *Banking and Empire in Iran*, Cambridge University Press, Cambridge, 1986.

[64] 加賀谷寛「近代イラン権利闘争史と立憲革命」仁井田陞博士追悼論文集編集委員会編『現代アジアの革命と法』（『仁井田陞博士追悼論文集』第2巻）勁草書房，1966年，所収，201～220ページ。

[65] Kardasis, Vassilis, *Diaspora Merchants in the Black Sea: The Greeks in Southern Russia, 1775-1861*, Lexington Books, Lanham, Md., 2001.

[66] Kazemzadeh, Firuz, *Russia and Britain in Persia, 1864-1914: A Study in Imperialism*, Yale University Press, New Haven, 1968.

[67] ―――, "Anglo-Iranian Relations ii. The Qajar Period," *Encyclopædia Iranica*, vol. 2, Routledge & Kegan Paul, London, 1985, pp. 46-51.

[68] ―――, "Anglo-Russian Convention of 1907," *Encyclopædia Iranica*, vol. 2, Routledge & Kegan Paul, London, 1985, pp. 68-70.

[69] Keddie, Nikki R., *Roots of Revolution: An Interpretive History of Modern Iran*, Yale University Press, New Haven, 1981.

[70] Косоговский, В. А., *Из Тегеранского дневника*, Москва, 1960（原書未見，次のペルシャ語訳を使用，Jalli, 'Abbās Qoli, *Khāterāt-e Kolonel Kāsākofski*, Simorgh, Tehrān, 1344）.

[71] Lambton, Ann K. S., *Qajar Persia*, I. B. Tauris & Co. London, 1987.

[72] Lorini, Eteocle, *La Persia economica contemporanea e la sua questione monetaria*, Ermanno Loescher & Co., Roma, 1900.

[73] McLean, David, *Britain and Her Buffer State: The Collapse of the Persian Empire 1890-1914*, Royal Historical Society, London, 1979.

[74] ―――, "International Banking and Its Political Implications," in Frank H. H. King, ed., *Eastern Banking: Essays in the History of The Hongkong and Shanghai Banking Corporation*, The Athlone Press, London, 1983, pp. 1-13.

[75] Mahdavi, Asghar, "Les archives Aminozzarb: source pour l'histoire économique et sociale de l'Iran (fin du XIXe-début du XXe siècle)," *Le monde Iranien et l'Islam*, no. 4, 1976-1977, pp. 195-222.

[76] ―――, "The Significance of Private Archives for the Study of the Economic and Social History of Iran in the Late Qajar Period," *Iranian Studies*, vol. 16, nos. 3-4, 1983, pp. 243-278.

[77] Mahdavi, Shireen, *For God, Mammon, and Country: A Nineteeth-Century Persian Merchant, Haj Muhammad Hassan Amin al-Zarb (1834-1898)*, Westview Press, Boulder, Col., 1999.

[78] Martin, Vanessa, *Islam and Modernism: The Iranian Revolution of 1906*, I. B. Tauris & Co., London, 1989.

[79] ―――, "Constitutional Revolution ii. Events," *Encyclopædia Iranica*, vol. 6, Mazda Publishers, Costa Mesa, Calif., 1992, pp. 176-187.

[80] 水田正史「ペルシア帝国銀行史研究序説」『経済学論叢』（同志社大学）第38巻

[81] ───「ペルシア帝国銀行史研究の新段階──G. ジョーンズ博士の *Banking and Empire in Iran* をめぐって──」『経済学論叢』(同志社大学) 第39巻第 2 号, 1988年, 152～167ページ。

[82] ───「19世紀イランの中央銀行と経済開発」内田勝敏編『世界経済と南北問題』ミネルヴァ書房, 1990年, 所収, 278～288ページ。

[83] ───「カージャール朝期タブリーズの金融と貿易決済」『オリエント』第36巻第 1 号, 1993年, 89～106ページ。

[84] ───「イギリス系海外銀行進出以前のイラン金融史──アミーノッザルブとラリ商会──」『経済学論叢』(同志社大学) 第45巻第 2 号, 1993年, 72～94ページ。

[85] ───「20世紀初頭のイランにおける『国民銀行』設立運動」『証券経済学会年報』第31号, 1996年, 200～205ページ。

[86] ───「イギリス・ロシアの角逐とペルシア帝国銀行」入江節次郎編『世界経済史』ミネルヴァ書房, 1997年, 所収, 111～125ページ。

[87] ───「西暦19世紀におけるイラン北東部の貿易──カスピ海以東のイラン・ロシア間国境の画定以前──」『経済学論叢』(同志社大学) 第52巻第 2 号, 2000年, 82～101ページ。

[88] ───「ロシアの中央アジア進出とホラーサーンの貿易──西暦1882～1890年──」『社会科学』(同志社大学) 第66号, 2001年, 55～75ページ。

[89] ───「ペルシャ割引貸付銀行とイラン・ロシア間の貿易と金融」大阪外国語大学編『中東イスラム・アフリカ文化の諸相と言語研究』大阪外国語大学, 2001年, 所収, 323～342ページ。

[90] ───「ロシアの中央アジア進出とイラン東北部の社会経済的変容──西暦1890年代のホラーサーン──」『社会科学』(同志社大学) 第68号, 2002年, 157～176ページ。

[91] ───「イラン立憲革命と国民銀行設立問題」『大阪商業大学論集』(大阪商業大学) 第125号, 2002年, 225～243ページ。

[92] ───「英露協商とイランの借款問題」『社会科学』(同志社大学) 第69号, 2002年, 85～123ページ。

[93] ───「第 1 次世界大戦前のイランの開発と英露の金融」『大阪商業大学論集』(大阪商業大学) 第127号, 2003年, 189～214ページ。

[94] Mo'tazed, Khosrow, *Hājj Amin al-Zarb: Tārikh-e Tejārat va Sarmāye-gozāri-ye San'ati dar, Irān*, n. p., n. p., 1366.

[95] 本山美彦『貨幣と世界システム』三嶺書房, 1986年。

[96] Munro, J., Forbes, "Shipping Subsidies and Railway Guarantees: William Mackinnon, Eastern Africa and the Indian Ocean, 1860-93," *The Journal of African History*, vol. 28, no. 2, 1987, pp. 209-230.

[97] Nowshirvani, V. F., "The Beginnings of Commercialized Agriculture in Iran," in A. L. Udovich, ed., *The Islamic Middle East, 700-1900: Studies in Economic and Social History*, The Darwin Press, Princeton, 1981, pp. 547-591.

[98] 岡﨑正孝「イスラム世界とその呼称」勝藤猛・内記良一・岡﨑正孝編『イスラム世界――その歴史と文化――』世界思想社，1981年，所収，2～5ページ。

[99] ―――「19世紀後半のイランにおける養蚕業の衰退とギーラーン地方の農業の変化」『オリエント』第27巻第2号，1985年，69～82ページ。

[100] ―――「政治勢力としての部族――イランの事例」藤本勝次・末尾至行・岡﨑正孝編『中東をめぐる諸問題』晃洋書房，1985年，所収，227～242ページ。

[101] ―――(Okazaki, Shoko), "The Great Persian Famine of 1870-1871," *Bulletin of the School of Oriental and African Studies*, vol. 49, part 1, 1986, pp. 183-192.

[102] ―――「19世紀末イラン社会における宗教指導者：アガー＝ナジャフィーを中心に」『評林』（大阪外国語大学）第15号，1988年，199～214ページ。

[103] ―――「カージャール朝下におけるケシ栽培と1870-71年大飢饉」『西南アジア研究』第31号，1989年，38～55ページ。

[104] Olson, William J., "The Mazanderan Development Project and Haji Mohammad Hasan: A Study in Persian Entrepreneurship, 1884-1898," in Elie Kedourie and Sylvia G. Haim, eds., *Towards a Modern Iran: Studies in Thought, Politics and Society*, Frank Cass, London, 1980, pp. 38-55.

[105] Orbell, John and Alison Turton, *British Banking: A Guide to Historical Records*, Ashgate, Aldershot, Hants, 2001.

[106] 大阪商船株式会社『波斯湾沿岸諸国経済事情調査報告書』大阪商船株式会社，1936年。

[107] Parveez, Naoroz M., "Indo-British Trade with Persia," *The Imperial and Asiatic Quarterly Review*, vol. 23, no. 45, 1907, pp. 12-29.

[108] Rabino, Joseph, "Banking in Persia," *Journal of the Institute of Bankers*, vol. 13, part 1, 1892, pp. 1-56.

[109] Rabino di Borgomale, H. L., *Coins, Medals, and Seals of the Shâhs of Îrân, 1500-1914*, n. p., n. p., 1971.

[110] 坂本勉「タブリーズの絨毯貿易」『東洋文化研究所紀要』（東京大学）第114冊，1991年，133～172ページ。

[111]　―――「近代イランにおける絹貿易の変遷」『東洋史研究』第51巻第1号，1993年，123～160ページ．

[112]　Сеидов, Р. А., *Иранская буржуазия в конце XIX - начале XX в. (начальный этап формирования)*, Наука, Москва, 1974.

[113]　Seyf, Ahmad, "Silk Production and Trade in Iran in the Nineteenth Century," *Iranian Studies*, vol. 16, nos. 1-2, 1983, pp. 51-71.

[114]　―――, "Foreign Firms and Local Merchants in Nineteenth-Century Iran," *Middle Eastern Studies*, vol. 36, no. 4, 2000, pp. 137-155.

[115]　嶋本隆光「イラン立憲革命（1905～1911年）初期におけるウラマーの役割と公正（'adl）について」『アジア経済』第22巻第6号，1981年，46～65ページ．

[116]　―――「イスラムの商業倫理（理論と実際）――12イマーム派シーア主義の場合，19世紀のイランを中心に」『日本中東学会年報』第7号，1992年，221～271ページ．

[117]　―――「バスト考――イラン近代史における宗教的習慣の一考察」『オリエント』第28巻第2号，1985年，35～49ページ．

[118]　Shuster, W. Morgan, *The Strangling of Persia: A Record of European Diplomacy and Oriental Intrigue*, T. Fisher Unwin, London, 1912.

[119]　Skinner, Thomas, *The London Banks and Kindred Companies and Firms, 1897*, n. p., London, n. d.

[120]　Slutsky, Yehuda, "Polyakov," *Encyclopaedia Judaica*, vol. 13, Encyclopaedia Judaica Jerusalem, Jerusalem, n. d., col. 841.

[121]　杉原薫『アジア間貿易の形成と構造』ミネルヴァ書房，1996年．

[122]　杉原達『オリエントへの道――ドイツ帝国主義の社会史――』藤原書店，1990年．

[123]　杉山伸也「幕末，明治初期における生糸輸出の数量的再検討――ロンドン・リヨン市場の動向と外商――」『社会経済史学』第45巻第3号，1979年，30～57ページ．

[124]　鈴木俊夫「ロンドン金融市場における外国政府債の発行（1870～1913年）」『中京商学論叢』（中京大学）第35巻第3・4号，1988年，195～229ページ．

[125]　―――「ベアリング商会と日露戦時公債発行」『三田学会雑誌』（慶応義塾大学）第82巻特別号-Ⅱ，1990年，176～191ページ．

[126]　――― (Suzuki, Toshio), *Japanese Government Loan Issues on the London Capital Market 1870-1913*, The Athlone Press, London, 1994.

[127]　―――「明治期対日投資仲介機関の研究――英系投資会社の活動を中心に――」新保博・渡邊文夫編『近代移行期経済史の諸問題』中京大学経済学部付

属経済研究所,1995年,所収,63～117ページ。
- [128] ─────「第一次世界大戦前イギリスの海外投資とシティ金融機関」『社会経済史学』第65巻第4号,1999年,15～36ページ。
- [129] 高田和夫「1907年英露協定の成立過程」油井大三郎・木畑洋一・伊藤定良・高田和夫・松野妙子『世紀転換期の世界』未来社,1989年,所収,176～238ページ。
- [130] Teymuri, Ebrahim, *'Asr-e Bikhabari yā Tārikh-e Emtiyāzāt dar Irān*, Eqbāl, Tehrān, 1332.
- [131] Tomlinson, J. D., "The First World War and British Cotton Piece Exports to India," *The Economic History Review*, second series, vol. 32, no. 4, 1979, pp. 494-506.
- [132] 梅野巨利『中東石油利権と政治リスク──イラン石油産業国有化紛争史研究──』多賀出版,2002年。
- [133] 和田春樹「近代ロシア社会の発展構造──1890年代のロシア──」『社会科学研究』(東京大学)第17巻第2号,1965年,120～195ページ,同第3号,同年,111～206ページ。
- [134] Wilkins, Mira, "The Free-Standing Company, 1870-1914: An Important Type of British Foreign Direct Investment," *The Economic History Review*, second series, vol. 41, no. 2, 1988, pp. 259-282.
- [135] Wilson, Rodney, "Financial Development in the Arab Gulf: The Eastern Bank Experience 1917-50," *Business History*, vol. 29, no. 2, 1987, pp. 178-198.
- [136] Wright, Denis. *The English amongst the Persians during the Qajar Period*, 1787-1921, Heinemann, London, 1977.
- [137] ─────, *The Persians amongst the English: Episodes in Anglo-Persian History*, I. B. Tauris & Co., London, 1985.
- [138] 吉田正春『回疆探検 波斯之旅』博文館,1894年(文庫版:『回疆探検 ペルシャの旅』中央公論社,1991年)。

人名索引

イラン人の人名ローマ字表記における略号は下記の通り。
A.=Aqā, H.=Hāji, Kh.=Khān, M.=Mirzā, S.=Seyyed, Sh.=Sheykh

ア 行

アコピャンツ，アリスタケス　87
アシュラフ（Ashraf, Ahmad）　83
アッバース=アリー（'Abbās 'Ali, M.）　81
アハヴィー（Akhavi, Mashhadi Mohammad Ā.）　81
アブドルモハンマド（'Abd al-Mohammad, Ā. M.）　97
アフマド=シャー（Ahmad Shāh）　140, 141
アボット　25, 28, 31
アボルカーセム（Abol-Qāsem, Sh.）　84
アボルカーセム=エマームジョムエ（Abol-Qāsem Emāmjom'e）　114
アミーニーイェ（Aminiye, Mashhadi Kāzem）　77
アミーノッザルブ（Amin al-Zarb, Hāji Mohammad Hasan）　2, 4-6, 15, 17, 18, 28, 31, 88, 96, 98, 102, 109
アミーノッザルブ2世（Amin al-Zarb, H. Mohammad Hoseyn Mahdavi, H. Hoseyn Ā.）　96, 98, 99, 101, 118, 121, 123, 189
アミーノッソルターン（Amin al-Soltān, Ā. Mohammad Ebrāhim）　4
アミーノッソルターン2世（Amin al-Soltan, M. 'Ali Asghar Kh. Atābak-e A'zam）　42, 82
アミーノッドウレ（Amin al-Dowle, M. 'Ali Kh.）　98, 112, 119
アミーノッツジャール（Amin al-Tojjār, Ā. Mir 'Abd al-Mottaleb）　81
アリー（'Ali, H.）　78, 81
アリー=コリー=ハーン（'Ali Qoli Kh.）　189
アルバーブ（Arbāb, Ā. Mohammad Sādeq）　81
アルバーブ（Arbāb, H. Mohammad Sādeq）　81
アルバーブ=ジャムシード（Arbāb Jamshid）　84-86, 118, 121, 123
アレクサンドロヴィッチ，ウラジミル　55
イサウィー　25, 31
イズヴォリスキー　162
伊藤博文　108
井上馨　108
ヴァンベーリ　25
ヴィッテ　53, 54, 57, 66-68
ヴィデマン　189, 191
ヴィレンキン　148, 150, 152, 153, 156, 157, 162
ヴォスーコッドウレ（Vosuq al-Dowle）　184
ウッド　58
ウラジミロヴィッチ，アンドレイ　55
ウラジミロヴィッチ，キリル　55
ウラジミロヴナ，エレナ　55
エイノッドウレ（'Eyn al-Dowle, Soltān 'Abd al-Majid M.）　46, 114, 115, 118
エスファハーニー（Esfahāni, H. M. 'Ali）　96
エッテハーディーイェ（Ettehādiye, H. Lotf 'Ali）　78, 80, 81, 91, 106
エッテハーディーイェ（Ettehādiye, Rahim）　78, 80
エッテハーディーイェ=ネザームマーフィー（Ettehādiye Nezāmmāfi, Mansure）　106
エフテハーロットジャール（Eftekhār al-Tojjār, H. M. 'Ali Asghar）　81
エブラーヒーム（Ebrāhim, H.）　79
オスクーイー（Osku'i, H. 'Abd al-Razzāq）　81
オズボーン　144, 145
オリデンブルグスキー　55

カ 行

カーシャーニー (Kāshāni, H. Mohammad ʿAli) 96
カーシャーニー (Kāshāni, H. M. Habibollāh) 96
カーゼルーニー (Kāzeruni, H. M. Mahmud) 95
カーゼルーニー (Kāzeruni, Ā. Mohammad Shafiʿ) 92
カーゼルーニー (Kāzeruni, H. Mohammad Hoseyn) 91, 96, 108
カーゾン 137, 171
カズヴィーニー (Qazvini, H. Ā. Mohammad) 107
カズヴィーニー (Qazvini, H. M. Abol-Qāsem Tājer) 87
カズヴィーニー (Qazvini, H. S. ʿAli Tajer) 87
カズヴィーニー=サッラーフ (Qazvini Sarrāf, Ā. Mohammad Sādeq) 107
クーゼコナーニー (Kuzekonāni, H. Mahdi) 78, 80
グリーンウェイ 29
グリフィン 37
グルベ 54, 67
グレイ 118, 131, 136-138, 143, 144-146, 158, 159, 162, 168-170, 175, 176, 178, 181
ケズィック 37, 94, 108
ケターブチー=ハーン (Ketābchi Kh.) 45
ケルマーニー (Kermānī, Sh. Ahmad Majd al-Eslām) 99
ゴードン 146
ココフツオフ 132, 148, 150, 152-157, 163, 184, 187
コムパーニーイェ (Kompāniye, Mashhadi H. Āqā-ye Sarrāf) 81
ゴルベフ 56
コロストヴェッツ 189, 191

サ 行

サアドッドウレ (Saʿd al-Dowle, M. Javād Kh.) 119
サスーン, アーサー 94
サスーン, アブドッラー 93, 94
サスーン, アルバート 37
サスーン, イライアス=デーヴィッド 93
サゾノフ 162, 184, 187
サニーオッドウレ (Saniʿ al-Dowle, Mortazā Qoli Kh.) 119, 120
サンドゥークハーネ (Sanduqkhāne, H. Hoseyn ʿAli) 81
シーラーズィー (Shirāzi, H. Abd al-Rahmān) 83, 92
シフ 145, 154, 164
シャー=ジャハーン (Shāh Jahān, Bahrām) 86
シャー=ジャハーン (Shāh Jahān, Gudarz) 86
シャー=ジャハーン (Shāh Jahān, Khosrow) 86, 87, 107
シャー=ジャハーン (Shāh Jahān, Parviz) 86
シャー=ジャハーン (Shāh Jahān, Rostam) 86
シャーフルーディー (Shāhrudi, H. Mohammad Taqi) 96
シャールフォルーシュ (Shālforush, H. M. ʿAli Akbar) 81
ジャクソン 146
シャスター 126, 150, 152, 154-159, 167, 183, 185
ジャマーロッディーン=ヴァーエズ (Jamāl al-Din Vāʿez Esfahāni, S.) 96, 98-100, 114, 125
シューシュタリー (Shushtari, H. Soltān ʿAli Sāheb) 100
ショアーオッサルタネ (Shoʿāʿ al-Saltane, Malek Mansur M.) 157, 158
ストラスコーナ卿 45, 177
セイドフ 107, 109
ゼッロッソルターン (Zell al-Soltān, Masʿud M.) 96
セリグマン 146, 150, 156, 163
ソールズベリー 53, 134, 138, 179

タ行

ダースィー 45
ダヴースト 4
タウンリー 180, 190
タギーエフ（Taqief, H. Zeyn al-ʿĀbedin） 97
タバータバーイー（Tabātabāʾī, S. Mohammad） 99, 113-115
タブリーズィー（Tabrizi, H. Mohammad ʿAli） 107
タブリーズィー（Tabrizi, H. Mohammad Esmāʿil Ā.） 118, 121
チマシェフ 182
チャップマン 14, 30
テイムーリー（Teymuri, Ebrāhim） 50
デヘダシュティー（Dehdashti, H. Mohammad Sāleh） 84
デヘダシュティー（Dehdashti, H. M. Mohammad Hasan Tājer） 87
テヘラーニー=サッラーフ（Tehrāni Sarrāf, H. S. Mohammad Tājer） 81
トゥマニャンツ 121
トゥマニャンツ, アルチュン 88
トルバット 42

ナ行

ナーセロッディーン=シャー（Nāser al-Din Shāh） 15, 16, 50, 70, 76, 100
ナウス 46, 112-114
ナクシーネ（Naqshine, H. M. Asadollāh） 96, 108
ナジャフィー（Najafi, Ā.） 96, 98, 108
ナマーズィー（Namāzi, H. Mohammad Hoseyn） 84
ニコルソン 136, 138, 179
ヌーリー（Nuri, Sh. Fazlollāh） 115, 116
ネツリン 164
ネラトフ 150-151, 154

ハ行

バークレー 142, 174
バーケル（Bāqer, H.） 81
ハサン（Hasan, H.） 78
ハーディング 136, 143, 164, 178
バルク 66
ファラジ（Faraj, H.） 81
ファラジ=サッラーフ（Faraj Sarrāf, H.） 79
フェアリー 14, 30
ブキャナン 162
ベッドス 150, 152
ベナク 162, 163
ベハン 4, 28
ベフバハーニー（Behbahāni, S. ʿAbdollāh） 99, 113-116, 118
ベンケンドルフ 146, 154, 159, 163
ポクレフスキー=コゼル 142, 151, 153, 156
ポドグルスキー 67, 184
ポリャコフ, ボリス 49
ポリャコフ, ヤコフ 50, 53
ポリャコフ, ラザル 49, 65, 67, 71
ポリャコフ 44

マ行

マクリーン 37, 54
マセソン, ヒュー 94
マッキノン 38
マフダヴィー 31
マルクス 160
マルコム=ハーン（Malkom Kh., M.） 98
マレコットッジャール（Malek al-Tojjār, H. Ā. Mohammad） 95
マレコットッジャール（Malek al-Tojjār, H. Bāqer Sarrāf） 78
マレコットッジャール（Malek al-Tojjār, H. Mohammad Kāzem） 81, 83
マレコットッジャーレ=エラーク（Malek al-Tojjār-e ʿErāq, Sani al-Mamālek） 81
マレコルモタキャッレミーン（Malek al-Motakallemin, M. Nasrollāh Beheshti） 98, 99
ムーア 164
メシュキー（Meshki, H. M. Mohammad） 108
メスカーリー（Mesqāli, H. M. Kāzem） 108

モアーヴェノットッジャール（Mo'aven al-Tojjār, H. Mohammad Hasan） *102*
モイーノットッジャール（Mo'in al-Tojjār Bushehri） *118, 121*
モータメドルモルク（Mo'tamed al-Molk, Yahyā Kh.） *44*
モサッデク（Mosaddeq, Mohammad） *5, 47*
モザッファロッディーン=シャー（Mozaffar al-Din Shāh） *46, 116*
モシーロッドウレ（Moshir al-Dowle, M. Hoseyn Kh. Sepahsālār） *33-35, 44*
モシーロッドウレ（Moshir al-Dowle, M. Nasrollāh Kh.） *119*
モハンマド=アリー=シャー（Mohammad 'Ali Shāh） *55, 139-140, 157, 161, 180, 189*
モハンマド=アリー=ミールザー（Mohammad 'Ali M.） *114*
モハンマド=ヴァーエズ=エスファハーニー（Mohammad Vā'ez Esfahāni, Sh.） *115*
モハンマド=サーレフ=アラブ（Mohammad Sāleh 'Arab, H.） *107*
モハンマド=ジャアファル（Mohammad Ja'far, H.） *108*
モハンマド=ハサン（Mohammad Hasan, H.） *81*
モハンマド=マフディー=セムサール（Mohammad Mahdi Semsār, H.） *107*
モハンマレの首長 *181*
モルタザー（Mortazā, S.） *78*
モルナール *185, 188, 189, 191*

ヤ 行

ヤズディー（Yazdi, H. Mohammad Hasan） *95*
吉田正春 *92*

ラ 行

ラビノ *38, 39, 44, 48, 52, 54*
ラファイロヴィッチ *49*
ラムトン *42*
ラリ, パンテイア *7*
ランズダウン *168, 170, 173, 181*
リヴォフ *152, 153*
レヴルストーク *133, 163*
レコフル *158, 159*
レザー=シャー（Rezā Shāh） *47*
ロイター *93*
ロイター, ジュリアス *35-37*
ロイター, ジョージ *37*
ロスチャイルド, ナサニエル *93*

事項索引

あ 行

アーザルバーイジャーン　*30, 62, 65, 70, 81, 88, 122, 186*
アーザルバーイジャーン出納長　*158*
アースターラー　*83*
アーバーダーン　*46*
アシュハーバード　*82*
アシュラフ　*97*
アスタラーバード　*90*
アストラハン　*90*
アタバート　*116*
アフヴァーズ　*44, 48, 174, 178, 180*
アフヴァーズ＝エスファハーン道路　*181*
アミーニーイェ社　*76, 77*
アミーニー家　*81*
アラクス社　*76, 87, 102*
アルダビール　*82, 83*
アルデスターン　*97*
アングロ＝イラン石油会社，アングロ＝ペルシャ石油会社　*29, 38, 45, 47, 167, 175, 177-180*
アンコナ　*7*
アンザリー（港）　*66, 90, 140, 159, 182, 183*
アンザリー＝テヘラーン道路　*69*
アンザリー＝テヘラーン道路会社　*67, 182-184*
アンディージャーン　*82*
イースタン銀行　*107*
イギリス＝インド蒸気船航行会社　*38, 175*
イギリス系海外銀行　*1, 18, 33, 52*
イスタンブル　*2, 8, 10-13, 19, 20, 23, 27, 30, 34, 78, 82, 90*
イスタンブル店　*29*
イズミル　*8*
イラン国民銀行　*47*
イラン電話会社　*86*
イングランド銀行　*14*

インターナショナル＝オリエンタル＝シンジケート　*130, 143, 164*
インド＝ヨーロッパ電信局　*169*
ウィーン　*7, 82, 90*
ヴェネツィア　*7*
ウッチ　*62*
英露協商　*126, 129-131, 133, 134, 137, 138, 161, 164, 174*
エスファハーン　*44, 48, 76, 84, 86, 87, 91, 92, 95-99, 108, 122, 169, 180*
エスファハーン本部　*96, 108*
エスラーミーイェ社　*76, 95, 97, 125*
エッテハーディーイェ社　*76, 78, 79, 81, 91, 107*
エミル＝ツィンデル商会　*57*
エレヴァン　*26*
大阪商船株式会社　*107*
オデッサ　*9-13, 19, 20, 22-24, 27, 30, 90, 140*
オデッサ宛手形　*79*
オデッサ駐在イラン領事　*49*
オムーミー　*106*
オムーミーイェ＝アムテエイェ＝イーラーン社　*76, 81, 106*
オルーミーイェ　*90*

か 行

カーゴトレード　*14*
カーシャーン　*82, 92, 97*
カーブル　*171*
カイロ　*171*
カイロ支店　*38*
カズヴィーン　*66, 76, 82, 87, 88, 90, 92, 97*
カズヴィーン＝ハマダーン道路　*69, 182*
カステッリ商会　*6*
カステッリ，Дж.　*79, 89, 107*
カルカッタ　*85, 137*
カルバラー→キャルバラー

207

漢口　*143*
緩衝国　*34, 48, 137, 168, 181*
カンダハール　*171*
広東　*143*
ギーラーン（地方）　*15, 21, 22, 62, 63, 65, 88, 159*
キオス島　*7*
絹　*5*
喜望峰　*171*
キャルバラー　*2, 82, 159*
金融商会　*130, 162, 168* → シティー（諸）（金融）商会，マーチャントバンカー
クーン=ローブ商会　*164*
クリスプ商会　*130, 143*
グリン=ミルズ=カリー商会　*37*
グレイ=ポール商会　*38*
クレディ=リヨネ　*38*
ケルマーン（地方）　*82, 85, 86, 97, 106, 174, 175*
ケルマーン採掘会社　*178*
ケルマーンシャー　*82, 112*
コーカサス　*2*
コーク　*14*
国民銀行　*86, 111, 120-122, 124-127, 129, 170*
国立銀行 → ロシア国立銀行
コミーシェ　*97, 108*
コム　*44, 97, 116, 119*
コルカタ → カルカッタ
コンスタンティノープル → イスタンブル
コンセッションズ=シンジケート　*45, 177*

さ 行

サーヴェ　*82*
サーマッラー　*2*
ザカスピ鉄道　*63, 171, 176*
サスーン（家）　*38, 92-95*
サスーン商会，E.D.　*93, 107*
サスーン商会，デーヴィッド　*37, 92-95, 109*
サナンダジ　*97*
サブゼヴァール　*82, 90*
サミュエル商会　*130, 143, 164*
シーラーズ　*76, 78, 82-86, 91, 92, 95, 97, 100, 107, 113, 122, 159, 174*

シーラーズ支店　*107*
ジッダ　*100*
シティー　*14, 37, 43, 130, 138*
シティー金融業者　*145*
シティー（諸）（金融）商会　*130, 131, 143* → 金融商会，マーチャントバンカー
シベリア鉄道　*171, 176*
「資本主義の征服」　*56*
シャー=アブドルアズィーム（廟）　*65, 114, 120*
ジャーディン=マセソン商会　*37, 94, 108*
ジャハーニヤーン家　*86*
シャハーニヤーン社　*76, 86, 87, 107*
シャフルード　*82*
ジャムシーディヤーン社　*5, 76, 84, 107*
上海支店　*37*
シューシャ　*26*
シューシュタリー社　*76, 100*
シュレーダー商会　*37*
ショール　*5*
ジョルファー　*66, 183*
ジョルファー=タブリーズ鉄道　*175, 183, 184*
新オリエンタル銀行　*1, 27, 28, 32, 37, 41, 103*
スィースターン（地方）　*57, 62, 134, 169, 171*
スカラマンガ一族　*7*
スキッリズィー一族　*7*
〈西洋の衝撃〉　*1, 2*
セムナーン　*97*
セリグマン（商会）　*131-133, 145-147, 149, 150, 152-158, 161-163*
セントペテルスブルグ → ペテルブルグ
ソルターナーバード　*82, 97*

た 行

タヴァーレシュ　*159*
タバコ=ボイコット運動　*38, 42, 43, 105*
タブリーズ　*3, 6, 9, 11-13, 18-31, 55, 58, 60, 66, 70, 76-79, 82, 88-91, 97, 103, 106, 113, 122, 184*
タブリーズ支店　*58, 59, 64, 80*
タブリーズ鉄道会社　*184*
タブリーズ店　*12, 29*
タブリーズ道路会社　*67, 142, 182-184*
タブリーズ包囲　*164*

チャイナ=トラスト 37
ディクソン商会 107
帝国イギリス東アフリカ会社 38
ディナモ社 90
ティフリス→トビリスィ
手形コインシステム 30
デヘダシュト 87
テヘラーン 4, 6, 24, 27, 28, 30, 35, 36, 42, 44, 46, 49-51, 54-58, 60, 62, 65, 66, 76-78, 81, 84-86, 89, 90, 92, 96-98, 100, 101, 106, 108, 112-116, 118, 119, 122, 144, 146, 150-153, 159, 160, 163, 164, 168, 171, 178, 180, 190
テヘラーン支店 71
テヘラーン支店長 86
テヘラーン・シャー=アブドルアズィーム間の鉄道 65
テヘラーン知事 113
東清鉄道 71
東清鉄道会社 67
トゥマニャンツ社 5, 76, 78, 88, 89
トビリスィ 19, 20, 22, 26, 31, 34, 90
トラブゾン 10, 19, 21, 25, 30
トランス=イラン鉄道 47
トランス=ペルシャ鉄道 176, 177
トランス=ペルシャ鉄道建設問題調査会社 162
トリエステ 7
トレビゾンド→トラブゾン

な 行

ナーセリー社 76, 100
ナジャフ 2, 78, 82, 96, 159
ナデジュダ社 59, 70
ナフチェヴァン 26
ナポリ 7
ニーシャープール 82
ニージュニー=ノヴゴロド 64
ニューヨーク 146, 154
ヌシュキ 171
ノーベル社 90

は 行

ハージー=アリー=アクバル=シーラーズィー親子社 81
パールフォルーシュ 97
バクー 26, 82, 88, 90, 97, 108
バクー石油会社 90
バグダード 37, 48, 78, 82, 84, 85, 92, 93, 173
バグダード鉄道 171, 173, 174, 179, 191
パスカリディ 63
バスト 46, 48, 114, 116, 118, 120, 126, 185
バフティーヤーリー道路 48
ハマダーン 4, 66, 82, 97, 182
パリ 5, 73, 85, 90, 161, 163
パリ=オランダ銀行 133, 162, 163
パリバ銀行 133
パリ割引銀行 65, 71
バルーチスターン 171
バンダル=アッバース 86, 134, 174
ビールジャンド 185
ビルマ石油会社 45, 177, 178
ファールス（地方）43, 85, 165
ファルマス 15
ブーシェフル 76, 84, 92, 97, 100, 107, 108, 112, 174
ブーシェフル=エスファハーン道路 169
ブダペスト 7
「不妊化合意」 66
不妊化しようとする政策 176
ブハラ 65, 95
フリー=スタンディング=カンパニー 48
ブルサ 63
ベアリング恐慌 38, 39
ベアリング商会 133, 162, 163
ベサノス 63
ペシャワール商人 95
ペテルブルグ 22, 30, 35, 56, 131-133, 138, 145, 150-152, 154, 163, 170, 190
ペテルブルグ交渉 155
ペテルブルグ国際商業銀行 68
ペテルブルグ支店長 66
ヘラート 34, 78
ペルシャ銀行採掘権会社 43
ペルシャ鉄道シンジケート 175, 179
ペルシャ鉄道路面電車株式会社 65

209

ペルシャ保険運輸会社　54, 65, 66, 183, 184
ペルシャ輸送会社　44, 175, 178
ペルシャ湾岸　57, 107, 134, 165, 168, 179
ペルシャ湾岸諸港　43, 100
ペルシャ湾岸地方　44
ベルリン　90, 119
ボールトン商会　130, 143
ホセイナーバード　57
ポチ　31
ホッツ商会　37
ホッラマーバード　173
ホラーサーン　65, 85, 92, 102
ボラーズジャーン　178
ポリャコフ一族　53, 65, 70
ボルージェルド　82
香港　37, 73, 92
香港銀行グループ　31
香港上海銀行　31, 37, 38, 48, 94
ボンベイ　34, 37, 48, 73, 76, 82-86, 93, 95, 100
ボンベイ=アンド=ペルシャ=スティーム=ナヴィゲーション　76, 100
ボンベイ支店　107

ま 行

マーザンダラーン（地方）　16, 62, 65, 88
マーチャントバンカー　2, 7, 17, 29, 109, 130, 143→金融商会, シティー（諸）（金融）商会
マシュハデサル　89
マシュハド　57, 60, 75, 78, 82, 90, 95, 97, 103, 159
マスウーディーイェ社　76, 91, 95, 96, 108
マスジェデ=ソレイマーン　45
マセソン一族　94
マフムーディーイェ社　76, 87
マムレキャテ=ファールス社　76, 83, 92
マルセイユ　5, 7, 15, 63, 90
マンチェスター　5, 19
ムンバイ→ボンベイ
メッカ　2, 78
メディナ　78
モガーン　189
モサーラセ　11

モスクワ　26, 59, 62, 78, 82, 90
モスクワ国際商業銀行　65
モハンマレ　173
モハンマレ=ホッラマーバード鉄道　173-176, 181

や 行

ヤズド　76, 82, 84, 86, 91, 92, 97, 107
ユーフラテス=ティグリス蒸気航行会社　48
横浜　108
横浜支店　108

ら 行

ラシュト　15, 63, 75, 82, 90, 97, 159
ラシュト支店　64, 102
ラフサンジャーン　82, 86
ラリ=アンド=ペトロコキノ　7
ラリ一族　7
ラリ商会　2, 6, 8, 9, 12, 14, 15, 17, 18, 24, 27-30, 109
ラリ=ブラザーズ　7
立憲革命　43, 46, 73, 86, 98-100, 111
リャノゾフ社　90
リンチ商会　44, 48
リンチ道路　48
ルーブル帝国主義　53
レンゲ　179
ロイター通信社　1, 35, 158
ロイター利権　35, 125
ロイヤルダッチ=シェル　178
ロシア国立銀行　49, 53, 54, 66, 68, 70, 182, 184, 188
ロシア朝鮮銀行　68
露清銀行　68, 71
ロスチャイルド家　93
ロドカナキ一族　7
ロンドン　7, 22, 37, 38, 44, 48, 73, 78, 82, 84, 86, 90, 92, 93, 95, 137, 145, 146, 152-156, 158, 163, 171, 176, 190
ロンドン宛手形　22
ロンドン（金融）市場　37, 149, 150, 152, 163
ロンドン手形交換所　31

ロンドン取引所長　*155*

わ　行

湾岸諸港　*168*→ペルシャ湾岸諸港

〈著者紹介〉

水田正史（みずた・まさし）

　　大阪外国語大学大学院外国語学研究科修了
　　同志社大学大学院経済学研究科単位取得満期退学
　　富士大学経済学部専任講師などを経て
現　在　大阪商業大学総合経営学部教授，文学修士，博士（経済学）
著　書　『第一次世界大戦期のイラン金融』ミネルヴァ書房，2010年
　　　　『世界経済と南北問題』（分担執筆）ミネルヴァ書房，1990年
　　　　『世界経済史』（分担執筆）ミネルヴァ書房，1997年

MINERVA 人文・社会科学叢書 83

近代イラン金融史研究
──利権／銀行／英露の角逐──

| 2003年7月10日 | 初版第1刷発行 |
| 2017年3月30日 | 初版第4刷発行 |

〈検印省略〉

定価はカバーに
表示しています

著　者	水　田　正　史
発行者	杉　田　啓　三
印刷者	江　戸　孝　典

発行所　株式会社　ミネルヴァ書房
607-8494 京都市山科区日ノ岡堤谷町1
電話 代表 (075)581-5191番
振替口座 01020-0-8076

© 水田正史，2003　　　共同印刷工業・新生製本

ISBN978-4-623-03759-9
Printed in Japan

■第一次世界大戦期のイラン金融
　　　　　　　　　　　　　　　水田正史著　Ａ５判　200頁　本体4000円
●中東経済の成立　中東問題の淵源であるイラン金融の本質解明から，中東問題の理解を深化，精緻化する試み。

■帝国主義と工業化　1415〜1974
　　　　Ｐ.オブライエン著／秋田茂・玉木敏明訳　Ａ５判　280頁　本体3600円
●イギリスとヨーロッパからの視点　「世界システム」論に対抗し，イギリスとヨーロッパの視点から描かれた書。欧米における経済史学界の最新の研究成果を駆使しながら，新たな「グローバルヒストリー」の構築をめざす。

■イギリス人の帝国
　　　　　　　　　　　　　　　竹内幸雄著　Ａ５判　240頁　本体3200円
●商業，金融そして博愛　強い個性をもった人々により形成された世紀転換期のイギリス帝国史を描く――健全な帝国主義はあり得るのか。ホブスンの問いに発し，イギリス人の脳裏に存在し続けた問題に取り組む。

■大英帝国と帝国意識
　　　　　　　　　　　　　　　木畑洋一編著　Ａ５判　312頁　本体3500円
●支配の深層を探る　帝国意識は支配する側とされる側において，どのように作用したのか。文明化の使命という大義のもとに世界の四分の一を支配した大英帝国の社会的・文化的側面を，帝国意識を軸としながら多面的に分析する。

■イギリス東インド会社とインド成り金
　　　　　　　　　　　　　　　浅田　實著　Ａ５判　288頁　本体3800円
17・18世紀のイギリス東インド会社の活動をヨーロッパ国際関係の中に位置づける。それとともに，イギリスとインドとの関係をインド成り金（ネイボッブ）を中心に探り，当時のイギリス人のインド文化観を明らかにする。

■フランス近代貿易の生成と展開
　　　　　　　　　　　　　　　服部春彦著　Ａ５判　352頁　本体5631円
わが国の西洋経済史研究が従来過小に評価しがちであった16―19世紀のフランス対外貿易の発展を詳細に跡づけつつ，国際経済に占めるフランスの地位を展望し，その重要性を積極的に再評価した研究。

――――ミネルヴァ書房――――

http://www.minervashobo.co.jp/